JN033989

支援のてまえで

たこの木クラブと多摩の四〇年

［編著］
三井さよ
児玉雄大
［著］
岩橋誠治
和田幸子
横田彰敏
寺本晃久
荒木巧也

生活書院

支援のてまえで――たこの木クラブと多摩の四〇年

目次

はじめに――たこの木クラブと多摩の前史　三井さよ

第1章　たこの木クラブと多摩の四〇年　三井さよ

第2章　支援は〈やりとり〉の連続に尽きる

岩橋誠治

第3章　子ども会から働く場へ——たこの木の三〇年、あしたやの二〇年　和田幸子

第4章 支援のその先へ——すいいち企画

児玉雄大

第5章

諦めることを諦める
——たこの木クラブのスタッフとしての一〇年間

横田彰敏（聴き手＋構成：三井さよ）

第6章　介助を続けていく　寺本晃久

特別付録　講演録
「重度の知的障がいのある人の一人暮らしを支える」　岩橋誠治（編集・ヒビノクラシ舎）

はじめに――たこの木クラブと多摩の前史

三井さよ

1　暮らしに根差し、かかわることから始める
――たこの木クラブや多摩の特徴

私がたこの木クラブに初めて足を運んだのは、二〇〇七年秋のことだった。二〇〇七年度に「社会調査実習」の受講生だった学生が伺ったので、あとから挨拶に伺ったのだが、やけにその空間が心地よく、また来たいと強く思った。

学生が論文を書き終わった二〇〇八年三月末にまた伺ったところ、ちょうど自立生活を始めるという女性がいるという。その人の外出や泊まりに付き合わせてもらった。想像と違う自分のダメさに愕然としたのだが、同時にその人への興味が沸々とわいてきてしまい、そのまま毎週のように通うようになった。二〇〇九年度には研究休暇を利用して週に二～三回通った。

それから、自分の都合で一時的に通わなくなった時期もあるが、すでにもう一〇年以上通っていることになる。

いったい何がそんなに面白かったのだろう。ひとつにはもちろん、そこで出会うひとりひとりの人たち（いわゆる知的障害者はもちろん、その支援者や家族なども含む）が魅力的で、また会いたいと思ったからである。だが、それだけなら私はここまで引きずり込まれなかったろうし、時間も割かなかっただろう。やはり、研究という面からみて、圧倒的に面白く、また重要で、かつ案外と見過ごされがちなものが、ここに凝縮されていると感じたからなのだと思う。

では、それは何だったのか。本当に多岐にわたることなのだけれども、それでも無理やりまとめるとしたら、次の二点を中心にしていると思う。

第一に、生活や暮らしとは何かということである。あたりまえに「暮らしている」ということがどういうことなのか。これが、いろいろな機会に意識に上った。私たちも日々「暮らしている」はずなのだが、あまり意識に上らない。にもかかわらず、支援という文脈のなかでは、何度も意識させられる。それが面白かった。と同時に、制度や理論をつくる際にはそれらがしょっちゅう抜け落ちていると気づかされた。あたりまえのことなのに、私たちはすぐに忘れてしまうのである。

ひとつひとつは実に小さなことである。たとえば、たこの木クラブ界隈では、「生活ってイレギュラーの連続だよね」という言葉がしばしば飛び交う。確かにそうなのだ。日々を判で押したように同じ習慣で過ごす人がいたとしても、その日々は実はイレギュラーの連続である。お天気だって違うし、体調だって違う。かかわる人たちの体調や都合によっても違うし、いつもの道が工事をしているかもしれない。そうだよな、考えてみればあたりまえだよな、と思うのだが、果たして障害者支援の制度や仕組みにそのことは組み入れられているだろうか。あるいは障害者でないにしても、私たちはどの程度そのことを意識しているだろうか。たとえば家庭でひとり子育てをしている女性たちに対して、「毎日同じことやっているだけ」という視線を向けてしまっていないか。本当は日々大量の調整と再調整を繰り返しているのに。私たちは自分も生活や暮らしの主体であり当事者なのだが、そのことを十分にわかっていない（意識してはいない）。それによって、結果的に一部の人たちに多くの問題や大変さを押し付けているのかもしれない。

第二に、「理解」よりも前に「かかわる」、という姿勢である。あるいは、とにかく目の前にいる固有の人と自分たちがかかわり続ける姿勢だといってもいいかもしれない。そのために「地域から奪われる」ことに抗い続けてきた。

「地域から奪われる」という表現は、あまり耳慣れないかもしれないが、たこの木クラブやその周辺では、かなり現実的で、決して小さくない危機意識である。

たこの木クラブに集まる人には、知的障害と自閉症とを併せ持つように見える人が多い[1]。また、見ていると、他の支援団体から追い出された人が、ここでは追い出されないので居ついている、ということも少なくない。たこの木クラブで会っている分には「普通」に見えても、他ではいろいろ「やらかしている」らしいと聞くこともある。こうしたこともあって、たこの木クラブ近辺で出会う障害者たちの周辺で、問題やトラブルが起きることは珍しくない。たぶんそれなりに「大変な」人たちなのだろう。

日本社会は徐々に「障害があっても地域で暮らす」ことに対して賛同するような価値観に移行しつつあるとは思うが、そこで「許容」されるのは主に、「かわいい」障害者や、「無害な」障害者である。犯罪や逸脱行為に対しては、欧米社会も日本社会も、より非寛容に、狭量になりつつあるように思える（Young,

1999=2007）。そのため、「やらかしている」障害者には、人びとはかなり手厳しい態度に出る。激しい忌避意識を向けてきたり、「本人のため」という表現を使いながら入所施設や精神病院を勧めてきたりする。「地域から奪われる」のは、明日生じてもおかしくない、日常的にそばにある危機なのである。

そうしたときに、たこの木クラブ界隈の人たちは、その人の「障害特性」から入ろうとはしない。その人がなぜそのような行動をするのかについて、ああでもないこうでないと議論することはある。だがそれはいわゆる「障害特性」というより、その場でその人がどんな思いを抱いていたか、そのふるまいはどのような経緯で生まれるのか、なぜ他の人間にとっては問題として意識されるのか、といったことである。つまり、あくまでも非常に個別的で具体的な、個人の想いや関係、そのつどの状況についての議論なのである。

そして、ああでもないこうでもないという議論は、往々にして結論が出ない。出ないからといって、その人とのかかわりは止まらない。結論が出ないまま、「わからないねえ」と言いつつ、それでもその人と一緒にご飯を食べ、その人と一緒に出かけ、時間を過ごしていく。

こうしたなかに身を投じたのは、私にとっては、たとえば人とかかわるということ、「理解」ということ、他者とは何かということ、ひいては社会とは何かということを、根底から問い直させられるような経験だった。

そして、第一の点と第二の点は、密接に結びついている。生活や暮らしを大切にするからこそ、「障害特性」での「理解」とは大きく異なるアプローチや姿勢が可能になる。あるいは、「障害特性」での「理解」よりも前に、まずその人とかかわるというところから始めようとするがゆえに、生活や暮らしというものについても敏感になる。

このような二つの点が、どこから生まれ、どう育まれ、根付いているのか。そのことを、たこの木クラブと多摩の四〇年の歴史と現在の活動から探ろうとするのが、本書の目的である。

2 多摩というところ――複数の事業所によるネットワーク

ここで「多摩」と呼んでいるのは、現在の行政区分でいうなら多摩市を中心とした地域である。ただし、人々の生活圏域としては、多摩市だけに限られるものではない。八王子市、稲城市、日野市など、近隣地域ともかかわっている。むしろ、多摩ニュータウンを中心とした地域と呼んだ方がわかりやすいかもしれない。ただし、多摩ニュータウンは既存地区とも隣接しており、この後に述べていく支援ネットワークの歴史には、既存地区が形を変えて繰り返しかかわってくる[2]。そのため、多摩ニュータウンと呼んでしまうのもあまり適切ではない。こうしたことから、ここでは「多摩」という言葉を用いている。

多摩ニュータウンは多摩市・稲城市を中心にして、八王子市、町田市にまたがる大規模なニュータウンである。高度経済成長期、東京に人口が集中するなか、郊外に多くの人たちの住居を用意するためとして、多摩ニュータウンの計画が一九六〇年代に始められた。「新住宅市街地開発法」による強制的な土地の買収が進められるなど、旧来の地域社会との諍いもありつつ、一九七〇年代から入居が始まり、多くの若い世代（団塊の世代）が移り住んできた。いまでは最初に入居した人たちが高齢者となっている。

金子淳が指摘するように、ニュータウンはよく、社会のひずみが現れる場、現代社会の闇や病理が噴出する場として描かれてきた。たとえば、ひとびとの絆や紐帯が失われ、消費社会の悪しき側面が顕わになるような町として描かれる（金子 2017: 15-19）。確かに、さまざまな地域にルーツを持つ人たちが一気に大量に流入し、時代の変化を経て、いま一気に高齢化が進みつつある多摩ニュータウンは、戦後日本社会の縮図と言えなくもない。

ただ、そこに何を読み取るかは、たぶんに読み取る側の問題でもある。現代社会の闇や病理が噴出していると読むことも不可能ではないが、それだけで捉えるのはあまりにも不十分である。多摩ニュータウンという地域社会には、実にさまざまな側面が含まれていた。

そのひとつが、本書で取り上げるような、知的障害者支援のネットワークの形成である。多摩ニュータウンやその近隣には、重度の知的障害や自閉症と言われる人たちで、介助付きの一人暮らしをしている人たちが少なからずおり、またグループホームであってもかなり自由で自律的な暮らしを営んでいる人たちがいる。日本では現在でも、成人した知的障害者の約八人に一人が入所施設で暮らし（『平成三〇年度版　障害者白書』より）、「地域で暮らす」といっても大規模グループホームなどで制限の多い暮らしを送っていることが多い。また、知的障害者の自立生活の事例が出てくるようになっても、なかなか重度の人たちには広がらなかった[3]。それに対して、決して総数としてそう多いわけではないが、かなり特異な暮らし方が実現できていると言えるだろう。

そして、これら重度知的障害や自閉の人たちは、ひとつの事業所や団体との関係だけで生活や暮らしを形作ってはいない。住むのはPという事業所が持つグループホームで、働くのはQという事業所が運営する就労継続支援B型事業所、仕事帰りにはRという団体のたまり場に訪れ、休日のお出かけにはSという事業所の移動支援を活用し、Tという団体の代表にはしょっちゅう電話をして相談している――こんな暮らしをしている人が多い。

これはかなり珍しいことだと思う。一般に、グループホームに住んでいて、日中は就労継続支援Ｂ型事業所に通う、という形があったとしても、グループホームと就労継続支援Ｂ型事業所を運営する法人は同じで、職員も異動があればグループホームの職員だった人が就労継続支援Ｂ型事業所の職員にもなる、ということが多い。だが、多摩の場合には本当に別の事業所なのである。

形式上、事業所の法人が異なる、というだけではない。これら複数の事業所たちは、出自が異なり、細かい点で見れば考え方や方針も異なる。カラーというか、文化というか、違いがそれなりにある。

それでも長らくともに連携してきた人たちの間では、（少なくとも一般的な「福祉」事業所に比べると）根底によく似通った捉え方や姿勢がみられる。それが先述した二点である。暮らしや生活に即した支援をしており、「理解」の前にかかわるという姿勢を持っている。

このように多様な事業所がかかわっていることを、知的障害の本人たちの観点からみるなら、その人たちの生活は、根底では考え方が共通しているが、細かいところではそれなりに考え方の異なる、その意味で多様な人たちとのかかわりで成り立っていることになる。ある意味で、メリハリがあるともいえるだろう。そして、もしもひとつの事業所と関係が悪くなったとしても、その人を支える手となる事業所は他にも残されていることになる。ある意味では保険になっているところもある。

これら複数の事業所たちは、それぞれにかかわる知的障害の本人たちを介して、日常的に情報交換や連絡調整を行っている。本人たちの状況によっては、複数の事業所が一堂に会した会議を月に一回開いているようなケースもある。そこまでしていない人についてであっても、何かあれば電話一本、メール一本で連絡を取り合う。もちろん、日常的にそこまでの付き合いがない場合もあるのだが、たとえば大きな事件やトラブルが起きれば、多摩ニュータウンやその近隣のさまざまな事業所や団体で活動している人たちが一気に集まることもある。

こうしたネットワークは、市の広報を見ても載っていないし、どこかのホームページに関係図が載っているわけでもない。制度による裏付けもない。あくまでも顔の見える個人としての関係が、このネットワークを成り立たせている。制度的裏付けがないため弱いようでいて、制度に左右されないという意味では、実は結構強くてしなやかなネットワークである。

3　三つの保育園と就学時健康診断反対運動

では、こうしたネットワークはどのようにして生まれたのか。詳細は次の章に任せることとして、全体の見取り図だけ述べておこう。

多摩ニュータウンへの入居が始まったのは、一九七一年三月二六日である。最初は諏訪と永山で入居が始まった。これらの地域は、いまでいう京王永山駅／小田急永山駅の近く（徒歩一〇～一五分程度）である。だが、当時はまだ京王相模原線が開通していなかったので、都心に向かう人たちはバスに乗って（あるいは三〇分以上を徒歩で）京王線の聖蹟桜ヶ丘駅に向かうのが一般的だった。

インフラが不足していたのは、交通系だけではない。多くの若い世代（そして入居後はすぐに「子育て世代」となる）が入居していったにもかかわらず、学校も不足していれば、保育園も不足していた。

そうしたなか、多摩ニュータウンには私立の保育園が増えていく。多摩ニュータウンが開発されることが決まってから人口が急増し、多摩地域では多摩村が多摩町に（一九六四年）、多摩町が多摩市（一九七一年）になっていった。人口増加に伴って増えていった保育園は、多くが私立だった。多摩市には現在でも公立の保育園は二つしかなく、私立の保育園がこのまち全体の保育を引っ張ってきたことが示されている。

そして、これら私立の保育園のなかから、現在の多摩における知的障害者支援のネットワークが生まれていった。主に、次の三つの保育園がカギとなっている。

（1）バオバブ保育園

ひとつは、バオバブ保育園である。

バオバブ保育園のもとになるのは、一九七一年に世田谷で設立された「ぐるんぱの会」である。これは、遠山洋一さん（元昭和電工、のちにバオバブ保育園長）や東京都立大学（当時）の湯浅欽史さんを中心にして、世田谷区の保育者[4]らとともに新しい保育園の設立を模索するものだった。どこに作るかというときに、多摩ニュータウンで保育園が足りないという状況を知り、多摩市が選ばれたようである。一九七二年に社会福祉法人バオバブ保育の会[5]が設立され、翌一九七三年には一の宮（現在の聖蹟桜ヶ丘駅から徒歩一〇分ほど）にバオバブ保育園が開設された。

ぐるんぱの会には、その後たこの木クラブにも深くかかわり、現在は「あしたや共働企画」で働く、和田幸子さんや清井洋子さんが加わっていた。まったく新しい保育園をつくろうとする会で、清井さんにいわせれば「本当に変な人たちの集まりだった」という。和田さんは社会事業大学在学中に、一九七〇年代からの「青い芝の会」を中心とした障害者解放運動の影響を強く受けると同時に、ウーマン・リブの影響を受け、「生活」から考えていかなくてはならないという思いを強く抱いていたという。清井さんは高校時代にべ平連（ベトナムに平和を！市民連合）に影響を受け、大学では教育学科だったが「教育なんて上から目線で子どもたちを見たくない」という思いがあり、また在日の人たちとのかかわりから「地域に根差して活動しなきゃ」と思っていたという。

こうした人たちが保育者であり、自分たちの視点で保育を考え直そうとしてつくった保育園だった。そのため、いまの視点からみると、かなり独創的で「むちゃくちゃ」な園だったようである。建物も「子どもたちが大人から隠れる場所もあった方がいい」という発想で作られており、門扉すらなかった。

保育者だけではなく、保護者たちにも、大学闘争などにかかわってきた人たちが少なからずいたようである。のちにたこの木クラブが始まった当初、子ども会活動の中心になった石毛理美子さんは、子どもたち二人をバオバブ保育園に通わせている。現在、石毛さんとともにケアホームにかかわっている唐仁原久さんも、保護者のひとりだった。どちらも大学闘争にかかわったり、さまざまな社会問題に問題意識をもってかかわったりしてきた人たちである。

そして、当時の保育者や保護者たちは、多くが「たまごの会」で食べ物を購入していた[6]。単に子どもを預け/預かるという関係だけではなく、食について、社会について、ともに考えるという関係も育まれていた。

バオバブ保育園は当初から、ハンディキャップをもつ子どもも含めて、いろいろな子どもがいられる場にしたいという思いを強く持っており、どんなに重い障害のある子どもであっても積極的に受け入れてきた。現在、多摩で一人暮らしやグループホームで暮らしており、支援ネットワークにサポートされている知的障害や身体障害の人たちには、バオバブ保育園出身の人も少なくない。

なお、数十メートル離れた小野神社の境内に、多摩市初めての児童館である、一の宮児童館・学童クラブが作られた。日常的に交流していたバオバブ保育園の卒園生は、障害の有無に関係なく学童クラブに受け入れられていった。こうして、園児たちの関係が保育園にとどまらず継続する素地が作られていった。

（2）ゆりのき・かしのき保育園

もうひとつは、ゆりのき保育園（永山）と、かしのき保育園（諏訪）である。

ゆりのき保育園は、一九七一年四月の多摩ニュータウン入居開始時に開設された（いまの京王永山駅・小田急永山駅から歩いて一〇分ほど）。その後、一九七八年にかしのき保育園が兄弟園として作られた（いまの京王永山駅・小田急永山駅から歩いて一～二分）。多摩の支援ネットワークで中心的な役割を果たしたのは主にかしのき保育園だが、それを生んだのはゆりのき保育園である。

両者の運営主体である社会福祉法人「至愛協会」[7]ができた背景にも少し触れておこう。牧師であった野口重光さんは、北海道の置戸で妻とともに開拓者の人たちの暮らしや苦難に寄り添いながら地域に尽くしていたが、若くして急死してしまう。その生き方や努力に感銘を受けた人たちが、残された遺児のために基金を立ち上げ、多くの金額が遺族のもとに届いた。野口さんの妻である野口京子さんは、それを個人で使う気にはなれなかったため、もともとの地元

であった日野市近辺で、兄である中嶋博さんとともに保育園を開こうと考える。当時、何の実績もない若い中嶋さんが保育園を開園するのは容易なことではなかったが、多摩ニュータウンが保育園を必要としていたということもあり、紆余曲折の上、第一号保育園として認可された（至愛協会ホームページより）。

なお、町田市野津田町に、農村伝道学校[8]（現在の京王永山駅から四キロ弱ほど）という、日本基督教団の認可した神学校がある。農村伝道学校は、亡くなった野口重光さんが第一期生だったこともあり、至愛協会とは当初から強いつながりがあった。ゆりのき保育園の園長となった中嶋博さんは、ここの聴講生だったそうである。そこで、当時農村伝道学校の学生だった福島真さんと出会い、意気投合し、ゆりのき保育園のなかに「永山教会」を立ち上げたという。そこから、福島さんの学校の後輩たちが「永山教会」に訪れるようになり、のちに挙げる高橋和彦さん、そして現在のたこの木クラブ代表である岩橋誠治さんが多摩市に足を踏み入れるようになった。

福島さんは、農村伝道学校を卒業するにあたって、牧師になることを自らの意志として止め、ゆりのき保育園で非常勤として働くようになった。そして、兄弟園であるかしのき保育園が立ち上がるときに、そこの副園長となり、その際にはっきりと障害児の積極的な受け入れを打ち出すようになった[9]。福島さん自身はそれまでほとんど障害者とかかわる機会がなかったそうだが、ゆりのき保育園で働き始めたときに、園児のなかに重度の自閉症児がいたのだそうである。自分がその子とどうかかわったらいいのかと四苦八苦しているところ、他の子どもたちがその子たちなりに本人と付き合う方法を編み出し、実際にかかわっているのを目の当たりにし、福島さんは「子どもってすごいなあ」と「衝撃を受けた」のだという。それが障害児の積極的な受け入れを決意させた背景だという。

かしのき保育園は、近隣にある島田療育園（現・島田療育センター）の人たちと園児たちの交流の機会を設けるなどしており、それがのちに島田療育園から出て、多摩市で初めて自立生活を始めることとなった三橋準さんとの出会いにもつながっていった。また、かしのき保育園は園児の保護者たちのつながり作りにも力を入れており、特に父親たちが中心となった「親父の会」は、石田圭二さんを中心として、現在も三橋準さんが働く、障害者と健常者がともに働く場である「ちいろばの家」が出来上がっていく土台となっている。

(3)みどりの保育園

最後に、みどりの保育園である。

みどりの保育園は一九七四年に開設された保育園で、運営主体は社会福祉法人緑野会である(みどりの保育園ホームページより)。建てられたのは連光寺で、聖蹟桜ヶ丘駅から歩いて二五分ほどである。ここも障害児を受け入れ始めた。ただ、他二つとは異なり、東京教育大学(一九四九年設置、一九七八年に閉学)の教育学部特殊教育学科(養護学校の教諭を育てる学科)の教員から、多摩市に障害児と健常児をともに受け入れる保育園を作りたいと声をかけられたそうで、当時みどりの保育園を開設するところだった園長がその話に乗ることで始めている。一クラスに二人から三人の障害を持つ子どもたちが措置されてきたそうである[10]。

そこに「手伝ってほしい」と請われて、当時住んでいた練馬から通っていたのが斎藤美津栄さんである。当時すでに長男が生まれていたが、その後さらに子どもが増えるにつれて、練馬の社宅では手狭になったこともあり、いったんは横浜へ転居、その後一九七八年九月に多摩市に転居してきた。転居してくるなり、斎藤さんは自宅を開放し、障害があろうがなかろうが、子どもだろうが親だろうが、誰が来てもいいというスタンスで、「お茶を飲みに来てください」という会を開くようになった。リトミックを活用しており、「ピアノ教室」と称することもあったようである。

みどりの保育園そのものは、実はあまり後々の知的障害者支援のネットワークにはつながっていない。障害児の受け入れといっても、地域の子どもたちを障害があろうがなかろうが受け入れていたバオバブ保育園やかしのき保育園とは異なり、障害児を措置で受け入れており、根本的な発想が異なるからだろう。園長が交替した後は、あまり障害児も通ってこなくなったようである。斎藤美津栄さん自身、転居してきてからは、自宅を主な活動の場として、みどりの保育園は辞職している。

ただ、みどりの保育園を介して、斎藤美津栄さんが多摩に移り住んだことの意味は大きかった。斎藤さんの自宅での活動（「プレイルームゆづり葉の家」と名付けられた）は、形を変えて現在も継続しているともいえる。斎藤さんの自宅に集まっていた障害のある人たちで、いまも多摩市に住む人は少なくなく、自立生活をしている人もいる。

また、斎藤さんは、もともとクリスチャンであり、賀川豊彦[11]の思想に影響を受けたということもあって、練馬にいるときから生活クラブ生協の活動にかかわっており、多摩市に来てからは生活クラブ生協の支部局長も務めている。斎藤さんはその後いくつかの支援団体立ち上げにかかわっているが、そこで中心的に活躍する人たちの多くは、生活クラブ生協で活動していた人たちである。もともと知的障害や身体障害のことを全く知らなかったが、斎藤さんとのかかわりを契機に知的障害者支援にかかわるようになったという人も少なくない。

（4）就学時健康診断反対運動のビラまき

このように、三つの保育園を中心として人々のかかわりがそれぞれに育まれていたが、これらが相互につながったのは主に、一九七六年頃から始まった就学時健康診断反対運動においてのことである。

日本では、一九七九年に養護学校が義務化された。これは都道府県に対して必要なだけの養護学校を準備することを義務化するものであり、それまで「就学免除」とされて学校に通う機会を実質的に奪われていた障害児たちに教育の機会を提供するもののはずだった。ところが実際には、それまでであれば養護学校が不足していたために地域の学校に入れていた子どもたちまで、「障害児」として養護学校に振り分けられるようになっていった。その際に活用されたのが、就学時健康診断だった。これはもともと就学前の子どもたちが健康診断を受けるというものでしかなかったのだが、七九年の義務化を前に、東京都の小学校の多くが、就学時健康診断を、障害児を「発見」し、養護学校に振り分けるための機会として活用し始めた。

多摩市もそれは同様だった。一九七七年までは『多摩市広報』には就学時健康診断についての告知は特になく、一月頃に「来春、市立の小・中学校に入学する児童、生徒の就学通知書をお送りしましたが、届かなかった方は学校教育課までご連絡ください」といった内容が載るだけだった。それが一九七九年一二月には「必ず受けよう　就学時健康診断」という記事となり、「この就学時健康診断は、新入学するお子様が、病気を治して元気に入学できるようにするためのものです。特別な準備などは一切いりませんので、気軽に受けさせてください」という文言が入る。一九八〇年には一〇月と時期が早まり、やはり「必ず受けましょう　就学時健康診断」とある[12]。

そして、就学時健康診断を受けて子どもが「障害児」とレッテルを貼られると、教育委員会による「教育相談」において、執拗に養護学校を勧められる。それを避けるために「教育相談」を断ったり、それ以前に就学時健康診断そのものを受けなかったりすると、今度は就学通知が送られてこないことがあった。三月三一日に送られるようなケースもあったそうである。

このような動きに対して、三つの保育園の保育者や保護者たちが立ち上がることとなった[13]。発端となったのは、一九七四年入学のバオバブ保育園卒園生の親と保育者が声をあげたことだというが、他の保育園に関係する人たちもすぐに賛同したそうである。三つの保育園で保育者や保護者たちは、園児のなかに障害児も含まれているという状況を実際に経験している。子どもたちが「障害児」「健常児」と分けられることなく、ともに育っていき、関係の豊かさや可能性を見せてくれるのを目の当たりにしていた。そのため、このような就学時健康診断の使い方に対して強い反発を抱いたのである。こうしたことから、これら三つの保育園にかかわる人たちは、協力して就学時健康診断に反対するビラ配りを始めた。

ビラ配りでは、多摩市（日野市などが加わることもあった）の全戸配布を試みていたそうである。四万五〇〇〇枚近くを撒いていたという話もある。多摩ニュータウンの多くが団地だったがゆえに可能だったといえるだろう。それでも、仕事が終わった夜に集まってから始めるため、配り終わる頃には明け方になってしまった、ということもしばしばだったそうである。ビラ配りが終われば、ホッとして皆で一杯飲んだり、話をしたりする。

そして、ビラを見た人のなかから、思いや意図に賛同する人たちも現れ、その人たちがまたビラ配りに参加し、さらにはそれ以外の活動にも参加するようになる。たとえば、のちにたこの木クラブの初期からかかわり、その後あしたや共働企画の立ち上げにも大きく寄与した松島玲子さんは、ビラを見て和田さんに電話したところから活動にかかわるようになったという。

これが約二〇年間（一九九六年頃まで）続けられた。普段は別の暮らしをしていても、一年に一度、同じ頃にまた集まり、朝までビラ配りをする。このような機会が毎年、就学時健康診断が行われる時期にあったことが、多摩市の三つの保育園の人たちを結び付けていった。

このため、多摩の就学時健康診断反対運動は、他の地域とは少々毛色が違っていた。就学時健康診断に反対し、どんなに重い障害があっても普通学級でともに学ぶことを保障すべきだとする運動（就学運動とも呼ばれる）は、日本全国で起きている。ただその担い手は、親や教員が中心になっていることが多かった。それに対して多摩では、元保育者、あるいは元保護者、またはもっと関係のない人たちなど、「障害児との血縁者」やその「教員」にあたる人たちではない人たちが、多く含まれていた。

そして、一九八一年の夏、本書で中心となるたこの木クラブを開いた岩橋誠治さんが、多摩を訪れるようになった。最初は、この就学時健康診断のビラ配りへの参加やキャンプへの参加から始まっている。先に述べたように、同じ農村伝道学校の先輩である福島真さんや高橋和彦さんに誘われて多摩市を訪れた岩橋さんは、当時ホームレス支援などさまざまな現場にかかわり、自分の道を探していたそうである。結局、学校は「自主卒業」し、当時すでに始まっていたちいろばの家（第1章参照）や、国立の「かたつむりの会」（現・ライフステーションワンステップかたつむり）[14]の「専従」（といっても週三日ほどだったらしく「半専従」といった方が正確だそうである）を務めながら、自分なりのやり方を模索し始める。そのなかで徐々に、自分がもっとも大切にしたいのは、子どもたち同士のかかわりだと感じるようになる。

そこで、多摩市に移り住み、一九八七年に「子どもたち同士の関係づくり」をうたって、たこの木クラブを設立する。たこの木クラブが出来た当初、『たこの木通信』のなかで岩橋さんは何度か、なぜこれだけの会やかかわりがあるなかで、さらに新しい場を立ち上げるかを説明している。それだけ、すでに多摩には多くの場と土壌があった。そしてたこの木クラブの実際の活動も、それら土壌のなかの人たちによって支えられた。バオバブ保育園の保育者だった清井さんや、ビラ配りでつながった松島さんがかかわっていたり、たこの木クラブが当時メインの活動としていた子ども会活動では、かしのき保育園と交流の機会を持ったりしている。これまでのかかわりと土壌のなかで、たこの木クラブはスタートしたのである。

■注

1 「見える」という表現を使っているのは、私がその人たちの医学的な障害名を知らないからである。たこの木クラブをはじめとした多摩地域の支援ネットワークでは、あまり医学的な障害名が重視されていない。医学的な障害名よりも、日々見せるその人の癖や傾向を見た方が、付き合う上では手っ取り早いからだろう。たとえばバオバブ保育園は既存地区に作られているし、たこの木クラブが子ども会活動を展開した永山橋公園も既存地区にある。それ以外にも、本書では触れていないが、既存地区の人が住居を提供してくれるなど、要所でかかわっている。なお、一九七八年から七九年にかけて実施された「多摩市地域生活調査」に基づいて、店田廣史は多摩ニュータウンと既存地区を比較して次のように述べている。店田によると、ニュータウン地区世帯では核家族が九二％を占め、年収二五〇万円～六〇〇万円の層が四分の三を占め、学歴でいえば新制高校卒と新制大学卒があわせて約八割、世帯主の六割がホワイトカラーであるなど、同じ階層への集中度が高い。それに対して既存地区では、拡大家族が四分の一を占め、さまざまな世帯が混じり合っており、収入は平均値でみればニュータウン地区よりも高いが、二五〇万円以下の低所得者層と六〇〇万円以上の高所得者層の比率が高いなど、ばらつきがある。また、学歴や職業でみてもばらつきが大きく、多様な構成を示している（店田 1987: 192-196）。総じて、既存地区はもともとその土地に住んでいて自治会等も担っている層と、居住歴の浅い層とが入り混じった地区で、ニュータウン地区は同質性が高く流動的な層が中心だったようである（浦野 1987: 278）

3 ただし、障害の軽重はあまり支援の難しさと比例しないと思われる。少なくとも多摩ではそう捉えられている。知的障害や自閉の場合、問題やトラブルとなるのは、本人と周囲との間のコミュニケーションのズレである。本人が「わからない」「伝えられない」とはよくいわれるが、それは裏面からいえば周囲が「わかるように伝えられない」「伝えられていることがわからない」ということでもある。こうしたコミュニケーションのズレと考えたとき、支援の難しさと障害の重さは単純には比例しないことは明らかである。本人の障害が軽く、たとえば流ちょうに喋れるとしたら、それは周囲にとっては「わかっているはず」「伝えられていることをこちらも理解できているはず」という思いこみにつながりやすい。そうなってしまうと、コミュニケーションのズレが実際には起きていても周囲が気づかないことが増え、結果的にズレから生じる問題やトラブルは深刻化する。このように、障害が軽度だから支援が楽だということでもなければ、重度ならば必ず困難になるということでもない。

4 いわゆる保育の専門家は、当時でいえば「保母」であり（男性にも一九七七年以降受験資格が認められたが、正式名称は「保母」だった）、一九九九年の法改正で「保育士」と呼ばれるようになった。ただ、この章や次の章で出てくる人たちには、必ずしも有資格者だけではなく、「保育助手」も含まれる。そのためまとめて「保育者」と表現している。

5 現在のバオバブ保育の会は、最初につくられたバオバブ保育園（現在は「おおきないえ」と呼ばれている）、その後多摩市でつくられた「バオバブ保育園ちいさないえ」、稲城市につくられた「若葉台バオバブ保育園」、横浜市緑区にある「霧ケ丘バオバブ保育園」、世田谷区にある「喜多見バオバブ保育園」を運営している（バオバブ保育の会ホームページより）。なお、遠山洋一さんによるバオバブ保育園の考え方や方法に

6　ついては、遠山（1997）（2003）など。

7　「たまごの会」は、一九七四年に都市の住民と農業を志す若い人たちとで、茨城県の八郷農場に無農薬・有機栽培で小規模有畜複合農業を立ち上げたもので、八郷で作ったものを都市の住民が直接に購入していた（詳しくは次章）。

8　現在、至愛協会が運営しているのは、ゆりのき保育園、かしのき保育園のほかに、りすのき保育園（唐木田）、あすのき保育園（諏訪）、どんぐり保育室（諏訪）、多摩市北諏訪小学童クラブ、多摩市永山第二学童クラブ、多摩市諏訪学童クラブである（至愛協会ホームページより）。

9　農村伝道学校は、日本で初めてゲイであることを公言してから牧師になった平良愛香さんも卒業生であり、「社会的に底辺に追いやられている状況にある人々、弱者や被差別者と共に生きるということを大切にしている学校」であり、「人権意識が高い学生が多かった」と述べている（平良 2017: 136）。なお、一九七〇年の日本万国博覧会における万博キリスト館の建設をめぐって、日本基督教団内部で激しい対立が起きており、当時の農村伝道学校はこの影響を強く受けていたようである。

10　かしのき保育園は、開設から四〇年以上が経つが、障害があるとされる子どもが在籍していなかったときはないという。一六〇人という大規模な保育園だということもあるが、地域で受け入れていればそれが自然な姿なのだろう。

11　遠くは府中から来ていたという。ここからしても、多摩という地域に根差した形ではなかったことがうかがえる。

12　賀川豊彦は、大正・昭和期に活躍した、キリスト教の影響を強く受けた社会運動家であり、農民運動や生活協同組合運動に大きな影響を残した。自伝的小説として賀川（1920→2009）。

一九八一年には「必ず受けましょう」という文言はなくなり、一九八五年には「病気を治して」という文言がなくなり、「この就学時健康診断は、新たに入学されるお子さんの健康状態を確認し、元気で入学されることを願って実施されるものです」となり、枠も小さくなったのだが、一九九〇年には「この就学時健康診断は、お子さんの心身の健康状態を確認し、保健上必要な助言・指導を行うために実施するものです」となり、一一月五日にはさらに「受診は済んだ？」と督促する記事も出ている。それ以降は、督促記事はなく、ほぼ文面や時期も統一されている。一九九六年頃に運動が行われなくなったのは、就学通知と就学時健診についての通知が同時に届くようになったからだという。

13　就学運動自体は、多摩市に限られることではなく、全国で展開されている。たとえば渡部淳を中心とした「がっこの会」（渡部の思想については渡部（1973）他）、篠原睦治を中心とした「子供問題研究会」（篠原の思想については篠原（1986）（2010）他）など、いわゆる「専門家」による取り組みもあると同時に、各地で親や教員たちによる運動と実践が積み重ねられてきた（北村 1987; 片桐 2009; 大阪・15教職員組合連絡会など）。一九八一年には「障害児を普通学校へ　全国連絡会」（略称：全国連）が立ち上げられている。全国連の出版したものとして、障害児を普通学校へ全国連絡会編（2001）（2004）など。

14　「ライフステーションワンステップかたつむり」は、国立にある団体で、府中療育センター闘争から始まり、日本の障害者解放運動の旗手のひとりであると同時に、多くの障害者を入所施設から自立生活へと支援し続けてきた、三井絹子さんと俊明さんが中心となって発足させたものである。三井絹子さんの手記としては、三井絹子（2006）など。

■文献

バオバブ保育の会ホームページ　http://baobabcc.jp/（二〇一九年三月三一日取得）
金子淳　2017『ニュータウンの社会史』青弓社
賀川豊彦　1920→2009『死線を越えて』ＰＨＰ研究所（復刻版）
片桐健司　2009『障害があるからこそ普通学級がいい――「障害」児を普通学級で受け入れてきた一教師の記録』千書房
北村小夜　1987『一緒がいいならなぜ分けた――特殊学級の中から』現代書館

みどりの保育園ホームページ　http://midorinohoikuen.kids.coocan.jp/index.html（二〇一九年三月三一日取得）

三井絹子　2006『私は人形じゃない——抵抗の証』「三井絹子60年のあゆみ」千書房

大阪・15教職員組合連絡会編　1980『みんな一緒に学校へに行くんや——「普通」学級で学ぶ「障害」児教育の実践』現代書館

至愛協会ホームページ「法人設立経緯と主旨」http://www.shiai-kyokai.com/document/shiai-shushi_.pdf,（二〇一九年三月二七日取得）

篠原睦治　1986『「障害児の教育権」思想批判——関係の創造か、発達の保障か』現代書館

——　2010『関係の原像を描く——「障害」元学生との対話を重ねて』現代書館

障害児を普通学校へ全国連絡会編　2001『障害児が学校へ入るとき』千書房

——　2004『障害児が学校へ入ってから』千書房

平良愛香　2017『あなたが気づかないだけで神様もゲイもいつもあなたのそばにいる』学研プラス

店田廣文　1987「一般郊外地区とニュータウン地区の住民特性」小林茂・寺門往男・浦野正樹・店田廣文編『都市化と居住環境の変容』早稲田大学出版部　pp.189-206.

遠山洋一　1997『バオバブ広場へようこそ！——とーやまえんちょうからのメッセージ』筒井書房

——　2003『泥と水と虫と子どもとおとなと——バオバブ広場 1999-2002』筒井書房

浦野正樹　1987「変貌するコミュニティ環境」小林茂・寺門往男・浦野正樹・店田廣文編『都市化と居住環境の変容』早稲田大学出版部　pp.245-279.

Young, Jock, 1999, *The Exclusive Society: Social Exclusion, Crime and Difference in Late Modernity*, Sage（＝2007　青木秀男・伊藤泰郎・岸政彦・村澤真保呂訳『排除型社会——後期近代における犯罪・雇用・差異』洛北出版）

渡部淳　1973『知能公害』現代書館

……人を足蹴にしておいて手を差し伸べる事を「支援」と称する人たちがいるように思う。

……支援のマニュアルは、正しい支援を伝えるためのものではなく、マニュアルを「作成する／実行する」側と実際の当事者の側との差異を明らかにし、常に関わり方を模索するためのものだと思う。

……自閉症の人に対する構造化の取り組み。本人が必要とする構造化と構造化したものに本人をはめ込むのとではまったく意味が違う。でも、多くは後者で、うまくいったケースから作り手たちは更にはめ込んでいこうとしている。[1]

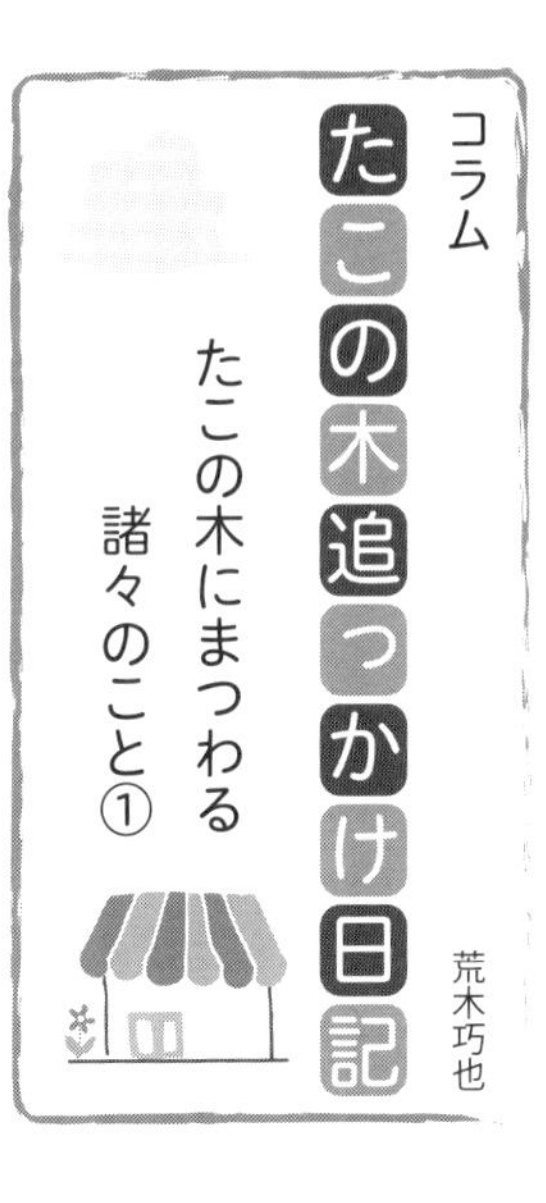

コラム

たこの木追っかけ日記

たこの木にまつわる諸々のこと①

荒木巧也

◆ツイッター

たこの木クラブの「追っかけ」です。岩橋さんによれば、たこの木周辺には「追っかけ」が定期的に現れるそうです。愛知県の町はずれの入所施設で働きながら、岩橋さんのツイッターを見ていました。施設の仕事はストレスフルでしたが、岩橋さんの言葉に励まされて頑張っていました。岩橋さんのツイッターを読んで、すごく楽になる感覚がありました。その当時の仕事の悩みに「答えてくれている」ように感じました。今思えば、入所施設に「憎悪の念を持つ」とまで書いていた岩橋さんが施設の仕事に関心があるはずもないのですが。

二〇一八年末の時点で七万三〇〇〇ツイート。軽いものから、固有名詞を伏せつつも分かる人には分かってしまう、現在進行中の案件まで、計算すると一日に二〇〜三〇ツイートしています。この、「SNS依存症」を心配してしまうほどの発信力も「たこの木らしさ」だと思います。ツイッターの文字数制限による「効果」もあったでしょう。たこの木通信やブログの記事も読んでいましたが、岩橋さんの「長い文章」は難しかった。背景を省いた最小限の言葉が広がりを持ち、私のように「自分のことを書いてくれている」と共感する人は多かったはずです。

そもそも僕は、文章というものを書くのも読むのも嫌いで、人と会って向き合うことから様々なことを知り、考えている。だから何の体系立つものもなく、一人一人の関係によっていつも作り出している。だからどうしても文章を書くと長くなり「短くしろ」と言われて、短くすると、自分の意思から遠のくように思えてならない。[2]

短く書くことは難しい。一方で、たこの木通信で「岩橋ばっかり書いている号は読まれない」とも言います。短く書けない岩橋さんに文字数制限を課したことで、遠くの自分にも届きました。ツイッターは優秀な「編集者」かもしれません。

■注

1 岩橋さん ツイッター @takonokibot2 から

2 岩橋さん『たこの木日記』たこの木通信一九九三年四月号

◆これだけ？

仕事が少し行き詰まっていたころに「たこの木ひろば」を訪ねたことがあります。

もともと「追っかけ」は趣味で、面白そうな団体や活動を見つけては訪ねていました。たこの木に限らず、長く続いた事業や運動の歴史は面白い。生き方に疑問を抱いて、または、魅力的な当事者と出会ってコトが動き出す。そして、地域の課題を受けとめ時代の動きと響き合いながら、他にはない独自の実践となっていく。たこの木と出会ったのは、たこの木が始まって三〇年前後の時期というのもよかったかも知れません。もっと経つと初期のメンバーがいないかも知れません。私の場合、追っかけて追っかけて、東京に引っ越して介助者に転職することになります。たこの木は特別だったようです。

八年前に初めて訪問した時の印象は「これだけしかないの？」でした。スペースも人も。訪問サービスの事業所では珍しくないと思いますが、利用者と職員が百人単位の法人しか知らない私には、事務所ひとつで成り立っていることに驚きました。ツイッターとブログと通信の、膨大な発信量とのギャップが大きかったんです。きっと相談室はあるだろう。作業所や店舗もいくつか持っている。重度の障害者の一人暮らしを何人も支えるには何十人もスタッフがいるはずだ。関連のグループホームもあるらしい。スーツで来たほうが良かっただろうか。そして、小さなマンションの部屋の前で、何度も住所を見直すことになるのです。

〈当時のメールのやりとり〉

二〇一〇年一〇月×日　荒木→岩橋さん

先日、〇〇福祉協会の「入所職員の研修」に出ました。幹事役の施設長さんたちはゴリゴリの古い頭で「入所更生が一番いい」という話を夜の飲み会で始めて、逃げることも出来ず固まりました。（略）入所の支援員も当事者活動の支援者も「やればやるほど相手のためにならない」という意味では似ているかもな、と（半分冗談ですが）思います。

二〇一〇年一〇月×日　岩橋さん→荒木

そりゃ〜固まりますね。私なら星一徹のようにテーブルをひっくり返していたかも……

私も常に自戒しています。決して私自身は当事者ではない。彼らの想いの半分も理解していない。だからこそ理解し支援と言う立場にこだわっています。（略）子ども会を手伝っていた精神の当事者が、ある日「僕は子どもが嫌いなんですよ〜」とボソリとつぶやき、一緒に組んでやってきた私はとても驚きました。そして、その理由を聞くと「僕は、子どもが何を考えているか解らないから付き合っているんですよね〜」と再びボソリ。「解らないから付き合う」その言葉は、今の自分を支えています。

二〇一〇年一〇月×日　荒木→岩橋さん

お返事ありがとうございます。「解らないから付き合う」このことを知るだけで救われる支援者はたくさんいると思います。最近メンタルヘルスに悩む職員が多いのです。

第1章
たこの木クラブと多摩の四〇年

三井さよ

1　多摩で育まれていた土壌

（1）三つの保育園からいくつかの会へ

「はじめに」で、たこの木クラブの前史を簡単に述べた。そこからもわかるように、たこの木クラブは、多摩のさまざまな人たちによる支援のネットワークの一部である。たこの木クラブを出発点にしてその支援活動を捉えようとすると、物事を見誤る。むしろ、さまざまな人たちがそれぞれの思いで始めた活動が、緩やかに、ときに強く結びついて生み出されていったネットワークのなかに、たこの木クラブを位置付けて理解した方が、物事を正確に捉えられるように思う。

そのため、ここでもう少し、たこの木クラブが生まれようとしていた頃のことを述べておきたい。これもまた「前史」といえば「前史」で、「はじめに」と重なる部分もあるのだが、もう少し踏み込んで述べておこう。

「はじめに」でも述べたように、一九七〇年代になって入居が始まった多摩ニュータウンでは、三つの保育園で障害児の受け入れが積極的に行われるようになっていった。ここでいう三つの保育園とは、バオバブ保育園、みどりの保育園、かしのき保育園である。この三つの保育園は、足並みをそろえていたわけではなく、それぞれの背景に基づいて障害児を受け入れていた。

先に述べたようにバオバブ保育園の場合は、世田谷区のある保育園の父母会などから、新しい保育園をつくろうという声が挙がり、ぐるんぱの会が結成されたところから始まっている。実際に保育園をどこで作るかということになったとき、多摩ニュータウンができて保育園が必要だということから、多摩市での開園となった。全共闘運動にかかわった人がいたり、障害者解放運動にかかわっていた人がいたりしたという。

そうした人たちが作った保育園だっただけに、バオバブ保育園の保育者[1]と保護者の関係、保育の形も、現在だとあまり見られないようなものだったようである[2]。当時のエピソードで私が特に強い印象を受けたものを挙げておこう。石毛理美子さんの上の息子さんは、生まれたばかりの弟のことが気になって仕方がなかったようで、保育園に行ったというのに、勝手に家に帰ってしまったことがあるらしい。上の息子さんの担任の保育者は、どうも彼が家に帰ってしまったらしいとわかったところで、ではどうしたかといえば、他の園児たちと一緒にぞろぞろと石毛さんの家を訪れ、「迎えに来たよ」といったのだそうである。いまの保育園ではちょっと考えられない光景である。それだけではなく、保育園のなかも隠れる隙間や物陰がたくさんあるので、子どもたちが見つからなくなってしまって皆で探す、などということも何度もあったそうである。当時のことを話してもらうと、多くの人たちが「のどかだったわよねえ」と笑う。

バオバブ保育園は、そうした考え方に基づいて、ハンディキャップを持つ子どもの受け入れに積極的だった。障害児を受け入れるかどうかという問題設定から始まっているというより、子どもたちとの付き合い方、子どもが育つということに対する向き合い方を根底から問い直そうとするなかで、「いろいろな子どもがいられる場にしたい」と考えていったのである。子どもたちに対する姿勢そのものを革新的に変えていこうとする場だったがゆえに、障害のあるなしで子どもを分けないことも当然のこととみなされたのだろう。

かしのき保育園は、「はじめに」でも述べたように、社会福祉法人至愛協会が、ゆりのき保育園に続いて開園した保育園である。ゆりのき保育園も障害児を受け入れていたのだが、当初は特に障害児を積極的に受け入れるつもりではなかったらしい。だが、当時多摩ニュータウンに大量の若い子育て世代が移住するなかで、もともと地域に根差していた人たちが建てた法人であり保育園だったこともあり、地域のよろず相談を受け入れるようなところもあったそうである。そうするとどうしても、障害児の親たちの悩みも耳に入ってくる。当時の日本社会では、障害を持っている子どもたちは、幼稚園でも保育園でも受け入れを拒否されることが多かった（いまでも多いが）。それで途方に暮れている親たちに対する支援として、障害児を受け入れるようになったという。のちにかしのき保育園の副園長となる福島真さんは、そこで子どもたちがかかわることの「すごさ」を知り、かしのき保育園を開園するときには明確に障害児の受け入れを謳うようになった。

このように、かしのき保育園は地域の声を受け入れるところから障害児を受け入れた保育を始めている。かしのき保育園にかかわる人たちは、そうしたことを始めた根底にあるのは「キリスト教精神」だと表現する。ただ、キリスト教徒であれば皆が同じことをするとはとても思えないので、それだけでは何を言っているのか私にはよくわからない。その他に伺った話や全体の空気からみて、勝手な推測でいうなら、おそらく「隣人とは誰か／何か」をすごく考えてきた人たちなのだろうと思う。地域づくりが強く意識されているのだが、いつも具体的な個人がいるのを感じる[3]。その視点のなかで障害児があたりまえに視野に入ってきた、ということなのだろう。

かしのき保育園は、その後も保育園にかかわるさまざまな人たちをつなげていったり、困りごとを抱える人の力になっていったりしているようである。そしてかしのき保育園を中心としたネットワークは、いい意味で「現実的」で、現にある地域のネットワークをフルに活用していくようなしたたかさがある。かしのき保育園が駅に近いため、多摩のなかでも専門職層・高学歴層の保護者が多かったことも関係しているかもしれない。

それに対してみどりの保育園は、同じく障害児を受け入れたといっても、成り立ちが大きく異なっていた。みどりの保育園の場合は、いわゆる「措置」によって障害児が入るというものであり、他のふたつの保育園のような、同じ地域の子どもたちだから障害があろうがなかろうが入れる、というスタンスとは根本的に異なるスタンスだった。

ただ、先に述べたように、みどりの保育園が一時雇用したことによって、斎藤美津栄さんは多摩市に移り住んできた。そして、斎藤さんが個人的に家を開放して子どもたち（そして親たち）を受け入れた場をつくったことが、のちにふたつの保育園とつながっていく。斎藤さんは生活クラブ生協を通じた拡がりも生み出したのだが、この点については後述することにしたい。

これらかなり出自や背景の異なる人たちが、就学時健康診断反対運動で結びついたのだった。ビラ配りを二〇年間にわたって続けたことが大きな結節点だが、そこからいくつかの会が派生している。

ひとつには、学習会や研究会である。二つあったようで、一つはバオバブ保育園を中心とした「子育ての会」であり、もう一つはかしのき保育園を中心とした「教育問題研究会」である。

これらの会では、多摩以外で就学運動にかかわる人たちとのつながりが育まれていった。たとえば、教育問題研究会では、「子供問題研究会」にかかわっていた小児科医の石川憲彦さん[4]、同じく小児科医で、のちに「障害児を普通学校へ・全国連絡会」の世話人となったこともある山田真さん[5]などを招いて学習会を開いている。その他にも、「登校拒否を考える会」の奥地圭子さん[6]を招くなど、子どもたちの直面する問題について、さまざまな角度からアプローチしていたようである。子育ての会でも、世田谷で「がっこの会」を開いていた渡部淳さん[7]が講演に招かれており、当時バオバブ保育園の保育者だった清井洋子さんは、その考え方に共鳴し、その後がっこの会の事務局も務めるようになったという[8]。

なお、二つの会は同じようなテーマを追いかける学習会や研究会だったのだが、カラーはいささか異なっていたようである。子育ての会はバオバブ保育園が中心だったということもあってか、女性たちが中心だったそうである。それに対して教育問題研究会はかしのき保育園が中心だったこともあってか、男性たちが多かったそうである。後者は「頭を使う会」だった、と表現する人もいる。そう言われてみると、ネーミングのセンスになんとなくジェンダーを感じなくもない。

これらとはまた異なるものとして、「あゆみの会」があった。これは障害児の親たちが、排除しない学校や社会のありようについてともに学び、ともに考える会だったようである。どうしても障害児の親は、いつも「責められる」傾向にある。その子が障害を持つことそのもので母親が責められることも少なくなければ、療育にどの程度かかわるか、あるいはどのように育てるかについても、いつも非難や批判の目が向けられがちである。特に、いわゆる療育を求めて養護学校へ進学させるのではなく、子どもたちの間で育つことを願って普通学級を求めた親たちは、実にしばしば、学校側や周囲から非難の対象となった。就学運動を「子どもの障害を認められない親たち」の問題だ、と根拠のない非難をする人たちも少なくない（これはいまも続いている）。

二〇〇八年一二月にたこの木クラブが開いた多摩市市民企画連続講座[9]には、小林満さんの母親である小林文子さんが登壇している。その際、フロアから出た「なぜ障害児の親は子どもと距離が置けないのか」という質問に対して、小林さんは「だって、本当に、いっつもいっつもいっつも責められてきたんだもの、ずっとずっと責められてきてるんだよ、距離を置きたくたってできないんだよ」と答えた。どれほどの孤独のなかに親たちが追い込まれているか、ときどき言葉を失うことがある。

あゆみの会は、そうしたなか、親たちが腹を割って話せる場をつくろうとしたのだろう。いまでは自立生活を送っている人たちの親が、多くこの会に入っていたようである。

また、さらにもうひとつ、「共に生きる会」という会が生まれた。定例会を開くと同時に、年に何度かキャンプ、もちつき大会などイベントを開催していたようである。これは主にともに「遊ぶ」場となっていたようで、障害のある子どもとその親だけでなく、それ以外の人たちも多く参加したものだったようである。

この「それ以外の人たち」というのが、当時ならではのものである。まず、たとえば保育園の保育者とその子どもであったり、他の保護者とその子どもであったりしたらしい。もともと保育園で一緒に遊ばせているわけだから、障害児とその親だけが集まるという発想がない。そして、バオバブ保育園をはじめとして、当時の保育者たちには公私を分けるという発想はあまりなかったようで、自分の子どもたちを連れてキャンプに参加するのは自然なことだったようである。後でも触れるが、これは特殊な発想ではなく、母親が子どもを連れて何かの活動に参加するのは、多摩全体でいまよりももっと自然に見られた光景だったようである。

また、いまでいうならボランティアとしか言いようがない人たちもポツポツと参加していたようである。ただ、当時のボランティアはいまでいうボランティアとは少し語感が異なる。いま「ボランティア」というと、優等生タイプの人が脳裏に浮かぶが、当時は社会運動に関心を持つような人たちが集まってくることが多かった。その一人であった高橋和彦さんや岩橋誠治さんは、どちらかというと、「アウトロー」的な雰囲気である。優等生タイプとは逆の雰囲気を持つ人たちが多かったのである。

そして、当時のキャンプのやり方を聞くと、いま「障害児も一緒のキャンプ」で行われるようなやり方とは相当異なるやり方をしていたようである。たとえば、大学などで障害児とともにキャンプに行くボランティア活動に参加したという学生の話を聴くことがあるが、おおよそどこの団体でも、ボランティアは「担当」する子を決められ、ペアとなる。だが、共に生きる会ではそうした「担当」制はとっておらず、「みんなでみんなをみる」という形だったようである。そのため、気づいたら子どもの一人が川を流されていくのを見つけ、慌てて皆で追いかける、といったこともあったという。参加者が「のどかな時代だった」と笑うように、事故防止・安全管理に多くの労力を払うというより、どの子もみんな一緒に過ごすということの方に重きが置かれていたようである。いまの常識からすると型破りなやり方に、それで大丈夫なのかと心配になる。だが他方で、今日ではあたりまえのように採用される「担当」制が、子どもたちの関係の広がりや自由なかかわりを阻むところがあるのも否定できないように思えてくる。

先に述べたように、三つの保育園から始まった流れは、さらに就学時健康診断反対ビラによって多摩ニュータウン全体に広がりを見せた。そして、そこから派生したこれら三つの会を介して、新たにかかわりを持つようになった人もいる（先述した通り、たこの木クラブの代表の岩橋誠治さんもその一人である）。

これらの会は、相互に補完的だったのだろう。子育ての会や教育問題研究会は、子どもたちがともに育つことを求める姿勢を理論的に補強するものだった。あゆみの会は、障害児の親を地域社会から切り離してしまわないために大きな意味を持っていただろう。それと同時に、数多くの人たちが、共に生きる会で具体的な子どもたちとともに過ごす時間を重ねていったことも重要だっただろう。

共に生きる会は、「障害児」というカテゴリー以前に、ひとりひとりの障害を持つ子どもたちと、多摩市に暮らす大人たちとを結び付けていった。それまでであれば、それぞれの保育園に通う子どもたちのことは知っていても、それ以外の子どもたちとまで接点を持つ機会がなかったのが、キャンプを通して具体的な子どもたちの性格、傾向、癖などを知り、同時に子どもたちにも自分たちのことを覚えてもらう機会を持てるようになった。さらにいうなら、子どもたちだけでなく、その親たちともキャンプを通して直接にかかわり、親と子どものかかわり方を知り、また同時に親以外の大人とかかわるときに子どもたちがいかに違う顔を見せるかも目の当たりにした。そしてもちろん、子どもたちの間で子どもが見せる顔は、大人の知るそれとはまた違っていた。こうしたことを実際に経験する機会をキャンプは与えていたのである。このことは、後々の支援ネットワークが形成されていく上で、決定的に重要な意味を持っていたように思われる。

岩橋誠治

きた。

（2）ちいろばの家と三橋準さん

そして、目の前にいる子どもたちについて、その将来を具体的にイメージさせる出来事が起きた。

当時の多摩の人たちがかかわる「障害者」の多くは、まだ学齢期の子どもたちだった。そのため、その「障害者」と「共に生きる」ために必要なのは、たとえば学校から排除されるのを防いだり、キャンプに一緒に行って遊んだり、といったことが中心だった。

だが、一九八〇年代に入った頃、それとは少し質の異なる形で「障害者」とかかわる機会が生まれてきた。それが、重度心身障害者施設の草分け的存在である島田療育園（現・島田療育センター。多摩センター駅から徒歩二〇分程度のところにある）の解雇撤回闘争、そして「リサイクルショップちいろばの家」の設立と、島田療育園を出た三橋準さんの多摩市での自立生活である。

島田療育園の解雇撤回闘争は、一九八二年一月一六日に斉藤秀子さん（当時三一歳、脳性マヒ）が施設を出たことに始まる。斉藤さんは長らく島田療育園を出たいと強く願っていたそうだが、なかなかうまくいかなかったところ、ついに職員四人の手を借りて「家出」した[10]。しかし斉藤さんの家族が捜索願を出し、斉藤さんは島田療育園に連れ戻された。そして、斉藤さんの「家出」に手を貸した職員たちは解雇されることとなった。それに抗議した職員は訴訟を起こした。これが解雇撤回闘争である。その公判で施設側は、斎藤さんに「意思能力」「同意能力」がないことを主張しており、知的障害の人たちの「意思能力」「同意能力」が明確に論点となった裁判でもあった。ただし、抗議した職員たちが必ずしも復職を願っていたわけではなかったこともあり、裁判は和解となり、判決が出るには至っていない。

この解雇された職員たちのひとりが、かしのき保育園に長男を預けていた、石田圭二さんだった。石田さんは自身を「巻き込まれ型」と呼ぶ。斉藤秀子さんが施設を出たいというのを助けており、訴訟にも名を連ねているが、必ずしも主導的な立場だったわけではなかったようである。ただ、主導的だった他の元職員たちが離れてしまったため[11]、結局最後に和解まで進めたのは石田さんだった[12]。

当時の多摩では、石田さんの解雇撤回闘争（先述したように必ずしも「闘争」としての熱が本人にあったわけではない）に対して、批判もあったようである。施設から出るに際して、もう少し丁寧なかかわりが必要だったのではないか、などである。だがいずれにしても、「そうはいっても石田さんが困っているなら」と、多くの人たちが手を貸したのだという。

さて、こうしたことから、石田圭二さんは、一九八二年から無職の状態だった。そうしたなか、一九八四年の一〇月に、至愛協会にかかわる人たちが、ボランティアグループ「ちいろばの会」をつくり、新聞回収の仕事を始める。これは、就学運動の先にある試みだった。障害のあるなしにかかわらず子どもたちが「ともに」育つのを支えようとするなら、卒業後はどうするのか、ともに働く場がなければ学校だけのことで終わってしまうのではないか、という思いから始まったのだという。すでにかしのき保育園では、「親父の会」という、園児の保護者、それも特に父親たちを中心にした会が始まっていた。この親父の会が、新聞回収の仕事の主たる担い手となる。

この親父の会が何者なのかは、仕掛人である、かしのき保育園の福島真さんに、話を二回は聴いたのだが、やっぱりよくわからない。福島さんは「単なる飲み会なの」という。スーパープレミアムモルツの四〇リットルタンクを皆で飲む（それ以外にワインや日本酒も持ち寄って飲む）という「泡の会」が夏にあり、冬にはソーセージを仕込む会があるらしい。どういう会なのか、さらに聞くと、スーパープレミアムモルツを選択するに至るまでの解説が続き（保護者のなかにサントリーの醸造長がいたということである）、ひとびとが三々五々来る話になり、いつ頃ビラが貼られるなどの説明はあるのだが、いつもそこまでで終わってしまう。これを聴く限りでは、やはり「単なる飲み会」である。

ただまあ、確かにちょっと面白そうな飲み会ではある。ビールをタンクで持ち込む飲み会は見たことがないし、この世のなかにソーセージを仕込む人たちがいるという話は聞いたことがあるが、まだ実際にやったことはない。これが自分の子どもを通わせている保育園で毎年開かれていると聞くと、一度くらい行ってみようかと思うかもしれない。

おそらくそれが人を集める方法なのだろう。課題や主題があるというより、「単なる飲み会」だからこそ、多様な人たちが一堂に会することが可能になる。こうした「単なる飲み会」が、実質的に人々をつなぎ合わせる結節点となっていた。

新聞回収を始めたところ、当時すでに至愛協会の保育園は二つあり、その伝手だけで協力会員はいきなり一六〇軒となった。一六〇軒もあると、新聞を回収してまわるだけでそれなりの収入になったのだという。回収作業を請け負ったのは、先に述べた通り、親父の会のメンバーである。なかでも、平日に休みがとれるタイプの仕事をしていた人だった。たとえばＮＨＫの気象予報をやっていた人や、ピアノの調律の先生など、そして「無職」の石田さんである。さらには至愛協会の理事長である中嶋さん、福島さん、また保育者などが集まって、回収作業を続けた。

そして、新聞を回収していると、加えて衣類や雑貨も集まってきたそうである。これらを集めてバザーを開くようになった。回収してバザーで売る、ということを一年くらい繰り返しているうちに、店を借りてリサイクルショップを始めることとなった。

店を持つとなれば、専従が必要になる。「無職」だった石田さんが、専従を担うようになった。これが、リサイクルショップちいろばの家の始まりである。一九八五年五月のことだった。

ちいろばの家は、一般の企業としてスタートしている。「障害者」が通うための場、という位置づけではなかった。一九七〇年代に始まった小規模作業所とは大きく異なっていた。

それは、一方では、就学運動の先にある課題として、「ともに働く場」という位置づけで始まっていたためである。だが他方では、石田さんにいわせれば、当時の状況で補助金を得ようとするなら一番良かったのが、雇用促進事業団の補助金を得ることだったからだという。雇用促進事業団の補助金を受ける条件は、雇用保険適用事業所になり、就業規則を作り、最低賃金を守ることである。だから企業としての体裁を整えたのだという。時給は当時で八三〇円にまでいったらしく、当時の最低賃金なら守ることは難しくなかったそうである。

時給がそれだけ確保できたのは、当時のちいろばの家を取り巻く状況もあってのことだろう。ちいろばの家で売られているのは、有志が寄付する不用品である。使えるのはごく一部だそうだが、寄付なので仕入れそのものにはお金がかかっていない。そして多摩ニュータウンは転居が多く、不用品が出ることが多い。頻繁な引っ越しゆえに出てくる不用品には、質の良いものも多く含まれていただろう。また、当時は中古品を売るというタイプの商売があまり定着していなかったこともあって、多くの人たちに活用されたようである。さらには、不用品の多くが実際には使えずゴミとなるのだが、当時は市が無料で引き受けていた[13]。

さて、ちいろばの家の設立とは本来関係なかったのだが、偶然同じ頃に入所施設を出て、その後ちいろばの家の中心人物のひとりとなる人がいる。三橋準さんである。

三橋さんは、知的障害と軽度の肢体不自由の重複障害をもっている。五～六歳の頃から島田療育園で暮らしてきた。それまでにも、かしのき保育園との交流学習でかしのき保育園を訪れたことはあった。ただ、それほど深いかかわりがあったわけではない[14]。それがあるとき、当時の施設職員のひとりが三橋さんを島田療育園から出したいと考え、親と施設を説得したため、三橋さんは島田療育園を出ることになった。その職員は三橋さんと一緒に商売を始め、地域生活を実現させるつもりだったらしい。だが、進め方に無理があったようで、

「ちいろばの家」案内パンフレット

家族の賛同も得られなかったようである。結局、その職員は三橋さんから手を引いてしまう。

それでは三橋さんはどうなってしまうのか。多摩市で就学運動を介してつながっていた人たちは、三橋さんがこの地で暮らすのを支えていくしかないと考えた。ただ、すでにそれまでのゴタゴタから、親は強い不信感を抱いてしまっていた。そのため、至愛協会が「一筆書く」ことによって、なんとか地域での暮らしをスタートさせることになった。一九八五年一〇月のことである。

まずは、昼間働く場としては、ちいろばの家ができたところだから、そこに通うことにしよう。それでは普段の暮らしはどうするのか。最初は一人暮らしを始めた三橋さんのところに、石田さんが夜も泊まり込んでいたようである。だが徐々に、夜の泊まり介助までは必要がないことがわかってきた。

それでも食事の問題はある。ひとりで準備して食べる、というところまでは難しい。そこで、朝に牛乳を配達する人に頼み、パンをひとつ一緒に配達してもらうことにした。これで朝ご飯は何とかなる。

それでは夕ご飯はどうするか。三橋さんは、介助者を募るために「私の暮らしを手伝ってもらえませんか」と書いた名刺やビラを作ってもらい、自分で配って歩いた。そのうちに、店の協力会員やボランティアの主婦、あるいは就学運動のビラ配りなどでつながった人たちが、それぞれ交替で三橋さんの家を訪れ、夕ご飯を作るようになった。じきに、三橋さんの家まで行くのが大変だということから、三橋さんを自宅の夕ご飯に呼ぶという形も生まれてきた。ひとつの家に毎日訪れる、あるいは毎日ひとりの人が通って食事を作る、というのでは大変だが、いろいろな家で呼ぶ、あるいはいろいろな人が交替で食事を作るようにすれば、それぞれの支援者の負担もそうたいしたことではなくなる。こうして皆で手分けをすることで、日々がまわっていくようになった。三橋さんは招かれたときは八〇〇円の食事代を、家に来て食事を作ってもらったときは材料費を払っていたそうで、一九九〇年時点で介助者は約五〇人ほどいたのだという（和田 1990）。

そうこうしているうちに、三橋さんは夕方になると家を出て、その日訪れる家庭に向かって歩くようになる。独特な歩き方をする人で、当時だとちょっと目立ったかもしれない。笑顔がステキな気さくな人である。そんな三橋さんが毎晩いろいろな家庭を訪れて食事を食べて帰る。そういう風景が、多摩ニュータウンのなかに生まれていた。

こうして、三橋さんは、知的障害者の大人になってからの暮らし方のひとつのモデルとなっていったのだと思う。三橋さんの暮らし方は、いまでいう自立生活である。当時、成人した知的障害者の暮らし方としては、入所施設か親元で暮らす以外には道がないように思われていたなか、ほとんどハプニングに近い形ではあったのだが、自立生活が実現してしまっていた。

そして、三橋さんの暮らしが成立したのは、ちょうどそのころにちいろばの家が出来たということと切り離せない。ちいろばの家は、重度の障害がある人であっても「働く」ということが可能だという前提にたってつくられた場だった。そうした通う場があり、そこでの関係があったからこそ、三橋さんの暮らしは成立している。

逆にいえば、そうした場があり、いろいろな人たちのちょっとした配慮があれば、重度の知的障害者だといっても、地域で暮らすことは可能である。それを三橋さんは体現していたのである。

（3）子どもたちがそこにいた――そして大人になった人もいた

たこの木クラブの代表である岩橋誠治さんが多摩市にかかわるようになったのは、一九八一年からだが、その後農村伝道学校に通いながら、一九八五年頃まで多摩市に通い続けている。学校を「自主卒業」[15]した後は多摩市に移り住み、ちいろばの家と、国立にあったかたつむりの会で半専従として働くことで生計を維持していた。その後、「自分がやりたいのはやはり子どもたちのこと」という思いを強め、また地元で活動したいという思いから、かたつむりの会を辞め、一九八七年一〇月にたこの木クラブを設立する。

先に、たこの木クラブは、単体で捉えてもわからず、多摩ニュータウンのネットワークに位置づけて捉えなければならないと述べた。そのひとつの意味は、たこの木クラブが生まれたときに、すでにいくつかの条件があったということである。

第一に、子どもたちがすでにそこにいた、ということが挙げられる。障害を持った子どもたちも、そうでない子どもたちも、ともに過ごしともに育つという場が、すでに多摩には複数あった。保育園がそうだというだけではない。学校でも就学運動によってそういう場が生まれつつあった。最初から養護学校に通うのがあたりまえだとみなされていたのでは生まれようがないものが生まれる余地があり、またそれを目の当たりにした大人たちが自身を振り返る機会も多々存在していた。

なお、支援ネットワークの中心人物たちが、いまは大人となっている障害のある人たちを子どもの頃から知っていたということは、小さくない意味を持っているように思う。以前、まだ若い介助者が「年上の利用者と年下の利用者ではどうしてもこちら側の思いが違ってくることがある」「年下の利用者には『かわいい』と思うけれど、年上の人はそうは思えない」といっていたことがある。「『かわいい』と思えばあれこれしようと思うけど、相手が年上だとなかなかそうは思えない」とのことだった。もちろんすべての介助者が同じように思うわけではないが（年上の人への「尊敬」から「あれこれしようと思う」こともあるだろう）、理念や主義主張を越えたエネルギーの源として、子どもの頃の「かわいさ」を知っていることは案外と大きいように思う。

第二に、その将来の姿としての大人の像が、ちいろばの家の活動や三橋準さんによって育まれていたということも挙げられる。子どもたちの将来像をどうイメージするかによって、いまのかかわり方も大きく異なってくる。親元ではなく、入所施設でもなく、地域で暮らすということが、実は可能なのだということ。それも、多くの人たちがそれぞれの家庭の夕食に呼ぶというような、「ボランティア」と呼ぶのもいまいちふさわしくないような、日常の延長線上のことで可能になるということ。それが、三橋さんとちいろばの家によって体現されていたことは、いま目の前にいる子どもたちとのかかわり方に大きく影響しただろう。

第三に、多摩には「障害児の親」という立場以外の人たちが常にいた、ということも挙げられる。むしろそちらが中心だったといってもいい。このことが持っていた意味は決して小さくないだろう。親でないからこそ言えること、考えられることがある。多摩市で就学運動を介してつながった人たちは、親の苦悩を目の当たりにしつつ、だからこそ親たちと同一化はしなかったし、親たちにただ追従したのでもなかった（ただし、親たちと無関係だったわけではなく、たこの木クラブの誕生した頃は親たちが積極的に活動にかかわっている）。

ときに親たちに寄り添いながら、なおかつ常に自分たちのこととして障害を持つ子どもたちとかかわっていった。そのことが、たこの木クラブが発足して数年で「青年たち」の課題へとシフトした背景にある[16]。この点は後述することにしたい。

（4）たこの木クラブの誕生――「子どもたち」とは？

一九八七年一〇月に、たこの木クラブは設立される。九月の準備号には、岩橋さんの思いが次のように綴られている。

> 多摩の中で「共に生きる」ことをテーマに様々な試みを続けている会がたくさんあります。「なのに、なぜまた新しい会が…?」とふしぎに思われる方が少なからずいると思います。私自身も今ある会の延長でやっていけるのではないかと思うのですが、ほんの少し視点を変えて、子供たちどおしの関係づくりをテーマにするものをやってみたいと思っています。「障害」のあるなしに関わらず同じ場に育ち生きることをよしとする子供たちの関係をつくっていこうと考えています。

「共に生きる」という言葉が使いだされるようになってかなりの年月がたちました。私自身も、この大きなテーマに真剣に関わってきたと思っています。しかし真剣に関われば関わるほど、その難しさに気づかされます。「共に生きる」ことの意味・大切さを思い、考えを深めていく中で、実際に「障害」をもつ人に向き合ったときに、「障害」をもたない人と同じように接することができない、何か特別視してしまう自分に気づきます。そしてそういう自分がいることを考え出すと、ますます、自然につきあうことができない自分に嫌悪感をもよおします。そんなとき、子供たちを見ると、なんでもないかのように、つきあっている姿にうらやましさを感じるのです。幼い頃から別々に生きてきた（別々にされてきた）自分が大人になって初めて出会う時、「障害」をもつ人と自分との間の壁の厚さに気づかされます。

そのような思いから、とにかく「障害」をもつ子も「障害」をもたない子も一緒にいる機会を数多くつくり出し、大人たちが頭でしか考えられない部分をのりこえ、「共に生きる」社会を創り出していってほしいと願います。（『たこの木通信　準備号』一九八七年九月）

岩橋さんはいまも、子どもたち（ちなみにいまの岩橋さんなら「子供」とは表記せず「子ども」と書くだろう）が「なんでもないかのようにつきあう」ことを、たびたび口にしている。このことは、多摩で就学運動からずっとかかわってきた人たちの多くが口にすることで、子どもた

ちのすごさ、大人が前提にしてしまう「壁」を軽々と乗り越えていく姿について語られること
は少なくない。

ただ、この点についてはもう少し説明が必要だろう。この言明だけを見ると、子どもという存在への過度の期待、無垢さの押しつけにも読めるからである。しかし、ここで述べられているのは、よくあるような子どもへの過度の期待や無垢さの押しつけとは少々異なるものである。

むしろ、現実の子どもたちの姿については、岩橋さんを含め、多摩の人たちは、実はかなりシビアである。子どもたちの暮らしは、決して「仲良しこよし」で構成されたキラキラの世界ではない。友情などといっても、美しい純白な感情ではなく、お互いに妬んだり憎んだり、相手を引きずりおろしたくなったり、自分だけいい思いをしたかったり、そういうさまざまな思いがあふれたものである。子どもたちは、お互いの足を引っ張ったり、自分だけ目立とうとしたり、お互いに生き馬の目を抜くようなサバイバルを繰り返している。それだけに、のちに述べるように、差別発言だって直接的な攻撃だって忌避行為だって、遠慮はない。子どもたちはまっさらな存在などではない。この社会のなかで社会化され、価値規範を内面化している。大人との違いといったら、ごまかしが足りないことくらいなのである。多摩で就学運動にかかわった人たちの描く子どもたちの像は、むしろこちらに近い。

だが、そこから確かに生まれ得るものがある。それは、人権だとか差別反対だとか、あるい

は優しさだとか思いやりだとかいう、硬直したぬるい世界とは異なるものであり、もっと根底的なレベルでの変化である。もっとシンプルに、障害者込みで世界や暮らしを思い描いているか、配慮や気遣いでなく、あたりまえに障害者がいる世界を生きているか、といったものである。

たとえば岩橋さんがよく話してくれたのは、次のような話である。あるキャンプで、キャンプファイアーの場所を予約するに際して、他の「障害児」だけの団体（療育施設の団体だったらしい）と重なってしまったので、それでは一緒にやろうということにしたのだが、最初はこちらの「健常児」たちは激しく嫌がったそうである。「なんであんな奴らと」「気持ち悪い」。ところが、数日一緒に過ごすなかで、徐々にかかわるようになり、最後にキャンプファイアーを終えたときに、その子たちが聴いてきたのは「あいつらどこの学校なの？」だったそうである。「〇〇養護学校だよ」と答えると、「なんで？」と聞かれたという。岩橋さんによれば、この「なんで？」が自然に出ることがすごいのだという。大人であれば、障害があるなら養護学校であることには疑いを入れない。それが自然に「なんで？」といえて、「なんで違うとこ行くの？」と疑問を持てるのがすごいのだという。

ここからは推測になるが、その子どもたちが障害児たちに特に優しくしたわけではないのだろうと思う。やっぱり「あんな奴ら」とは思っていたのではないかと思うし、「気持ち悪い」という思いも消えてはいなかったのではないかと思う。ただそれでも「そんなもんだ」と慣れていくことで、「子どもなら誰でも学校に行かされるのだろう」という「子ども」のなかに、障害児を含めて考えたのではないか。人権だの差別反対だのといったロジックでは飛び越えられない、障害児を「障害児」と呼ぶ前に「子ども」の一群のなかに含める発想が生まれていたのである。

また、別の機会に岩橋さんが話してくれたのは（これはたこの木クラブができた後のエピソード）、ある障害児（小学生）の遠足に介助者としてついていったときのことである。川べりで飯盒炊飯をやることになった子どもたちは、それぞれに作業をするのだが、その障害児は川に近い岩の上で、ひとりで石をつついて遊んでいる。そうすると、飯盒炊飯から抜け出す子どもたちが三々五々出てきて、それぞれその障害児のそばにやってきては、ぼんやりと座っているのだそうである。おそらく子どもたちは、その障害児の「お世話」をするふりをして、サボっていたのだろう。いかに遠足が総体として楽しかったとしても、飯盒炊飯などに伴う作業にみんながみんなやる気満々なわけではない。サボりたい子だっている。障害児のそばにいけば、いかにも相手をしてやっているように見え、サボりやすかったのだろう。

岩橋さんはその子どもたちの姿に強い感銘を受けたのだという。サボったり、やる気を出したり、子どもたちはさまざまである。その生活や暮らしのなかに、その障害児は確かに存在していた。ある意味では利用されているだけなのだが、その利用に障害児自身も乗っかりながら、関係が成立している。そのことに感銘を受けたのだという。

こうしたことからすると、この準備号で岩橋さんが語る「子どもたち」への期待は、単に「子どもらしい」美談や友情物語への期待ではない。もっとシビアな、子どもたちの過酷なサバイバルの日々のなかに、あたりまえに障害児が含まれていることへの期待であり、それがもたらすものへの期待である。

いいかえれば、多摩の支援ネットワークの人たちが考える「共に生きる」も、そうしたものとしての「共に生きる」像である。美談として語れるような人間関係ではなく、どろどろとしたものも含めた暮らしであり、生活なのである。

こうして、たこの木クラブは「子どもたち」に照準した活動を始める場として誕生した。創設を呼びかける会が、一九八七年九月二六日に関戸図書館の集会室で開かれ、ちいろばの家の石田圭二さんが司会を務め、代表となる岩橋誠治さんがその思いを話したという（『たこの木通信　第一号』一九八七年一〇月）。当初、準備号で謳われたのは、三つの活動である。

第一に、子ども会活動である。これはすでに「ちいろばの会」として行われていたものを、土曜日一四時〜一七時に場所も替えて行うことになったものである。どうしても障害児が中心の会になってしまっていたので、もっと地域の子どもたちとかかわる場にしていくことが目指された。また、毎週水曜日一四時〜一七時には「たこの木塾」が開かれていた。

第二に、緊急一時保護制度などを使って、子どもを預け合える仕組みづくりが目指された。一九八八年には荒川区役所障害福祉課の八柳卓史さんが招かれ、緊急一時保護制度についての勉強会が開かれている。ただ、緊急一時保護制度を使えなくても、時間の折り合いがつきさえすれば、区別なく預かるという姿勢だった。障害を持つ子どもを預かるばかりでなく、お互いに預け合うことによって（岩橋さんのお子さんを、障害を持つ子どもの家庭で預かってもらうこともあったらしい）、一方的関係にとどまらない出会いやかかわりが生まれることを求めたそうである。

第三に、勉強会や交流会である。一九八八年には渡部淳さん、石川憲彦さんなどが呼ばれて学習会が開かれている。その他にもさまざまな人が招かれ、交流会や勉強会が開かれるとともに、一九九〇年からは継続的にかしのき保育園との交流会も開かれていった。頻度としては、月に一～二回、数種類の交流会が並行して走るようなやり方だったようである。

2　子ども会活動と地域

（1）たこの木クラブの子ども会活動

たこの木クラブの初期は、実に多くの人たちが、それぞれの形でかかわっていたようである。

日頃の活動にはあまりかかわれなくても、事務的なことに関して手伝うなどのスタッフもいたようで、かかわり方は実にさまざまだった。

子ども会や塾の中心的スタッフは、当初は岩橋さんと石毛理美子さんだったようである。石毛さんはバオバブ保育園の元保護者で、たまごの会や原発反対運動などで元保育者たちともさまざまな形でつながり続けていた一人であり、就学運動にもかかわっていた。その他にも、バオバブ保育園の元保育者である清井洋子さん、和田幸子さん、障害児の母である小林文子さん（息子さんは現在多摩市で自立生活）、松島玲子さんなど、多くの人たちがかかわっていた。

当時の子ども会活動は、このように、就学運動などでかかわってきた人たち、ひょんなことからかかわるようになったボランティアの人たち、そして障害児の親たちなど、さまざまな人たちが集まることで可能になっていた。後述するが、現在のたこの木クラブの活動には、障害を持つ本人たちの親がかかわる機会はほとんどなくなっている。だが、まだ本人たちが子どもだったこの当時は、運営に親たちもかなり積極的にかかわっていた。当時の議論の記録を見ると、親も積極的に発言している。それでも、親が中心の会ではないこともまた、はっきりしていたようである。子ども会やキャンプなどの子どもたちと直接かかわる場面においては、親を引っ張り出したり間に挟んだりすることなく、子どもたち自身と他の人たちが直接にかかわるようにしていたようである。

そして、先に述べた通り、当初はどうしても「障害児」たちが集まる会となってしまっていたのを、一九八八年四月九日から、「子ども会とは関係のない子どもたちが集まる公園へこちらの方が出かけていこう」ということで、永山橋公園を中心に活動するようになった。『たこの木通信　第七号』（一九八八年四月）には、そのときのことが生き生きと描かれている。イニシャルとはいえ、名前が出ているので、ここでは私の要約を載せよう。

子どもたちは土曜日の昼間、公園に集まって鬼ごっこやブランコ、砂場遊びをしている。そこに乗り込んできたたこの木クラブの子ども会メンバーたち。「障害児」のひとりは、ボランティアの仕掛ける遊びを無視して、まわりの子どもたちを押しのけ、ゆうゆうとブランコに乗る。他の子どもたちはあきれて「あっちへ行こう」と避ける。それでも子どもたちからすれば「いつもの公園」であり、また舞い戻ってくるのだが、今度は「障害児」たちがその子たちを追い払おうとする。ますます子どもたちは不思議がって遠のく。すると「障害児」たちがちょっかいを出していく。そんなことの繰り返しだったそうである。

そのうち、徐々に関係ができていく。たとえばある子どもが一輪車を勝手に「障害児」に使われ、「返してほしい」と岩橋さんに泣きついてきた。「自分でいってくれれば」と返す岩橋さんに、「いやだ、あの子怖いんだもん」といっていたのだが、それでも動かない岩橋さんに、やっと自分で行ったそうである。だが「いや」とひと突きされて泣き出した。それを見ていたまわりの子たちは「どっちもどっちね」という顔をしながら、「障害児」に一輪車を返してやれといいにいき、それをその子に渡して「大丈夫だよ」と励ましていたそうである。

(2) 東京復活教会とたこの木クラブ

では、当時のたこの木クラブの拠点はどこにあったのだろう。現在は「たこの木ひろば」というマンションの一室を持っているが、当時はそんなものはなかった。先述したように、一九九八年から子ども会は、当時は乞田(現在は諏訪一丁目)[17]にある永山橋公園で行われていた。なぜ永山橋公園が選ばれたかといえば、その目の前に「東京復活教会」があり、また岩橋さんの自宅があったからである。

東京復活教会は、アパートの一室で開かれたものだった。高橋和彦さんの自宅も兼ねた2DKの借家だったらしい。高橋さんは、かしのき保育園の福島真さんと同じく農村伝道学校の出身で、岩橋さんの先輩にあたる。一九七四年に農村伝道学校に入学するため上京し、自分の教会を探していたところ、ゆりのき保育園で開かれていた永山伝道所(現・永山教会)に通うようになった。それが多摩との出会いである。当時の永山伝道所はひとりの先生を置いて給料を払うという形をとっていなかったため、さまざまな宣教師、あるいは在日韓国の教会の人、反差別の運動をやっている人などが訪れ、さらにそれらの人たちがフィリピンから人を呼び、韓国から人を呼び、と、グローバルにさまざまな角度から社会問題を考えることが可能な場となっていたそうである。

高橋さんは、農村伝道学校を一九七七年に終えると、そのままゆりのき保育園で保育助手として働きながら、永山伝道所で信徒伝道者[18]として（当時は主事と呼ばれていた）働くようになった。そして、ゆりのき保育園と永山伝道所を辞め、東京復活教会のメンバーや福島真さん夫妻の協力を得ながら、新たに市内の乞田にて「地域で共に生きる教会」をめざして開拓伝道を始めた。こう書くと立派な教会のように聞こえるが（いや立派な教会だったのだとは思うが）、高橋さんは当時を振り返って次のように述べている。

キリスト教というと熱心なクリスチャンを想像してくると、お酒は飲むわ、けんかはするわ、本当にえらいもんで、生臭坊主とよく（いわれた）（笑）。「あんた本当に牧師さん？」と（もよくいわれた）。「牧師じゃありません。ただの人の子です」と煙に巻いていましたけどね。

このように、なかなか破天荒な「牧師」だったようである。教育委員会との交渉でも、岩橋さんに「おまえ、ドア押さえてろ！」と言いながら高橋さんが強行突入するようなことも、あったとか、なかったとか。この高橋さんの自宅が乞田の東京復活教会となり、その隣に岩橋さんが引っ越してきた。

一九八三年から高橋さんや滝口直行さん[19]などが中心になって『山猫通信』というミニコミ誌がつくられた。私の手元にあるのは、一号、二号と一三号（一九八七年九月発行で、たこの木クラブ発足の記事が載っている）だけなのだが、一号ではパレスチナ問題について取り上げられ、「核を考える多摩市民の会」が紹介されており、「三多摩『南朝鮮民族解放戦線事件』被弾者を救援する会」の案内が載り、共に生きる会の呼びかけがあり、映画館の紹介と、近隣の飲食店マップが載っている。二号ではパレスチナ問題とともに、学校給食が話題になり、昭和記念公園の開園式が問題にされ、多摩の自然についての記事が掲載されている。

このように多様な社会問題を取り上げ、ともに問題にし、考えようとする人たちがそこには集まっていた。障害だけがテーマだったわけでもなければ、子どもだけがテーマだったわけでもない。そういう場で始まったたこの木クラブであり、子ども会活動だった。

（3）子ども会の内実は？——何かがズレている

子ども会活動の内容としては、土曜日の定期的な活動以外には、たとえばキャンプ、遠足、クリスマス会、もちつき会、かしのき保育園との合同イベント、斎藤美津栄さんとの合同でのコンサートなど、さまざまだった。土曜日の活動の内容も、スライムをつくったり、竹パンをつくったりなど、いろいろなことをしていたらしい。

ただ、これらのことだけでは、たこの木クラブの子ども会が持っていた雰囲気は見えてこないのだろうと思う。当時参加していた人たちから少し話を聴いたり、岩橋さんや石毛さんなど中心的なスタッフが子どもたちとかかわる姿を見たり、そこから推測してみるに、この会の面白さは、おそらく具体的なイベントの内容や「何をしたか」だけではわからないように思う。岩橋さんや石毛さんは、子どもたちとかかわるとき、少しおかしい――何かがズレている。

永山橋公園でのもちつき（1992 年ごろ）

夏合宿（1994 年　馬頭）

たこの木キャンプ（1994 年　道志川）

たとえば、二〇一〇年頃、五歳くらいの子ども[20]がたこの木ひろばを訪れたことがある。その子はひとりで画用紙に絵の具と筆で絵を描いていた。そこに岩橋さんが訪れ、しばらく眺めた後にふと、「顔にも描いていいんだよ」と言い出した。「その筆、顔につけてごらん」。子どもは岩橋さんの顔を見ながら、おそるおそる、筆を顔につけて、にんまりとした。それから勢いをつけて顔に何筆か塗りたくる。すると岩橋さんが「これって親は言えないんだよね、親は『あとで拭かなくちゃ』とか思うからね」と笑う。……なんだそりゃ。苦笑しながらも、私には、その子が筆を顔につけるまでに全身にみなぎらせていた緊張感と、顔に絵の具を塗りたくった後の爽快感がビシバシと伝わってきて、「これがたこの木クラブの子ども会の空気か」と思ったのだった。

あるいは、子ども会に参加したことのある人が、「楽しかった」と言いながら、当時の様子を話してくれたことがある。道路の端と端に通せんぼするモノを置いて、「今日は道路をジャックするぞ！」といい、チョークで道路に落書きをしまくったらしい。チョークで道路に落書きするのは、誰もが子どもの頃にやっていることだと思う（かくいう私もいろいろ書いた）。ただ、そこで「道路をジャックするぞ！」というのは全然違う。そのときの子どもたちは、さぞワクワクしただろうと思う。

このように、岩橋さんはいわば「けしかける」タイプである。それに対して石毛さんは少し

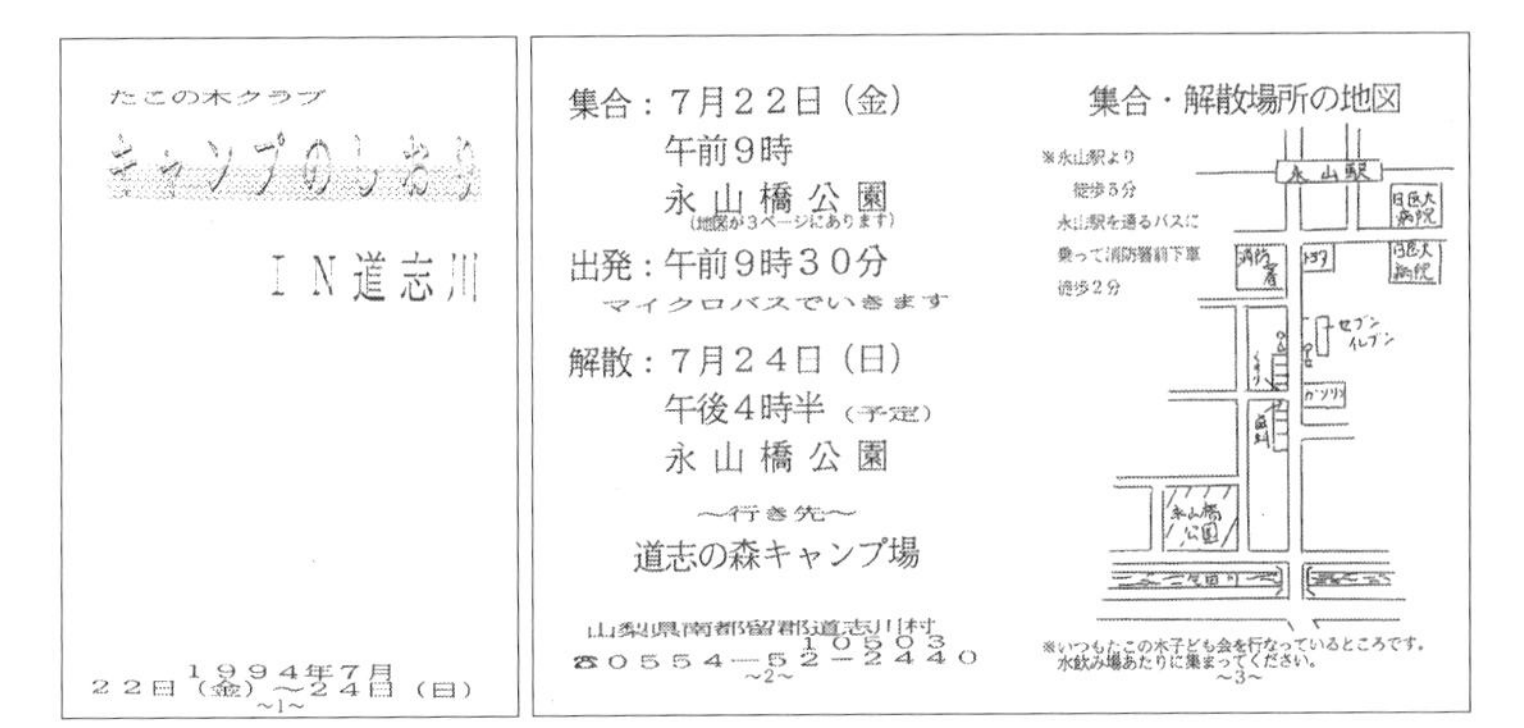

たこの木クラブ

キャンプのしおり

IN道志川

１９９４年７月
２２日（金）～２４日（日）

～1～

集合：７月２２日（金）
午前９時
永山橋公園
（地図が３ページにあります）

出発：午前９時３０分
マイクロバスでいきます

解散：７月２４日（日）
午後４時半（予定）
永山橋公園

～行き先～
道志の森キャンプ場

山梨県南都留郡道志川村
１０５０３
☎０５５４－５２－２４４０

～2～

集合・解散場所の地図

※いつもたこの木子ども会を行なっているところです。
水飲み場あたりに集まってください。

～3～

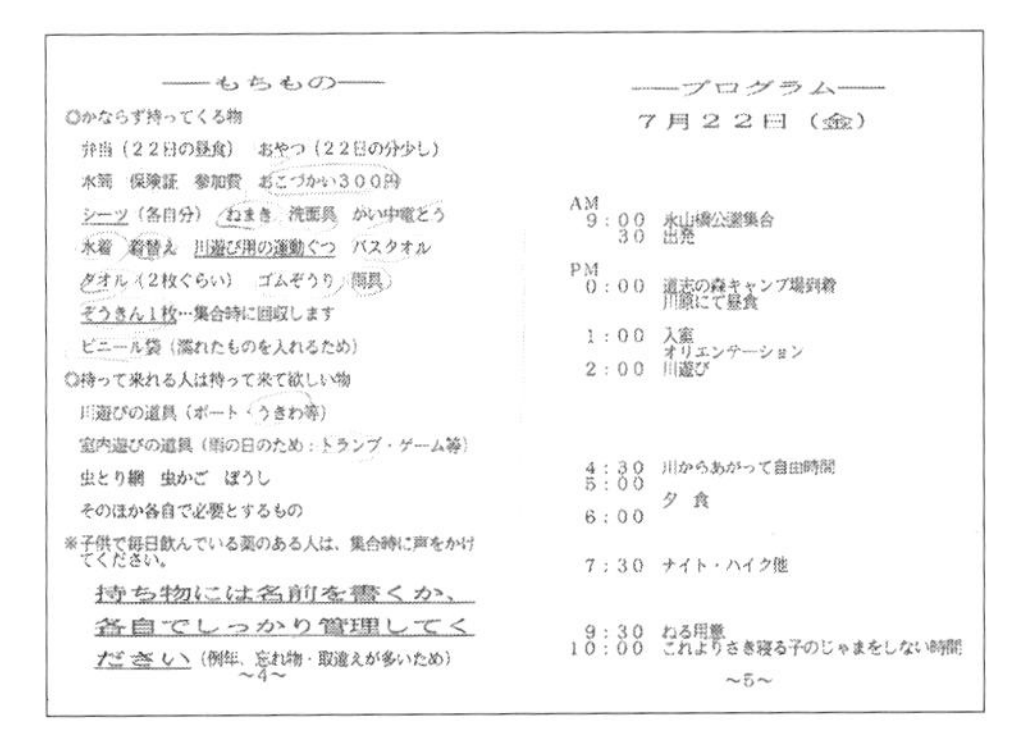

―もちもの―

◎かならず持ってくる物

弁当（２２日の昼食）　おやつ（２２日の分少し）
水筒　保険証　参加費　おこづかい３００円
シーツ（各自分）　ねまき　洗面具　かい中電とう
水着　着替え　川遊び用の運動ぐつ　バスタオル
タオル（２枚ぐらい）　ゴムぞうり　雨具
ぞうきん１枚…集合時に回収します
ビニール袋（濡れたものを入れるため）

◎持って来れる人は持って来て欲しい物

川遊びの道具（ボート・うきわ等）
室内遊びの道具（雨の日のため：トランプ・ゲーム等）
虫とり網　虫かご　ぼうし
そのほか各自で必要とするもの

※子供で毎日飲んでいる薬のある人は、集合時に声をかけてください。

持ち物には名前を書くか、各自でしっかり管理してください（例年、忘れ物・取違えが多いため）

～4～

―プログラム―

７月２２日（金）

AM
９：００　永山橋公園集合
　３０　出発

PM
０：００　道志の森キャンプ場到着
　　　　川原にて昼食
１：００　入室
　　　　オリエンテーション
２：００　川遊び
４：３０　川からあがって自由時間
５：００
６：００　夕食
７：３０　ナイト・ハイク他
９：３０　ねる用意
１０：００　これよりさき寝る子のじゃまをしない時間

～5～

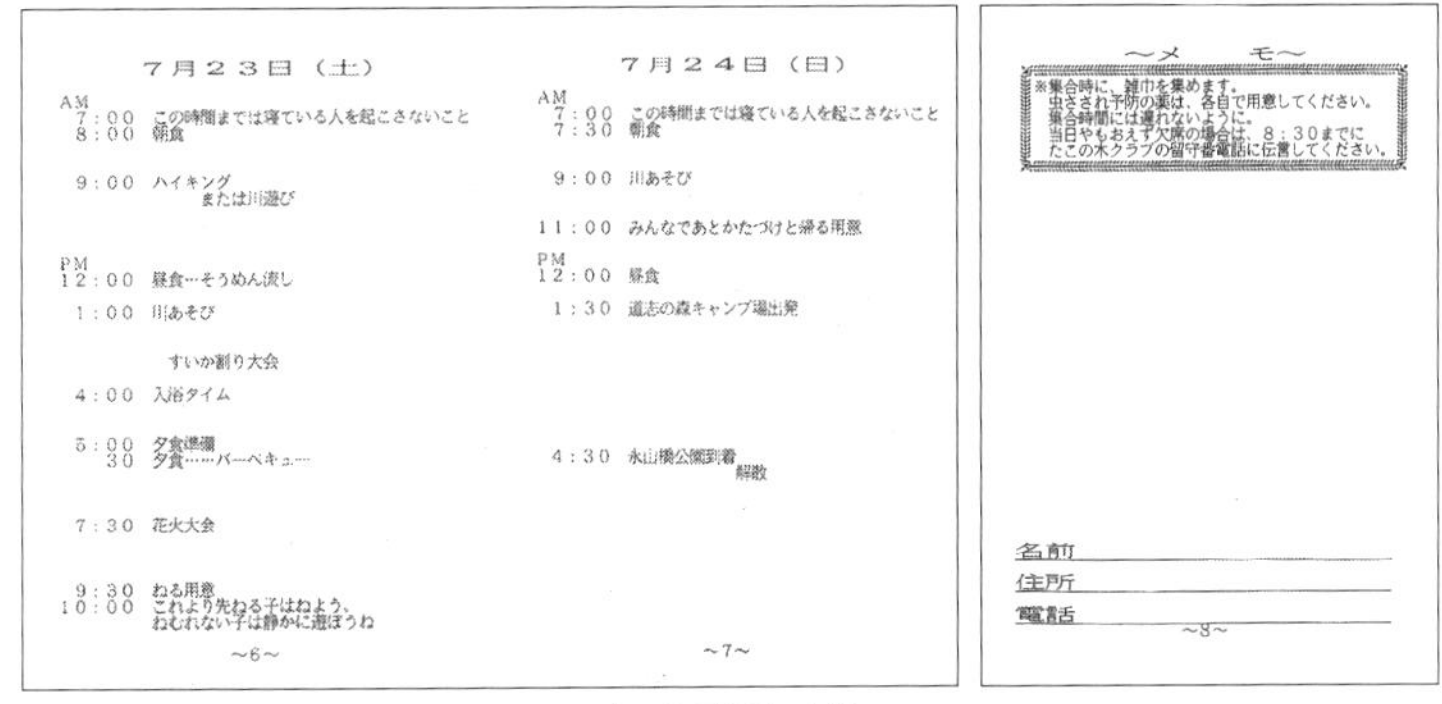

７月２３日（土）

AM
７：００　この時間までは寝ている人を起こさないこと
８：００　朝食
９：００　ハイキング
　　　　または川遊び

PM
１２：００　昼食…そうめん流し
１：００　川あそび
　　　　すいか割り大会
４：００　入浴タイム
５：００　夕食準備
　３０　夕食……バーベキュー
７：３０　花火大会
９：３０　ねる用意
１０：００　これより先ねる子はねよう、
　　　　ねむれない子は静かに遊ぼうね

～6～

７月２４日（日）

AM
７：００　この時間までは寝ている人を起こさないこと
７：３０　朝食
９：００　川あそび
１１：００　みんなであとかたづけと帰る用意

PM
１２：００　昼食
１：３０　道志の森キャンプ場出発
４：３０　永山橋公園到着
　　　　解散

～7～

～メ　モ～

※集合時に、雑巾を集めます。
虫さされ予防の薬は、各自で用意してください。
集合時間には遅れないように。
当日やもおえず欠席の場合は、８：３０までに
たこの木クラブの留守番電話に伝言してください。

名前
住所
電話

～8～

キャンプのしおり

違う。石毛さんは自分から「けしかける」というよりは、「受けとめる」タイプである[21]。ただ、その「受けとめ」方が少しズレているのである。

たとえば、私が当時三歳の子どもを連れて、たこの木全体会に行ったときのことである。子どもはなんとか会場には来てくれたものの、すぐに飽きてきて「帰る」と言い出した。どうしたものかと思っていたら、石毛さんが、子どもが持っていたマグネット（トミカの自動車のもの）を取り、後ろの鉄製の棚に貼りだした。そして自動車のひとつをさかさまに貼り、「ありゃあ、さかさまだよ。落ちちゃうね～」という。それも、独特ののんびりとした言い方で。子どもは大喜びで、「これもさかさまだよ!落ちちゃうよ!」と夢中になって貼りまくっていった。

別の機会でも私の子どもと遊んでくれたことがある。現在の生活寮もぐさの向かいにある「てらださんち」という民家でのことだったのだが、階段好きな子どもが二階に上がりたいと言い出したとき、石毛さんはそこにあった杖[22]を持ち出し、「上に行くならこれを持って行かないとね～」と言い出した。たかが二階に行くだけなのだが、いつのまにかすごい大冒険のようになって、子どもは大興奮だった[23]。

翻って、自分が子どものころを思い出してみると、子どもたちにとって遊びのなかで重要なのは、どのゲームをしているか、どのおもちゃを使っているか、では必ずしもない（それに意味がないというわけではないが）。そのゲームとの付き合い方、おもちゃとのかかわり方にこそポイントがあるように思う。いわゆる「まともな」遊び方ももちろん楽しいのだが、それを少しずらしてみたり、外してみたりしたときのワクワク感、ドキドキ感こそが、後に残っているような気もする。

逆に言うと、それがどれだけできるかが、その場の楽しさを大きく規定してくるのかもしれない。決まりきったやり方でしか遊べないのなら、もちろんそれでも楽しいけれど、ある程度しか楽しくはない。それが、おそらくたこの木クラブの子ども会では、どんどんずれていったり外れていったりできたのだ。しかも、大人がそれを率先してやっている。なんとも、楽しそうではないか。

そして、その大人たちが、子どもたちを常に同等に扱う。このことも大きかっただろう。岩橋さんは、以前から支援者やヘルパーの間では、「障害当事者にしか興味がない」とよく言われている人である。いろいろな意味で、かなり「障害者寄り」のところがあり、健常者ルールを積極的に壊したがるようなところがある。石毛さんもこの点については相当なもので、私はお会いして二度目くらいのときに、真剣に「この人、障害者と健常者の区別がついていないのではないか」と「心配」したのを覚えている。そんなことが、人から外れた子、ちょっと浮いてしまう子、悪さしかしないと言われている子たちにとって持っていた意味は、決して小さくなかっただろう。

（4）一龍荘

そして、たこの木クラブの子ども会は、その周辺とも切り離せないものだった。永山橋公園からワンブロック離れたところに、一龍荘というアパートがあった。この一龍荘の住民たちと、たこの木クラブの子ども会とは、密接なかかわりがあったようである。

一龍荘は、二階建てのアパートで、当時でも「築五〇年」とかなり古いアパートだったようである。一九九二年一一月から、『冥冥なる人間』（1992 川島書店）で有名な可山優零さんがここに住んでいるのだが、可山さんがこのアパートを描写している表現を引用しよう。

その二階建てアパートは、一〇部屋あり、ここ数年間は三部屋しか埋まっていなかったらしい。アパートへの出入り口付近には、天井は赤錆だらけ、フロントガラスと右側のドアとボンネットのカバーが無く、エンジンが剥き出しになった車が一台投棄されていた。タイヤやハンドルの無い乗車不可能な自転車三台、廃棄された洗濯機なども散乱していた。徒歩だと苦も無いことだが、車いすだと部屋の玄関に辿り着くのに、散乱していたバンパーやタイヤを移動させなければならなかった。解体業者のヤードのように思えた。

玄関ドアの一〇cm上には、電柱から部屋への電気の引き込み線が垂れ下がっていた。腕を上に伸ばせば、電線に触れて感電するのではないかと思えた。玄関ドアの段さは、三cm。一歩玄関に踏み込むと、フローリングで段差は無かった。俗に縁の下と呼ばれる空間は、皆無であった。地面の土の上に、直接、床板が張られた（並べて置かれた）構造になっていた。（可山 2012: 139）

このようにかなり雰囲気のあるアパートだったそうだが、当時、単身の車イス利用者に部屋を貸す大家はほとんどいなかった（いまも少ないが）にもかかわらず、一龍荘の大家は可山さんが住むことを了承した。家賃も安く、駅からも一〇分程度である。可山さんにとっては素晴らしい物件であり、「喜んで入居」を決めたのだそうである（可山 2012: 140）。

なお、可山さんがここで自立生活を始めたのは、次のような経緯による。可山さんは、一九八二年に四肢完全麻痺となり、一九八三年から重度障害者施設に入所していた。それでも外部とのつながりを求めていったところ、渡邊益男さん（当時東京学芸大学教授）に案内されて、国立市のかたつむりの会（「はじめに」注14参照）の三井絹子・俊明夫妻と出会い、自立の練習を重ねた。そして、同じくかたつむりの会で自立の練習をし、すでに多摩市に移り住んでいた木村英子さんと、その伴侶である木村雅紀さんがアパート探しを手伝い、一龍荘に住むこととなったのである（可山 2012）。

木村英子さんと雅紀さんは、自らも「自立ステーションつばさ」[24]という団体を多摩市で立ち上げており、「多摩市在宅障害者の保障を考える会」などでたこの木クラブともかかわりが深い。また、松島玲子さんとその伴侶である松島吉春さんも、つばさとは立ち上げる前から（木村さん夫妻が転居したときから）かかわっているなど、ここで取り上げてきた多摩の支援ネットワークとはあちこちでつながっている。

話を一龍荘に戻そう。一龍荘には、現在もちいろばの家で働く車椅子ユーザーも住んでいたそうである（可山 2012: 160）。こうしたこともあり、一龍荘には多摩の支援ネットワークにかかわる人たちが多く訪れていた。

さらに、可山さんが転居した後は、福島さん・高橋さん・岩橋さんたちにとって、農村伝道学校の後輩にあたる男性も住むようになり、その妹もよく訪れるようになった。この二人は子ども会にもかかわっていたようである。そして、そのころには、たこの木の子ども会に通う子どもたちも思春期に入り始めていたが、そのなかには、学校など既存の枠組みに対して居心地の悪さを感じたり反発したりする子どもたちもいた。そうした子どもたちにとって、一龍荘は既存の枠組みから自由になれるたまり場でもあったようである。

一龍荘は、公式には子ども会とは関係がない。それもあって、『たこの木通信』には一龍荘の名前はほとんど出てこない（一龍荘の住民たちがたこの木クラブのイベントに参加し、感想を残すことはあるが）。それでも、子ども会活動と切っても切り離せない関係にあったようである。

私はこれまでいろいろな人から断片的にたこの木子ども会の話を聴いてきたが、その一部はどうも、永山橋公園やキャンプなどの子ども会活動そのものというより、一龍荘での出会いやかかわりを指していたようである。ただ、公式な関係があるわけではないので、なかなか全体像はつかみにくい。単に近くにあり、かかわる人たちが一部共通していたというだけである。

それだけに、一龍荘と子ども会の関係について考えると、「地域」という言葉の意味を実感させられる。組織ではなく、「地域」なのだ。

（5）当時参加していた人から見た子ども会

当時の子ども会に参加していた井上雅樹さんは、いまは町田市で「やきとん酒場あおば」など、いくつもの居酒屋を経営する料理人であり実業家である。一度、和田幸子さん・岩橋誠治さん・滝口直行さんと一緒に、井上さんのお店に伺い、当時について短時間だがお話を伺ったことがある（なお、やきとん酒場あおばの焼き串は本当に本気で美味しいので、町田に立ち寄った際にはぜひどうぞ）。

井上さんは、岩橋さんについて「一度も否定されなかった」と振り返る。かなりすごい「悪ガキ」だったそうで、いろいろなことをしたにもかかわらず、「否定された」記憶はないそうである。石毛さんにはいつも「いろいろ言われていた」というが、岩橋さんは「石毛さんはすぐに『あんたはそれで本当にいいの？　それが本当にしたいことなの？』というからね、それがそう聞こえたんだろうね」という[25]。

ただ、実は井上さんにとって大きかったのは、たこの木クラブという団体というより、一龍荘だったようである。先に述べたように、当時の一龍荘には、農村伝道学校の出身だった男性が住んでおり、その妹さんが来ていたり、和田さんのお子さんが来ていたり、いろいろな人たちがほとんど家族のように付き合っていたそうである。実の親との縁が薄かった井上さんにとって、そこでともに過ごした人たちは、文字通り家族のような存在だったという。その経験が、井上さんのいまを作っているのだと、井上さんは繰り返し言っていた。

たこの木クラブの子ども会は、障害児のことだけを見ていてもよくわからない。そういう問題ではなかったのだ。おそらく子ども会だけを見ていてもよくわからない。そこだけの話でもなかったのだ。当時の多摩で、あまり他で観られないような関係と時間と場が、確かにいっとき存在していたのだろう。

ちなみに、飲み会の席で岩橋さんは、井上さんが福祉業界に行かなかったことを喜んでいた。「マサキが福祉なんかやってたら、『違う』ってきっとオレは思ったよ」。子ども会が目指していたのは、障害児のための場でもなければ、福祉の場でもなかったのである。たこの木クラブが目指していたもの、ひいては多摩の人たちが目指していたものが象徴的に示された瞬間のひとつだった。

(6)「子ども」時代の終わり

ただ、子どもたちはいつまでも「子ども」ではない。小学校を出て、中学校を出たら、いったんは義務教育が終わる。大人への道が始まるのである。実はたこの木クラブは、子ども会活動を中心にすると名乗って始めたにもかかわらず、発足してすぐにこの問題にぶつかっている。

就学運動のなかにあっては、すでに子どもたちのほとんどが高校に進学する時代でもあり(高校進学率は一九七四年に九〇・八%を超えた〔学校基本調査〕)、障害を持つ子どもたちの高校進学がテーマとなっていた。東京都の場合、都立高校では定員割れとなるケースもある。定員割れしているのであれば、入試の際の点数が足りなくても入学できて当然だと考え、高校進学の希望を持つ子どもたちについては、そのサポートをする運動が立ち上がっていった[26]。たこの木クラブでも高校進学の支援はテーマとなっており、あゆみの会などですでにかかわりがあった目時達也さんは高校進学を果たしていった。その他にも高校進学を目指す知的障害の本人と親たちとの関係ができていき、のちに定期的にかかわるようになる平方律子さんは、このころにたこの木クラブにつながっている。

ただ、すべての子どもたちが高校進学を目指したわけではない。たこの木クラブに子ども会の頃からずっとかかわっていた小林満さんや山崎隆司さんは、岩橋さんによると、明らかに進学を望んでいない様子だったという。特に山崎さんは、中学校ではクラスのなかに溶け込めず、学校にはほとんど行かなくなっていたそうで、「学校」という言葉だけでつらそうな顔をしていたという（たこの木クラブにかかわる人たちや親たちは、「学校に行かないのも権利」として、無理に登校を強いることはなかったようだが[27]、親にとっても本人にとっても、あまり楽なことではなかったようである）。

もちろん、高校に行きたくなければ行かなくてもいい。それもまた、ひとつの道である。ただ、何もしないで家にごろごろしていればいいという話ではない。他の子どもたちならそうならないところを、障害を持つ子どもたちだからそうなってしまうのだとしたら、それは違う。なんらかの形で、この子どもたち、そして将来的に大人になっていく人たちと一緒にやっていく方法を探らなくてはならない。それが、「たこの木企画」の始まりであり、のちの「あしたや共働企画」へとつながっていく。

たこの木企画が始まったのは、たこの木クラブが始まってから五年後の一九九二年のことだった。たこの木クラブといえば、子ども会活動から始まっている、という意識が私には強かったのだが、よくよく通信を見直してみると、始まってすぐに「大人」に向けての活動が始まっているのである。

当初は「働く」というテーマも確立してはいなかった。たこの木企画が始まる一年前、「たこの木企画なるものをはじめませんか」という記事を岩橋さんが書いている。

今後義務教育を終えようとしている子どもたち自身が地域の中で生き続けられるような「場」「もの」「関係」を「その子」(一般論、不特定多数の子ではなく、今までの出会い、延長の中から)と共にどう生きられるかを探り、創り出していきたいという思いでいっぱいです。(中略)はっきり言って具体的なものは一つも無く、子ども会以上に混沌としています。しかし、混沌とした状況から始まる事は、逆に無限の広がりを含んでいるという事で、今は只それが見えない状況と考えています。(『たこの木通信』五〇号一九九一年一月)

具体的な話はここにはひとつも書かれていない。ただはっきりしていたのは、小林さんや山崎さんという具体的な人と共に生きるという課題のために取り組む、ということである。逆にいえば、のちに確立される「働く」というテーマは、あくまでも「共に生きる」ための一部だったことがよくわかる。

3 食べることと暮らしと

(1) 多摩での「食べる」こと

ここで、少し時代が前後するのだが、たこの木クラブの外に目を向け、多摩ニュータウンでひとびとを結びつけたもうひとつの結節点として、「食べる」ことが挙げられるのを確認しておきたい。

現在の多摩での知的障害者支援のネットワークにかかわる人たちは、ひとつにはもちろん就学時健康診断反対運動からつながっていたのだが、もうひとつ、「食べる」ことに関連してもつながっていた。多摩ニュータウンで暮らす男性たちの多くは都心へ働きに行く。それに対して女性たちは、家事や育児を担いながら（もちろん一部の女性たちは働きながら）、自分たちの「食べる」ものに目を向けた。一九七〇年代に水俣病事件が話題となり、生まれた子どもに飲ませている母乳は大丈夫なのか、子どもたちがこれから食べる食品は大丈夫なのか、多くの親たちが気に掛け、食の安全を求めるようになった。それは複数の生協活動につながり、実質的に地域づくりへと展開していくこととなる。

就学時健康診断反対運動には、いわゆる全共闘で戦った人たちが多く含まれていた。全共闘といえば、どうしても男性が中心になりがちだったはずである（女性も多かったのだが）。だが、多摩の支援ネットワークは、確かに男性もいるのだが、要所で重要な役割を果たしているのは女性たちである。この女性たちが中心となったネットワークは、就学時健康診断反対運動というより、「食べる」ことを介してのつながりだった。具体的には、食品の共同購入を定期的に行い、ともに食の安全や生産者とのつながりに取り組んでいくことを指している[28]。

本書で取り上げる人たちを結びつけた、「食べる」ことに関するつながりは、大きく分けて二つ挙げられる[29]。

(2) たまごの会

「たまごの会」は、一般的に流通していたたまごが、ブロイラーで生産され、抗生物質の混ざった餌を食べていることに対して、その安全性に危機感を抱いた人たちが、安全でおいしいたまごを自分たちでつくることを願って作った団体である。一九七四年に茨城県の八郷に共同自営農場を開き、無農薬の有機栽培を先駆的に始めた。首都圏に住む消費者が買い、また同時に農作業にかかわることで、こうした農業の経営形態を支えようとした。「作って」「運んで」「食べる」を自らの手で、がモットーだった。いまでこそ無農薬や有機栽培という言葉はあまり珍しくなくなっているが、高度経済成長期の直後である当時にしてみれば、かなり画期的な試みだったといえるだろう（たまごの会編 1979）。

バオバブ保育園の設立にひと役買った湯浅欽史さんは、たまごの会の創設者のひとりでもある。そうしたこともあり、バオバブ保育園の保育者や保護者たちには、たまごの会に入っている人が少なくなかったようである。子どもが保育園に通うのはわずか数年間だが、たまごの会でのつながりはもう少し長く続く。バオバブ保育園のつながりがのちのちまで継続したのは、たまごの会ゆえもあったのかもしれない。

たまごの会そのものは、一九八二年に分裂している。一方は「農場中心派」、他方は「契約中心派」と呼ばれたそうだが、その内実についてはたまごの会について述べる人によって微妙に異なり、どのような分け方もおそらく単純化しすぎているのだろう。いずれにしても、会員の半分が会を離れ、「契約中心派」の人たちは「食と農をむすぶこれからの会」を結成し、一九八九年まで続いたあと、その後は八郷の各農家が運営主体となって、いわゆる産直の形になった(井野 2015)(多摩の人たちの多くはこちら)。たまごの会に残った「農場中心派」は試行錯誤を繰り返した結果、二一世紀に入って新たな若者たちが入り、二〇〇七年から農場主体の会として、「暮らしの実験室」という団体に生まれ変わった(井野 2015)。

分裂までわずか六年であり、たまごの会が当初の生き生きとした活力をそのまま維持していたのはわずかな期間だったようにも見えるが、多摩市でこの会にかかわった経験を持つ人たちは、たまごの会から大きな影響を与えられたようである。なかでも食と農をむすぶこれからの会に通い、農作業にも従事していた長尾すみ江さんにとって、たまごの会とのかかわりは、「社会の価値観を問い直す」契機だったという。多摩ニュータウンという団地のなかに住みながら、八郷と行き来することによって、豚の頭が丸ごと届いて隣近所にいぶかしがられたこともあるという。「目を閉じた淡いピンク色の豚の顔はまつげをつけ、とても静かで存在感があった」（長尾 2015: 145）。八郷で何百羽の鶏を絞め解体した後に団地に帰ってきて、「リュックから荷物を出して片づけている際に、むしった羽根が一枚出てきた時の、背筋がぞくっとして、それこそ全身ざわざわと鳥肌立った感覚も忘れられない」（長尾 2015: 146）。こうした体験が、長尾さんにとっては、いまあたりまえに見えている暮らしの向こう側を見る機会であり、いのちや暮らしのありようを問い直す契機となっていたのだろう。

長尾さんを含め、たまごの会にかかわった人たちの多くにとって、こうした「食べる」ことを通して社会や暮らしの向こう側を見ることと、知的障害や自閉の子どもたちを、「障害児」とくくってしまうのではなく、その子たちも含めて共に生きる社会を目指す、という姿勢とは、おそらく不可分だった。

そして実際、たまごの会で培われたネットワークが、その後のたこの木企画の内実につながり、現在のあしたや共働企画の基礎となっていく。

（3）生活クラブ生協

たこの木クラブのできる少し前から、多摩市では生活クラブ生協の活動が活性化していた。中心にいたひとりが、みどりの保育園で保育者をしていたことのある、斎藤美津栄さんである。ここで、斎藤さんの来歴について少し述べておこう。斎藤さんは、和田さんたち団塊の世代よりも少し年かさである。子どもの頃、戦後の食べるものにも事欠く状況のなかで、偶然足を踏み入れた教会で食事を与えられたことに感銘を受け、クリスチャンとなった。さらに、まだ若い頃に大きな事故に遭い、足や声に障害を負っている。九死に一生を得た斎藤さんは、その保険金をもとでにして、ドイツに留学している。斎藤さんによれば、ドイツでの障害者に対する姿勢は当時の日本と大きく異なっており、そこでの経験から障害者への対応はもっと別様にありうると思うようになった。そこから障害児保育にかかわるようになり、その経験を買われて、障害児の受け入れを始めたみどりの保育園に誘われたそうである。

他方、斎藤さんはもともと賀川豊彦の思想にも影響を受けていたそうで、水俣病事件が世間をにぎわすなか、安全な食について考えたくて、一九七三年に生活クラブ生協に加入した。最初は練馬区で加入しており、平田農場と契約して豚をまるまる一頭、共同購入して、皆で食べたのだそうである。

多摩市に来てから、斎藤さんはさらに生活クラブ生協の活動に深くかかわっていく。本人いわく、「子どもももう大きくなってきているから、目を開かれるじゃないですか、ただ購買者じゃつまんなくて、活動したくなるじゃないですか」。そして、斎藤さんは「無農薬です」と謳われている食品も、本当のところはどうなのか、自分で足を運んで見に行くようになった。三重県の度会（わたらい）へお茶がどう育てられているのかを見に行き、長野県の伊那にも一週間泊まり込んでいる。それは、生産者たちの暮らしや苦悩を知る機会となった。山形県の遊佐では、合成洗剤を川に流すということをせずに、農薬も遣わずに、高コストながらも安全な米を作っていたことに感銘を受けたという。こうしたことから、斎藤さんは、単なる購買者ではなく、心ある生産者たちをサポートする側にも立っていくこととなる。

多摩市の生活クラブ生協では、一九八四年に落合・桜が丘支部ができるが、斎藤さんはその二代目の支部委員長となり、二期務めている。

生活クラブ生協は、一九八〇年代に多摩ニュータウンのなかで広がりをみせていく。子育て世代の母親たちは、子どもの食の安全を気にすることから、共同購入に積極的にかかわっていくようになった。のちにワーカーズ・コレクティブ「風」立ち上げの中心メンバーとなる堤典子さん、のちに多摩市議会議員を務めた末木あさこ[30]さんは、生活クラブ生協での共同購入に誘われたことからかかわるようになったそうである。いまでは知的障害の人への支援に深くかかわっているお二人だが、それまでは社会問題について考えたこともなかったし、障害者とも接点を持ったことがなかったという。そうした人は少なくない。これらの人たちからすれば、最初は食べ物のことから始まったのだ。

そのなかから、一九九〇年代に入るころ、ワーカーズ・コレクティブが複数生まれていく。多摩では、斎藤美津栄さんが中心となって、「ワーカーズ」を女性に限らず障害のある人たちに拡大し、「障害がある人もともに働く」という考え方でも作られていった。この点については後述することとしたい。

（4）環境問題

これら以外にも、「食べる」ことと関連して、いくつかの環境問題を考える会もできている。環境問題を考える会もまた、人びとをつなげたもののひとつだった。

多摩ニュータウンには、環境問題に積極的に取り組む人が少なからずいる。その原点のひとつは、多摩ニュータウン入居初期に大きく盛り上がった、尾根幹線道路建設阻止運動である。通称「南多摩尾根幹線」と呼ばれる道路は、多摩ニュータウンの南端を東西に横断する全長一六・六キロの都市計画道路で、稲城市矢野口の府中街道から町田市小山町の町田街道までを結ぶ道路である。もともと東京都の立案では（一九六八年）、東京を取り囲む実質的な環状九号線となる構想も含んでいたため、最大幅員五八メールの大型道路として計画されていた。この道路の着工をめぐって、近隣住民による強い反対運動が起きたのである。一九七三年に「尾根幹線を阻止して多摩の自然と環境を守る会」が結成され、工事用道路のバリケード封鎖や署名運動などを展開していった（金子 2017: 140）。

当時、「外」から歴戦の運動家も駆けつけていたそうなのだが、運動の中心は女性たちだった。暴力行為は厳禁とされ、座り込みの場に学校帰りの子どもたちがやってきたり、あれこれお互いに差し入れをしたりと、いささか「のどか」な光景も多く見られたそうである。

最終的には、五八メートル幅の環状九号線の建設は実質的に凍結され、もっとも団地に近接している諏訪・永山地区二・五キロの北側側線は歩行者専用道路となり、自動車は南側側線を迂回する形になった（金子 2017: 140）。

ここから、多摩ニュータウンでは多くの活動が派生していった。自然観察会の開催、地域の道路交通の状況調査、環境破壊・各種公害の実態調査、勉強会など、多彩な活動に発展している（金子 2017: 141）。さらに、単に反対運動を起こすというだけでなく、実際の環境保全の取り組みにも多くの市民が尽力してきた。たとえばＮＰＯ法人東京・多摩リサイクル市民連邦（一九九四年設立、事務局責任者は江尻京子さん）など、市民活動団体がリサイクルに先駆的に取り組んでいる（江尻 2000; 寄本 2003）。

本書で述べてきた人たちにかかわりが深いものとしては、尾根幹線を阻止して多摩の自然と環境を守る会以外には、「原発を考える女たちの会」をはじめとして、「反原発ネットワーク多摩」などが挙げられる。たとえば、現在あしたや共働企画の理事である荒井康子さんが、和田幸子さんと知り合ったのは、反原発ネットワーク多摩だそうである。もともとは環境問題に対する取り組みのなかで作られた関係だったのが、いまでは障害者支援にともに取り組む関係になっているのである。

なお、環境問題への関心は、多摩の支援ネットワークにかかわる人たちの多くが共有しているものである。団体にかかわることはなくとも、個別に反対運動をしていたり、個人的な活動をしていたりする人は多い。

(5) バイシクルの視点

余談だが、二〇一八年七月にたこの木クラブの写真展（本書の写真の多くを提供している矢部朱希子さんによるもの）が永山公民館で開催された。私もときどき会場に詰めていたのだが、団塊の世代くらいの人たちでたこの木クラブをよく知る人たちがさまざまに訪れていた。その人たちは、いまも永山公民館で環境問題などについて話し合う会を持っており、その帰り道で写真展に立ち寄っていたようである。男性も多いのだが、やはり全体としてみると女性が多い。

そういう場面を見ていると、多摩ニュータウンは本当に不思議なところだなあと思う。七〇代の（一般的にいうなら）「お年寄り」の女性たちが、写真展というなんでもない場で、「今度のあの会のビラ持ってきた?」「あそこの開発計画、反対の声挙げていかないとね」「あっちの件もやっていかないと」と、社会運動について語り合っている。一見すると、単なる井戸端会議にしか見えないのだけれども、話の内容はなかなかに「反体制的」なのである。

私はこうした多摩の人たち（特に女性たち）を見るといつも、ロビン・ルブランの「バイシクル・シティズン」という言葉を思い出す。ルブランは、一九九一年から一九九三年にかけて練馬区の生活クラブ生協や生活者ネットなどを中心としたフィールドワークを行い、そのなかから「タクシー」に乗った男性たちの視線に基づく政治と対比して、主婦である女性たちが自転車（バイシクル）から見た視線で取り組んだ政治のありようを描き出した。ルブランの描く主婦たちは、大文字の「政治」（たとえば選挙活動）と距離を置きつつ、日常のなかで一緒にお茶をするようなボランティア活動で「人と人とのつながり」に重きを置く（LeBlanc, 1999=2012: 129-174）。あるいは、生活者ネットなどを通して、選挙活動を含めた政治運動にかかわるとしても、「アマチュアとしての立場で体制政治に対峙するという主婦のやり方」（LeBlanc, 1999=2012: 202）を貫く。

といっても、私が出会ってきた人たちは、ルブランが描くほど、「主婦」というアイデンティティを強く持ってはいないようである。少なくとも日常会話のなかでそう自称するのをあまり聞いたことがない[31]。

ただ、その視点の持ち方が、「タクシー」的でないのは確かだと思う。「反体制的」なこともガンガン言うのだが、その根底にあるのが普段の暮らしの感覚であり、あまり大上段に構えた物言いをしない。かなり深刻な問題に取り組んでいても、その次の瞬間には孫が風邪をひいた話やお菓子の作り方についての話題に移ることができてしまう。こぶしを構えず、かといって密談風になるのでもなく、井戸端会議でもしているかのような雰囲気のなかで、人と人とが結びつけられたり、ビラが交換されたりする。社会問題への取り組みと日常の生活や暮らしがあまりに不可分なのである。

そんなことあたりまえだろう、と言われるかもしれない。だが、少なくとも私には新鮮だった。「反体制的」なことを言ったりやったりするときには、もっと構えるものだとどこかで思っていたのだろう。それこそ、政治は「タクシー」に乗らなければやれないことだと思い込んでいた。そうした私の思いこみとは違う姿が、多摩で出会う女性たちにはある。

そして実際、皆さん、道端で偶然お会いするときには自転車に乗っていることが多い。多摩は丘陵地帯なので自転車だとなかなか大変だと思うのだが、電動自転車を活用しつつ、颯爽と走っている。

(6) 子どもたちを預け合いながら

このように、多摩市ではまず就学時健康診断反対運動から知的障害を持つ人たちへの支援が始まったのは確かなのだが、他方でもうひとつ、「食べる」ことにまつわるネットワークが育まれ、それと知的障害の人たちへのかかわりとが結び付けられていった。たまごの会や生活クラブ生協は、それ自体としては知的障害の人たちとのかかわりを問題にはしていない。だが、その担い手たちは実質的に二つの問題を同じものとして捉え、つなげていったのである。

そしてもうひとつ確認しておきたいのは、これらの人たちの「活動」は、ひとりひとりに話を聴いていくと、実は結構中断があるということである。たとえば子どもが生まれたり、あるいは子どもに何らかのトラブルが生じたり、または自分の仕事の都合があったり、夫の仕事の都合があったり、さまざまな事情から「活動」全般からいったん手を引いたり、あるいは参加頻度が減ったり、そしてまた復帰したりと、かなり出入りがある。

そして、「活動」と日々の暮らしとは不可分でもあった。たとえばバオバブ保育園設立当初に保育者として働いていた和田幸子さんは、四人のお子さんを産み育てている。保育園はお子さんが増えた時点で退職しておられるのだが、四人の子どもの世話をして、家事を切り盛りするだけでも、相当な大変さのはずである。それなのに、たこの木クラブの子ども会活動にも参加し、運営にも深くかかわっている。子育てに加えてどうして「活動」までできたのか。そう聞くと、和田さんは「同じ棟にいた○○さんや△△さんに頼んだりね……」あるいは「子どもも連れてきたからね」と答える。

同様の質問を他の女性にしたところ、だいたい同じような回答が返ってくる[32]。そもそも生協などの「食べる」ことを通じた関係は、同じ棟などで育まれており、そこでの「活動」はお互いに家事や子どもの世話を融通しながらのものであるのが当然だったようである。ある日には誰かの家に近隣の子どもたちが集まり、そのまま「今日はカレーだよ！」と大量のカレーがふるまわれ、また別の日には別の家に子どもたちが集められ、夕食がふるまわれるなど、普通にあったことのようである。特に団地という暮らしの形態は、そうした人間関係を可能にした。

これは何も女性たちだけのことではない。この章で取り上げている男性たちの多くもまた、都心へ働きに行くのではなく、地元で働き、子育ての「専従」だったこともある人たちである。三人や四人と子どもがおり、何かの際には子どもを他の人に託す、ということは、珍しくなかったらしい。高橋和彦さんによれば、農村伝道学校など近隣の学校に通う学生たちは、金銭的に余裕がなく、「常に腹を減らしていた」ので、「飯を食わせてくれればなんでもいい」という空気だったそうで、高橋さんも福島真さんの四人のお子さんとよく一緒に遊んだのだという。

そして、たこの木クラブの子ども会活動にも、たとえば和田さんのお子さんが来ていたというように、これら支援にかかわる人たちの子どもたちも訪れていた。ここに端的に示されているように、たこの木クラブなどで想定される「子どもたち」は、支援や仕事の「対象」ではない。自分の子どもたちも含む存在だったのである。子どもたちが育っていく過程で、悩みや葛藤、壁にぶつかることは、ほぼ避けられない。知的障害の子どもたちが直面するものも、そのひとつにすぎないと見えていたのだろう。

こうしたなかに、たこの木クラブはあった。おそらく、こうしたなかだったから、自立生活という次のフェーズに移っていくことが可能だったのではないか。

4　青年たちの課題へ

(1)「もう待ったなし」

先述したように、たこの木クラブは子ども会活動をメインとして発足したのだが、わずか数年にして、子どもたちが青年になっていくのに際して、その人たちと共に生きていくために新たな取り組みが必要になってきた。

だがもちろん、新たに小さな子どもたちもやってくる。青年たちの課題と、子どもたちの課題と、どちらに重点を置いていくのか。一九九〇年代に入って、たこの木クラブはこうした分かれ道にぶつかることとなった。これはいわば、テーマを追うのか、人を追うのか、という違いである。どちらが正しいわけではないが、限られた労力のなかで両方追うのは難しく、またどちらを選ぶかによって、具体的にやることは大きく変わってくる。

一九九三年一月号の『たこの木通信』では、前年九月の拡大スタッフ会議から議論を重ねてきた結果、青年たちの課題を「もう待ったなし。動き出すこと」と捉えるという結論が明記されている。新たに小さな子どもたちもやってくるのだが、限られた人員とエネルギーでできることは限られているなか、目の前にいる人たちの課題に重点を置いていくことが決められたのである[33]。

こうした経緯について、通信を見る限りだと、岩橋さんが率先して進めてきたように見える。むしろ、実際には、他のメンバーたちが強く主張し、岩橋さんがもっとも抵抗したのだという。むしろ、「自分を納得させるためにたくさん書いていたのだ」と岩橋さんは振り返る。あたりまえといえばあたりまえなのかもしれない。多様な会があるなかで、あえて子どもたちのことをテーマ化した会だったのだ。それが本当にわずか数年で方針転換を迫られたのである。

(2) たこの木企画とたこの木ひろば

新たな取り組みの中心となったのが、一九九二年から始まったたこの木企画である。これはのちに、「はこびや」として配達などの仕事を請け負うようになっていく。

そうした仕事を請け負っていくためには、独自の拠点が必要である。それまでは東京復活教会や支援者たちの自宅、公民館等の公共施設、あるいは公園が主な活動の場だったが、それだけでは立ち行かなくなった。一九九三年四月に永山駅から徒歩五分程度のアパートの一室を借り、事務所兼たまり場として活用することとなった。「たこの木ひろば」と名付けられている。

それにともない、たこの木クラブはそれまでの「手弁当主義」から離れ、一九九三年五月に

はこびや

東京都の地域福祉振興事業の助成金に申請し、六月には受理されている。これは東京都社会福祉振興事業団[34]が一九八八年から行っていた「在宅の福祉事業を育成・援助する助成事業」であり、「既存の公的制度や補助事業に組み入れられていない先駆的・開拓的・実験的な試みを発掘し、それらが地域に根ざして安定した運営が確保されるように援助するもの」だった。一〇の部門があるうち、たこの木クラブが当初申請したのは、「地域づくり活動」だった（のちに増える）。ただし、この助成金は専従費や事務所家賃には使えなかったため、これらについては維持会費・カンパ・たこの木企画からの繰入金などでやりくりしていくことになった（『たこの木通信』一九九三年七月号）。

たこの木ひろばを拠点として、たこの木企画はいくつかの商品の配達を担うようになる。たこの木企画はのちに、一九九七年三月から公民館ベルブの売店を委託され「リンク&ショップはらっぱ」を開店、さらには一九九九年六月には諏訪商店街の空き店舗を借りて「あしたや」を開店した。こうしたたこの木企画からあしたやに至るまでの商品は、たまごの会などの「食べる」ことにまつわるつながりから集められたものである。

(3) 自立生活の始まり

そして、たこの木企画を育てている間に、いやおうもなく自立生活の取り組みまで始まってしまった。これは準備を重ねての結果というより、踏み出すしかない状況が生まれたことへの対応として始まっている。

きっかけは、一九九五年一〇月に、共に生きる会からずっとかかわってきた野上敏寛さんに、家族と一緒に暮らせない状況が生まれてしまったことにある。このままでは野上さんは入所施設に入るしかない、という状況に際して、まずは野上さんがたこの木ひろばに住み込むこととなった。そのころはちょうど、多摩では「被災地の『障がい者』を応援する多摩の会」が生まれ、阪神・淡路大震災の被災地へボランティアを派遣していた。その会議の場がたこの木ひろばだったため、たこの木ひろばでは連日会議が開かれていた。延々と人が出入りすることに嫌気がさしたのか、ある日、野上さんが「もうイヤだ」と言い出した。そこから、「それなら一人暮らしを始めよう」ということになり、アパートを借りての一人暮らしが始まった。

一九九六年二月二八日のことである。

同時に、今後も自立生活を始める人がいるだろうということもあり、たこの木クラブは自立生活支援に大きく舵を切ることとなる。一九九六年三月一〇日に臨時総会が開かれ、自立生活支援に踏み出すことが決まった。一九九三年度から東京都社会福祉振興財団の助成金をもらっているが、一九九六年度からは新たに「障害者自立生活プログラム」という部門でも申請することになった[35]。それと並行して不動産屋めぐりを重ねた結果、永山駅から徒歩一〇分のアパートで、一階の２ＤＫの一室を借り、一九九六年九月に自立生活を練習する場がオープンした[36]。「かぼちゃ畑」と名付けられている。

そうしたところ、一九九八年一〇月に、目時達也さんが緊急入院となった。こちらもこれ以上家族で暮らすことは難しい状況があった。家族の同意のもと、退院させると同時に、自立生活への取り組みが始まった。

（4）方針転換――「支援」というテーマの浮上

こうしたことが重なるなか、一九九九年から二〇〇〇年にかけて、たこの木クラブはその基本的な指針を変更することを決めていった。具体的には、「子どもたち同士の関係づくり」から、「障害を持つ青年たちの自己選択・自己決定・自己実現の保障」へと方針を転換するのである。

言葉でみるとかなり大きな方針転換なのだが、「人」に注目してみると、実は何も変わっていないといえば変わっていない。「子どもたち同士の関係づくり」のときからたこの木クラブにかかわっていた人たちのうち、「障害を持たない」人たちはそれぞれの道に飛び立ち、自分なりの新しい世界を切り拓いていった。けれども、「障害を持つ青年」は、なかなかそうはいかない。そもそも「障害を持つ青年」たちが飛び立てる道や世界がごく限られているのが現状だからである。だから「障害を持つ青年たちの自己選択・自己決定・自己実現」へとシフトしたのであって、付き合っている人、目前にいる人は、実はほとんど変わらないのである。

それでもやはり、方針としての転換のふり幅は決して小さなものではなかった。「子どもたち同士の関係づくり」を目指している頃であれば、障害のある／なしという区別はほとんど省みられず、ただ子どもたちが共にあることをどうサポートするか、という視点が中心だった。だが、「障害を持つ青年たちの自己選択・自己決定・自己実現の保障」が中心課題となると、障害のある／なしという区別は、どこかで立てなくては成立しなくなる。「障害を持つ青年」が抽出され、その人たちに着目して「支援」する、という、それまでのたこの木クラブでは積極的に否定されていたかもしれない図式にあえて乗らなくてはならなくなる。これ以降、『たこの木通信』では、それまではあまり見られなかった「支援」という言葉が多用されるようになる。また、「障害を持つ人」を指す言葉として、社会に障害を与えられた本人という意味を込めて「当事者」という言葉が多用されるようになる。これ以前のたこの木クラブの観点からしたとき、『たこの木通信』の言葉遣いは批判すべき対象とみなされてもおかしくはない。

この間のたこの木クラブの全体会や拡大運営会議、あるいは個々の運営会議では、深夜まで続く議論となったこともあったそうである。いまも岩橋さんはこれを「二〇〇〇年問題」と呼ぶ。それだけ議論を尽くし、また当人たちにとっては小さくない方針転換だったのだろう。

二〇〇〇年には、それに基づいて様々な変化が起きた。一年前から始まっていた青年旅行[37]で、二〇〇〇年は初めて「介助者」をつけ、「参加者」が楽しめるようにサポートする、という新たなやり方を始めた。「共に生きる会」のキャンプから続いてきた、みなでみなをみる、というやり方を大きく変えたのである。共にあることを最重要視するのではなく、個々の人に注目し、その人の支援をするという方向へ目を向けた。言い換えれば、このときからたこの木クラブは「支援」というテーマに直面していくことになるのである。

そして、この頃を契機に、『たこの木通信』に「障害児（者）の親」という立場の人による投稿があまり見られなくなる。あったとしても、親としての距離のとり方がテーマになっていることが多い。現在のたこの木クラブでは、「親」という立場の人を見かけることが少ないのだが、その形がこの頃確立したのだろう。

その後も自立生活をスタートさせる人は続く。ただ、野上さんと目時さんがのっぴきならない状況から始まったのに対して、「もうそろそろ時期だから」という形で始まることが多くなっていく。おそらく、目の前で自立生活を始めた人たちがいることは、その周囲（本人にもその家族や支援者にも）に大きな影響を与えたのだろう。二〇〇〇年九月に一人、二〇〇四年一〇月にもう一人、どちらも子ども会の頃からたこの木クラブに深くかかわってきた青年が、自ら意思を示して自立生活をスタートさせた。

5　事業を立ち上げる

(1)「共に働く」場づくり

自立生活のスタートというと、介助者派遣の整備や住居の整備などが主な話題となりがちである。もちろん、暮らしを成立させるためには、そうしたこまごましたことの整理は不可欠であり、特に知的障害や自閉の人の場合、本人がそれらを独力でコントロールできるわけではないので（そうせよというのは身体障害の人に独力で動けといっているに等しい）、重要な論点になる。

ただ、生活全体を見たときには、実は大きな核となるのは、日中をどのような場でどのような人たちと過ごすか、ということである。暮らしの中心となるような通う場や働く場があってこそ、暮らしは安定する。こうした場がつくられることと、介助者派遣の仕組みづくりや住居探しなどの支援とが一体になってこそ、自立生活の支援が可能になる。

そのような場は、たこの木クラブのなかでもたこの木企画という形で育まれたが、それ以外のところでも生まれていた。

①ちいろばの家のその後

ひとつには、すでに存在していたちいろばの家である。たこの木クラブと接点を持つ人たちのなかで、ちいろばの家で働いていた人は複数いたようである。ただ、ちいろばの家は、ずっと上がり調子で、ボーナスを二ヵ月分払えるところまで来ていたのだが、その絶頂のときである一九九七年に、壁にぶちあたっていた。新しく作った唐木田店が半年で立ち行かなくなり、一気に借金が増えてしまったのである。こうしてちいろばの家は経営危機に陥った。まずは他の職員に給料を払うようにしていたため、代表である石田さんの給料は二ヵ月遅配していたということ。

そこでちいろばの家は、授産施設として生まれ変わることを選択する[38]。この選択はしかし、同時に「障害者」と「健常者」の給料を区別することを意味していた。石田さんは「福祉の方から、『授産なんだから（障害者の給料は）最賃超えちゃだめだよ』といわれた」という。そしてすでにちいろばの家には、全員に最賃を払うだけの体力は残されていなかった。そのため、ちいろばの家は、「健常者」（最賃を守らなくてはならない）と「障害者」（「利用者」という扱いになる）の給料に明確な違いを設けることとなった。

もちろん、そうはいっても、一般的な小規模作業所とは水準が異なり、当時は時給六二〇円ほど出していたそうである。その後、さらに就労継続支援Ｂ型になるにあたって、時給五〇〇円程度となっているが、それにしても一般的な小規模作業所の「工賃」とは比較にならないほど高額ではある。

ただ、それでもこの変化は多摩の支援ネットワークにとっては、かなり大きな変化ではあった。当時、状況を説明し、授産施設として生まれ変わるしかないという決断を利用者や家族に伝えたところ、石田さんは利用者の親から「あんたらやっぱり一番最初に障害者を切るんだな」と怒鳴られたのだという。「もう俺も、何もいわなかったけどね」と石田さんはいう。

日本全国で、多くの事業所が同様の壁にぶつかったことがあるだろう。自分たちの考え方や障害者と「共に生きる」ことを目指す立場から、ある方法を採用したい。だが、現実問題として、そこまでの収益が挙げられないのであれば、補助金などを活用せざるを得ない。そして、補助金を活用する際に生じてくるさまざまな条件や足かせは、もともと採用したい方法を採用させてくれない。そのなかで、どこでどう折り合いをつけるか、何にこだわるのか。それは事業所によってさまざまである。

ちいろばの家の場合、石田さんは「続ける」ことにこだわった。これは石田さんだけの決断ではない。石田さんによれば、至愛協会の人たちは全体として、「支援者が食べていける」ことを重視する傾向にあるという。支援者が「食べていけ」なかったとしたら、その場は続かない。それでは本末転倒だ、という考えが、石田さんだけでなく、かしのき保育園を中心とした人たちの間には強くあったようである。

ちいろばの家はすでに多摩市で多くの障害者にとって生活の中核となっている。いまさらその人たちを放り出すことはできない。だから、当初のような同一時給が継続できなくなり、多くの批判を浴びつつも、この場をそれとして続けるために、授産施設化に踏み切ったのである[39]。

②複数のワーカーズ・コレクティブ

他方、斎藤美津栄さんを中心に、生活クラブ生協に集っていた人たちが、「共に働く」場を新たに作り始めた。

一九九〇年代前後、全国各地で、生活クラブ生協がもとになって、多くのワーカーズ・コレクティブが立ち上げられた。多くの団塊の世代の女性たちが、子育てに時間をあまり割かなくてもよい状況が生まれたなか、一般的賃金労働とは少し異なる形で、「働く」場を追求し、創り出したのである。ワーカーズ・コレクティブは、役職などをつけて労働者に区別をつけるのではなく、皆で出資し、皆で働き、皆で稼ぐ、という仕組みである。出資金を持ち寄ることで対等な関係をつくり、そして多くの場合は地域に存在するニーズに応えるという社会的な使命を担って活動が始められている(Mellor, Hannah & Stirling, 1988=1992)。具体的には、日本では高齢化にともない、介護や介助、配食サービスなどが行われることが多かった。

ただ、多くのワーカーズ・コレクティブは、女性たちが共に働くということについては積極的だったとしても、障害を持つ人たちと共に働くということまではあまり意識していなかった。だが、斎藤美津栄さんはこの点を強く打ち出し、ワーカーズ・コレクティブを、障害を持つ人と共に働く場でもあると位置付けた。こうした姿勢は当時でも珍しく、のちにワーカーズ・コレクティブの連合体に行ったとき、斎藤さんは周囲の人たちから「何をいっているのだろう、この人は」という視線にさらされることが多く、声を荒げたことすらあるのだという。

こうしたことから、一九九三年にワーカーズ・コレクティブ「つむぎ」[40]が(初代の代表は斎藤美津栄さん)、障害を持つ人たちと共に働く場として設立された。最初からメンバーとなっていたひとりは、先に挙げた、自立生活の第一号となる(当時はまだ実家住まい)、野上敏寛さんである。ちょうど野上さんが養護学校を卒業するときのことだった。

斎藤さんとしてはつむぎを創設したのは、野上さんが野上さんらしく生きられる場をつくることを意識してのことだったそうである。たこの木企画と同じく、ここでもまた、支援者たちが具体的なあの人やこの人を想定して次のステップに移っていることが窺える。

最初につむぎの事務所となったのは、高架下にある建物に生活クラブ生協の事務所があったときで、その同じ建物のトイレの奥にあった、一・五坪の部屋だったらしい（家賃五〇〇〇円）。ただ、あまりに臭かったのと狭かったのから、場所を変えることになった。どこにしたかといえば、斎藤さんの自宅である。活動が始まった当初に事務所が無料で提供されていたことは、つむぎがその後を作っていく上で、重要な意味を持っていただろう。

斎藤美津栄さんは、徹底した無私の人として多摩市では有名である[41]。「私のものは全然要らないの」というのが斎藤さんの基本的な立場で、みどりの保育園を辞めた後、ずっと自宅を開放し、「プレイルームゆづり葉の家」と名付けて障害児を含めたさまざまな子どもたちが自由に来る場を開いていた。その上さらにワーカーズ・コレクティブの事務所としても自宅を提供している。ちなみに、のちに自宅の土地にグループホームを建て、さらにはそれを法人に譲渡した。話していてもときどき何を話しているのかよくわからなくなるくらい、平気で私財を投入する人なのである。

斎藤さんの徹底した無私の精神の背景にあるのは、ひとつにはクリスチャンとしての信仰だが、もうひとつには「私は夫が食わせてくれるから」である。斎藤家では、「あなた(=夫)稼ぐ人、私(=美津栄さん)使う人」という役割分担になっているのだという。

私はこの言葉を明るくこともなげにいう斎藤さんを前に、ウーマン・リブとはこのような姿もあるのだと感じた。斎藤さんのもとには、生活クラブ生協を介して多くの女性たちが集まってきているが、実際に一緒に事業を始めるまでは、「障害を持つ人と共に/みんなで対等に」など考えたこともなかった、という人も少なくない。それでも多くの人たちが集まったのは、この「あなた稼ぐ人、私使う人」という堂々とした態度が魅力のひとつだったのではないかと私は思う。多くの主婦たちは、「夫に食わせてもらっている」ということに後ろめたさを感じている(社会状況ゆえのことなのだが)。「あなた稼ぐ人、私使う人」という堂々とした態度は、それを相対化し、逆手にとって、各々の主婦たちが自分なりの生を形作っていく希望となっていたのではないか。一般に、ウーマン・リブといえば、女性が自分で生活の糧を得ることを自動的に指していそうに思われがちだが、これもまた、リブだろう(ちなみに斎藤さん自身は、フェミニズムと自分の考え方にはほとんど関係がないという)[42]。

その後、メンバーのひとりが車を入手し、移動が困難な人たちに移動手段を提供するハンディキャブ事業を始めたいといいだしたことから、一九九七年には「ハンディキャブゆづり葉」[43]という団体も生まれた。この事務所も当初は斎藤さんの自宅に設置された。当時の斎藤さんの自宅は、つむぎとハンディキャブゆづり葉の事務所があり、同時にそこでプレイルームゆづり葉の家に来た子どもたちが遊んでいるという、なかなか騒然とした状況だったらしい。

こうして始まったつむぎだが、事業内容としては、地域でこまりごとを抱えている人たちの依頼に応えるもので、有償サービスなので依頼者は給料を払うことになる。ところが、障害を持つメンバーたちが、そうでない人たちと目に見えて同じように働けるかというと、必ずしもそうではない。たとえば草むしりの依頼があったときに、障害を持つメンバーがほとんど動けていないと、依頼者からすれば、それでも同じ給料を払わなくてはならないのか、という思いが生まれることもあった。こうしたことから、依頼に応えるというサービス形態のなかでは、なかなか「共に働く」がスムーズにいかなかったのだという。

そこで、「共に働く」部門は、徐々に独立した動きを模索し始める[44]。まず、「であい館」[45]の一坪のスペースを月額五〇〇〇円で借り、毎週土曜日に開かれていた朝市「であい市」に模擬店を出すという試みを重ねていく。そこから、新しいワーカーズを始めようと、一九九七年にワーカーズ準備会を発足させた。多くの人が働ける場を作ろうと、とうふ屋や喫茶店の見学の後、一九九八年にワーカーズ・コレクティブ「風(ふう)」を設立した。

ちょうど公募が出ていた京王線聖蹟桜ヶ丘駅前の関戸公民館に入っている食堂を事業として

受託し、一九九九年九月からオーガニック・カフェ「風」をオープンした[46]。コーヒーが美味しく、名物だったのは「風ふううどん」（二〇〇六年からメニューに登場）である。代表は内山ひろ子さんで、堤典子さんや斎藤美津栄さんもここで働いた。ゆづり葉の家にずっと通ってきており、たこの木クラブを介して自立生活を始めた野上敏寛さんは、最初はつむぎで働いていたが、後に風ができるとそちらで働くようになった。また、高校進学からたこの木クラブにかかわるようになった平方律子さんも、卒業後に風で働くようになった。障害を持つ人たちも含め、同一時給で皆が共に働く場だった。カフェという形態であるために、障害を持つ人たちも、たとえばコーヒー豆の補給をする、食器を片づけるなど、自分たちなりの仕事を持ち、働くことができていた。

それ以外にも、直接に斎藤さんがかかわっていなくとも、多摩市近辺では障害を持つ人も「共に働く」という姿勢を持つワーカーズ・コレクティブがいくつかある[47]。これらの場が、青年や大人になった知的障害の人たちを支える重要な核となっていったのである。

③たこの木企画からあしたや共働企画へ

もうひとつが、これまでにも触れてきた、たこの木企画である。たこの木企画は、一九九九年六月に諏訪商店街の店舗（現在のあしたや）を手に入れると同時に、あしたや共働企画として独立した。助成金の申請など、共働部門単独でやらなくてはならない事務作業はかなり膨大だからである。二〇〇四年には、「NPO法人あしたや共働企画」となる。障害のある人もない人も、同一時給の事業所だった[48]。

具体的な経緯については、本書の和田幸子さんの章を参照してほしいが、ここでは私の視点からあしたや共働企画創始者メンバーについて述べておきたい。

あしたや共働企画の初代理事は、たこの木クラブの活動に長らくかかわってきた、和田幸子さん、清井洋子さん、松島玲子さん、長尾すみ江さん、荒井康子さんである。よく言われることなのだそうだが、絶妙な組み合わせの五人である。

和田さんと清井さんは、これまでにも触れてきたとおり、バオバブ保育園の設立当初からかかわっていた保育者である。子育ての会でも共に生きる会でも活躍してきた。二人とものちに保育園は辞めているが、その後たこの木クラブの活動にもかかわっている（その他にもこの二人は環境問題に取り組む運動や就学運動など、実にさまざまなことにかかわっている）。たこの木企画を立ち上げたときから中心になっている。

松島さんもまた、たこの木クラブ創設時からかかわってきた人だが、他のメンバーと異なり、ずっと労組関係で働いてきた人で、若い頃には夫とともに商売をやった経験もある[49]。この経験が、素人集団で始めたお店を成功させてきたもののひとつだろう。

はらっぱ開設

長尾さんは、和田さんたちがバオバブ保育園で働き始めた頃、そのすぐそばのアパートで、和田さんの上の階に住んでいたことから知り合っている。長尾さんは先にも述べた通り、食と農をむすぶこれからの会（たまごの会が分裂したあとに「契約中心派」と呼ばれた人たちがつくった団体で、「これからの会」とも呼ばれる）でずっと活動してきており、商品の仕入れ先のコネクションをたくさん持っていた。あしたやの商品には、長尾さんがこれからの会で作ってきた人脈で仕入れたものが数多く並ぶ。

そして、荒井さんは八王子在住で、活動の拠点は長らく「八王子保育・教育を考える会」だったのだが、もともと環境問題への取り組みのなかで和田さんたちと知り合っていたこともあり、あしたや共働企画ができるときに声をかけられ、理事となっている。荒井さんは、わりと理念が強く出るタイプの他の四人に比べ、妙に肩の力が抜けている人である。「難しいことわかんないのよ」「子育てとか嫌い」と平気でいう人で（この一言が子育て中の女性にとってときにすごく救いになるの、わかりますか）、あしたや共働企画の理念に対して違和感を持つ人であっても、その思いを気楽に話せ、本音で語り合えそうな人である。

はるかに年下の私がいうのもなんだが、よくもまあ、このような五人がそろったものだと思う。そしてこの五人は、いつでも真剣に話すのだけど、いつでも笑いが絶えない。あしたや共働企画には、他からすればかなり「大変な」人が多くおり、なかなかな事態も繰り返し起きている（床が抜けたり、壁に穴が開いたりしたのも一回や二回ではないはずである）。あしたや共働企画の人たちは「大変だ」「大変だ」と言っているが、なぜか毎日がなんとかまわっていって、いつのまにかなんとかなっている。脇から見ていていつも不思議なのだが、それはこの五人を中心に、メンバーたちが「大変だ」といいつつ、でもやっぱり笑いを絶やさずにいるからなのではないかと思う。

（2）ヘルパー派遣事業／グループホーム

こうして働く場が生まれたのだが、もちろんそれだけでは自立生活は不可能である。やはり日常生活をまわしていくためには、日々の介助を担う人たちが必要になる。多摩市で最初に自立生活を始めたのは三橋準さんだが、三橋さんの夕食がボランティアでまわせたのは、三橋さんひとりしかいなかったからである。これが、五人も一〇人もいるのなら、有志だけでまわしていくのはとても不可能になる。そのため、日々の介助を担う人たちに対しては、何らかの生活保障が必要になる。

まず活用されたのは、家政婦紹介所への登録や、登録ヘルパー制度の利用などであった。ただ、これらの形では、個々の介助者の介助料を払うことはできても、たとえば本人の生活全体を見渡す役割を果たしたり、介助者のシフトを組んだり、新たな介助者を探したり、本人の日常生活をまわしていくために必要な調整の数々を担うような、コーディネートの部分については賄えない。

そうしたなか、支援費制度の導入が議論されるようになった（実際の施行は二〇〇三年四月）。この制度を利用すれば、コーディネートの分も賄うことができる。こうしたことから、たこの木クラブも、市の受託を受けた事業所による派遣を視野に入れるようになっていく。

ひとつには、自分たちでヘルパー派遣事業所を立ち上げることとなった。そして、たこの木クラブ以外にも、近隣地域でいくつものヘルパー派遣事業所が立ち上がることとなり、それらと相互に連携するという形が生まれていく。

①まくら木

まず、たこの木クラブ自身が立ち上げた事業所について述べていこう。二〇〇一年九月に、「NPO法人まくら木」が設立された。初代の代表は、岩橋誠治さんである。

それに先立ち、二〇〇〇年夏から、マッチング事業が始まっている。サポーターとして登録した人たちが、当事者と付き合うなかから、何をどうすることがその人の思いを実現することにつながるのかを探るという仕組みである。子ども会活動等が中心だった頃に比べると、格段に「個人」に焦点が当たるようになり、また新たに関わり始める人も増えるなか、試行錯誤が続いたようである（『たこの木通信　第一六八号』二〇〇一年一〇月）。こうした準備期間を経て、二〇〇二年の四月から、まくら木は事業所として活動を開始、多摩市のホームヘルプ事業やガイドヘルプ事業を受託している。

この頃、たこの木クラブのイベントも一気に増えた。水曜日は「茶々会」、木曜日は「木レス（木曜レストラン）」（木レスがない日はフリースペースや交流会）、金曜日は「金クラ（金曜クラブ）」と称した食事を作って食べる会となった。それと同時に、まくら木の利用者も飛躍的に伸びていく。二年もしないうちに、問い合わせ程度の連絡については断らざるを得ない状況も生まれてきた（『たこの木通信　一九五号』二〇〇四年一月）。気づけば、多摩市のもっとも大きなヘルパー派遣事業所となっていた。

なお、まくら木は当初から「事業所」として明確に位置付けられていた。当事者の思いに沿った支援をするということは謳われていたが、事業所にできることは限られている。当時たこの木クラブで定期的に行われていたイベントは、まくら木のスタッフもかかわるイベントになったが、イベント開催だけで当事者が制度を利用できるようになるわけではない。生活のなかで「制度を利用する」という、誰にとっても困難なプロセスを、知的障害や自閉の人たちが自分のものとしていけるようになるためには、その前後にきめ細やかなやりとりやフォローが必要になる。それを担うのがたこの木クラブであるという位置づけだった。たこの木クラブがマッチング事業を継続することになり、行政から支払われるサポーターの介助料はそのままサポーターに支払われ、コーディネートは持ち出しという形のまま、まくら木を含めた多様な事業所と連携していくという形になった。

といっても、もちろん実際には同じようなメンバーが同じ場で担うのだから、当事者にも区別はつかなかっただろうし、スタッフもすべてを明確に分けていたわけではないだろう。このあと、まくら木が株分けするまでの『たこの木通信』は、ほとんど『まくら木通信』のようである。

それでも区別が当初から意識されていたことには注意しておきたい。多くの事業所が事業として請け負うことを前提として支援に携わるのとは、異なる形が目指されたのである。おそらくそれは、子どもの頃から本人たちと付き合ってきたためだろう。その視点からすれば、まくら木のような「事業所」が担いきれない部分があることが明らかだったのだと思われる。特に知的障害・自閉の人たちの場合、たとえば外出の際に一緒に行く人が「友達」なのか「ヘルパー」なのか、区別はなかなか難しい。両者の違いがわかるようにならなければ、「ヘルパー」が仕事を辞めるときくと自分が否定されたと思ってしまったり、自分が来てほしいと思う人が「ヘルパー」としてこられないことがどうしても納得できなかったりしてしまう。

身体障害の人を中心とした障害者運動は、この点について一定の答えを出してきている。ずっと以前、ある身体障害者で障害者運動の旗手でもあった人が、「ヘルパーはヘルパーでしかない。友達は別に作るんだ」と話すのを聴いたことがある。この発想は、日常生活で常にヘルパーの力を借りなくてはならない重度障害者ならではの処世術であり、人間関係の捉え方なのだと思う。

問題は、この捉え方を言葉で伝えただけで、知的障害・自閉の人たちが了解できるかというと、おそらくそうはいかないということである。といっても、知的障害・自閉の人だから「ヘルパー」と「友達」を使いわけられないといいたいわけではない。言葉だけでなく、実際にヘルパーを利用する体験を重ね、事業とは関係なく付き合う人の存在も感じ取るという経験を重ねることが必要だといいたいのである。そこにこそサポートが必要なのである。子どもの頃から、制度という枠とは関係なく付き合ってきた人たちには、そのことがあらかじめよくわかっていたのだろう。

そして二〇〇三年四月に支援費制度が始まった。障害者への介助が、仕事として成立する時代が到来した。ここから、障害者の支援にかかわる人たちは、量的に急激に拡大し、「共に生きる」といった思想からというより、単純に「仕事」としてかかわる人たちが一気に増えていく。よく障害者運動界隈では「支援費以前」「支援費以後」という表現が用いられるが、それだけこの時期を境に大きな変化があったのだろう。

なお、「仕事」として始まった人が、それ以前からかかわってきた人たちと根本から違うということではないのだと思う。たとえば、このころにまくら木でアルバイトとして介助を始め、いまもコーディネーターとして働く人から、次のような話を聴いたことがある。大学を卒業する際にバイトを辞めようとして、そのことをある当事者に伝えたところ、その当事者が「ボヤ騒ぎ」(本当に単なる「騒ぎ」で火事になる可能性はほとんどない形だったのだが、火事は大家がもっとも嫌うものだということもあり、それなりの騒ぎになった)を引き起こした。そのとき、「この仕事は普通の仕事とは違う」とその人は思ったそうである。そこから、就職するはずだった先を断り、介助の道で食べていくことを決意したという。「仕事」としてから始まっていても、その先へと進む人も少なからずいたのである。

それでも、全体としてみれば、「仕事」として介助する人たちが増えていくことは、介助の内容を変質させる可能性を含んでいた。それこそ「ヘルパー」は増えていくが、「友達」は一向に増えない、あるいは減っていく一方、という事態が生まれつつあった。たとえば制度を利用するという過程をどうサポートするか、「友達」的な存在をどう生み出すか、こうした「事業」を越えた取り組みの必要性は、むしろ高まっていった。

そうしたなか、岩橋さんの任期が終了する二〇〇四年度を契機に、まくら木とたこの木クラブは別団体として活動することとなった。すでにまくら木のスタッフが運営していた木曜日のイベントや金クラはすべてまくら木が続けることとなった。たこの木クラブはちょうど専従だった女性スタッフが辞めたということもあり、専従は岩橋さんひとりで再出発した。

こうして多摩市でも一番大きなヘルパー派遣事業所を立ち上げ、わずか数年で株分けするという激動を経たこの木クラブだが、先にも述べたように、まくら木だけと連携していたわけではない。実はこの同じ頃に、多摩市には複数のグループホームやヘルパー派遣事業所が立ち上がっている。

②レーベンスバウム／プレイルームゆづり葉の家

一足早く立ち上がったのは、プレイルームゆづり葉の家の人たちが中心となって立ち上げた、グループホーム「レーベンスバウム」である。一九九六年四月に最初は多摩市聖ヶ丘で二人の利用者が共同生活を始めるところから始まった。最初の入居者は、もともと多摩市で自立生活をしていた三橋準さんと、青年たちのなかで最初に自立生活を始めた野上敏寛さんである。特に野上さんは、斎藤美津栄さんが自宅で開いていたピアノ教室の頃から通っており、長い付き合いの人だった。

少し長いが、立ち上げた当初の思いを斎藤さんが『たこの木通信』に載せているので、引用してみたい。

大気汚染のため、緑の色があせてきてどす黒くなった樹々。文明の進歩によって人間そのものも得体のしれない空気の中に押しこまれ、呼吸困難になったり、ストレスをためこみ、人との関係にひずみが生れ、無用な差別が広がっている今日の私たちの生活環境です。与えられたいのちがその終わりの日まで、つややかな緑を保ち、役割が終わった時、静かに古い葉は緑のままで土に帰り、新しく生れ出た柔らかい葉と交替する様に倣いたいとの願いをこめて名付けました。「次から次へといろんなことを思いつくね。次は何かな?」と半ば呆れ顔。でも、私の好奇心に黙って付き合ってくれる連れ合いと家族も結構楽しんでくれていると確信して、新しい出来事を迎え入れようと思います。

人の一生って不思議です。自分で決めているつもりでも、そううまくはいかず、思いがけない人との出会いで歩みが新たにされたり、おちこんだり、前を見ることができなくなったり……。半世紀以上も人間していると、あんまり他人の感情に動じなくなるかわりに感性も鈍くなり、人の痛みに触れても気づかずに通りすぎたり、見ていてもあまり大きいことのように見えなかったりして、すませてしまっています。そんな私たちもやがて高齢のときを迎え、自由に歩きまわったり、活動できなくなった時、自分の意に反して私以外の人の都合で住まいの場所を決められたり、生活スタイルを決められたりすることのないよう、それぞれの人々の自己決定を大切に見続けたいと思います。今回も入居者の一人野上さんの入居決定に気長に根気強く付き合い、意志を確かめて下さった岩橋さんに教えられました。サンキュー

ともあれ、最初の住人は三橋準さんと野上敏寛さん。生活をサポートする多勢の方々も含め、これからの活動にちょっぴりワクワクしています。(『たこの木通信　一一四号』一九九七年四月)

レーベンスバウムは二〇〇四年二月に東京都の共同生活介護及び共同生活援助の事業所として認可された。

さらに、二〇〇二年六月には、三〇年近く続けてきたプレイルームゆづり葉の家をNPO法人として再出発させ、「NPO法人プレイルームゆづり葉の家」を設立した。もともと斎藤さんは補助金の類を「ひもつきになる」と好まなかった。だが、ヘルパーを派遣して生活をサ

ポートする必要のある当事者が多くなったことから、ホームヘルプ事業やガイドヘルプ事業を担う事業所が必要だと判断し、法人化したのだという。プレイルームゆづり葉の家は二〇〇五年一月から居宅介護事業を始め、二〇〇七年五月には、東京都の単独型短期入所事業所として短期入所事業も始めている（ショートステイは「ゆづりハウス」と名付けられている）[50]。働くヘルパーの多くが、生活クラブ生協でともに活動してきた女性たちである。

二〇〇六年、レーベンスバウムは新居完成に伴い、多摩市連光寺に移転した。どこに建てられたかといえば、斎藤美津栄さんの自宅の敷地内であり、斎藤さんのお連れ合いの退職金をつぎ込んでの建設だった。プレイルームゆづり葉の家の事務所や活動場所も自宅の敷地内に建てられている。とことん、私財にこだわらない斎藤さんらしいやり方だった。なお、現在では斎藤さんたちは、土地や建物をすべて法人に譲渡し、借家に住んでいる。斎藤さんに言わせれば、「借金も全部肩代わりしてもらったようなもので、すっきりしたわ」とのことである。

③生活寮もぐさ

レーベンスバウムができようとしている頃、一九九六年五月に、多摩市に知的障害者入所更正施設「七生福祉園」の利用者地域移行の場として、「さくらが丘生活寮」が開設された。当初は東京都育成会が運営主体である。実質的に開設・運営したのは、元バオバブ保育園の保護者であり、たこの木クラブの初期の子ども会活動で中心的な役割を果たしていた石毛理美子さんである。

石毛さんもまた、斎藤さんと同じく、私的所有の観念が少しおかしい。この生活寮ができた過程について解説しよう。石毛さんはもともと、七生福祉園から出たという田中和夫さんと知り合いだった。あるとき、田中さんから七生福祉園から出たいと願っている入所生がいると聞いた。遠江好子さんである。それならば、ということで、石毛さんは夫と息子に家を出てもらって、遠江さん他二名を迎え入れ、そこを地域移行の場として開設した。実質的に自宅を提供したのである。

ここは何度話を聴いても、よくわからない。施設を出たいという人がいたからといって夫を追い出す妻も妻だが、おとなしく出ていく夫も夫である（息子さんはそれなりの年齢になっていたそうなので、まだわからなくもないのだが）。だが、それは石毛さんには自然な形だったのだろう。

その後、二〇〇二年一二月に新しい建物に移り、それに先立って運営主体も「ＮＰＯ法人やまぼうし」（日野市）に代わり、「生活寮もぐさ」として再出発した。その後は日野市や多摩市に限らず、その他の地域からも入寮する人が増えている。そして、さらに後にやまぼうしの傘下からも外れ、二〇一二年一〇月に独自に「ＮＰＯ法人ちえのわ」を設立、それを運営主体として再出発している。現在ではサテライトも開設している。

もぐさの雰囲気は独特である。住人の多くが非常に歓待的だということもあり、また食事作りを担ってきた唐仁原久さん（元バオバブ保育園の保護者）の料理が非常に美味しいこともあって、もぐさの夕食に伺うのは私にもとても楽しみなことだった。もぐさの住人の移動支援を担うために伺うのだが、ついでに夕食もごちそうになっていたのである（一応、五〇〇円払っていたと思う）。夕食時には喧嘩もしょっちゅう起きているし、つらい場面に直面したことも多々あるのだが、もぐさの食卓を思い出すとそのイメージはいつも笑いに満ちている[51]。

もぐさの住人は、自分のお金は自分で管理する（もちろん世話人が手伝うのだが）。門限はない。食事は出されるが、不要なら事前にいえばいい。何を食べたいかというリクエストも、かなえられるとは限らないが、よくいっているらしい。それぞれの部屋はそれぞれが管理し、共用部分もある程度本人たちが掃除する。洗濯も本人たちがやる。グループホームとはいうが、イメージとしてはシェアハウスに近い。

地域住民とのかかわりも深い。一般にグループホームといえば地域から忌避されることが多いが、もぐさは長い時間をかけて関係を育み、いまでは自治会の活動に住人が（スタッフとともに）参加しているくらいである。また、長らく、斜め向かいに住んでいた寺田さんという八〇代の女性が、毎日夕食を食べに来ていた。その後、寺田さんが亡くなってからは、残されたご自宅を遺族から借り、「てらださんち」と名付けて、地域の人たちとの交流の場として活用している。

④さまざまな事業所との連携

その他にも、多摩ニュータウンの近隣には、いくつもの事業所が生まれている。たこの木クラブと縁が深いところで挙げるなら、ひとつは東久留米市のグッドライフなどを中心としたグループである。一九九二年に西東京市（以前は田無市）に「NPO法人自立生活企画」が設立された。同じ年、西東京市に「NPO法人生活援助為センター」も設立されている。一九九四年には東久留米市に「自立生活センター　グッドライフ」が設立され、二〇〇〇年にはNPO法人となった。さらに二〇〇〇年には介護保険事業を受託する「NPO法人自立福祉会」も設立されている。これらは法人としては別だが、緊密な連携関係がある。

なかでもグッドライフは、いちはやく知的障害者の自立生活支援を実践してきた。ただ、知的障害者のヘルパー制度は当初一日に一〇時間程度しか使えなかったこともあり、自立生活企画や生活援助為センター、CIL小平とともに「はたらきば」を運営し、日中活動の場とした。また、多くの生活寮を作っている[52]。全体の規模は多摩よりもずっと大きい

グッドライフなどとたこの木クラブの接点は、個々人の間ではそれ以前からあったようだが、主には「ピープルファースト話し合おう会」（一九九五年〜）、[53]から始まったようである。そ

の後、目時達也さんがはたらきばに通うようになると同時に、ヘルパー派遣の一部をグッドライフらが担うようになり、現在でもさまざまな場面で連携している。

また、ピープルファースト話し合おう会に参加していた人が、支援者とともに、日野市で二〇〇四年に「NPO法人IL&Pアシスト」を立ち上げている。アシストは、たこの木クラブを介して自立生活を始めた人たちのうち何人かのところにヘルパーを派遣しており、またアシストが運営するグループホームである「タヨーナハウス」には、たこの木クラブが子どものころからかかわってきた人たちが入居している。

そして、二〇一二年には多摩市に新たに「NPO法人ぴーすふる」というヘルパー派遣事業所が設立された。もともと他の事業所に勤めていた頃に、たこの木クラブがかかわる当事者たちのところにヘルパーとして訪れていた人たちが作った事業所で、その後もアシストやたこの木クラブと緊密な連携を保っている。

その他にも、国立と練馬に拠点を持つ合同会社「呼及舎」や、八王子の株式会社である「トリプレット」など、多くの事業所と連携している。

近年になって、たこの木クラブが連携を強めているのは、狛江市にある「えるぶ」である。えるぶは、一九八九年から始まったフリースペースで、当初は「療育」を志したそうだが、実際に障害のある子どもたちとかかわるなかで、障害があろうがなかろうが、同世代の子どもたちと「共に育つ」ことが重要だと考えるようになり、共に過ごすことを重視する場を三〇年近く維持してきた。ところがいま、そこにかかわってきた当事者たちの多くが二〇代後半から三〇代を迎えており、親元を離れて暮らす時期が近づいてきている。もともとえるぶに通う人たちは、他方であしたや共働企画で働いているなど、多摩とかかわりが深い。こうしたこともあって、えるぶの人たちが自立生活をスタートするに際して、たこの木クラブが支援するという形になっている。

なお、たこの木クラブもまた、ヘルパー派遣事業所を持っている。「はてなのたね」と名付けられており、固定的な派遣というより、たとえばヘルパー派遣事業所を本人が探し契約に至るまでの過程をサポートしたり、初めて移動支援を使う人に「移動支援を使う」という過程をサポートしたりなど、探索的な場面でのヘルパー派遣を行う事業所である。

(3)小さな事業所たちのネットワーク

このように、現在の多摩では、小さな事業所が多くあり、それらが連携して個々の当事者たちの生活を支える形が出来上がっている[54]。それも、それぞれかなりカラーが異なる。これは多摩の特徴なのだと思う。

冒頭でも述べたことだが、このような形には利点もある。当事者の暮らしをサポートするのがひとつの事業所だけだと、そことの関係がさまざまな事情によってうまくいかなくなってしまうと、その人の暮らしを支える組織がなくなってしまう。また、本人の生活にもメリハリができない。同じ法人のなかだと異動もあり、こちらでかかわりを持っていた職員があちらでもかかわる、といったことも生じやすい。それに対して、常に複数がかかわるのは、保険にもなるし、多様性の確保にもなる。

ただ他方で、マイナス面もある。それぞれの事業所の体力が不足しがちだということに加え、連携がなかなか厄介である。市が必要なだけの介助量を認めてくれればいいが、そうはいかないとなると、出ているだけの介助量のなかで、どの事業所がどれだけを担うことにするのか、細かい連携が必要になり、事務量は膨大になる。また、日頃の様子についても複数事業所に所属する人たちが定期的に集まって支援会議を開くなどの対応も必要になってくる。ひとつの事業所なら簡単に済むことが、複数事業所を跨いでいるだけに大変になることも多い。

このように、メリットもデメリットもあるのだが、多摩でこうした形が出来上がってきたのは、個々の支援者の個性もあるだろうが、もともとの土壌が大きいだろう。ひとつの事業所が引っ張らずとも、複数の事業所ができるだけの素地が多摩にはあった。そして、たとえば生活クラブ生協でつながった人たちと、バオバブ関係でつながった人たちと、かしのき関係でつながった人たちは、やはりカラーや空気が少し異なる。それらを無理に一緒にするよりは、それぞれの個性を大切にした方がスムーズだったのだろう。

（4）何かあればすぐに

こうしたネットワークにかかわっている人たちのなかには、普段から緊密な連携を取っている人もいれば、普段はほとんど接点を持たない人たちもいる。時代が変わり、そのつど向き合う課題が変わることで、その接点の持ち方も変化している。それでも、いまも緩やかなネットワークが維持されている。

それが端的に表れたのは、ある事件のときだった。二〇〇八年一月初め、レーベンスバウムに当時住んでいたTさんが、逮捕された。多摩川河川敷で路上生活する人たちが連続して殺傷される事件が起きていたのだが、その容疑者としての逮捕だった。私がたこの木クラブに通うようになって九ヵ月ほど経ったころのことだった。

Tさんのことについての集まりがあると連絡をもらい、たこの木ひろばに出向いた。入ってすぐ、斎藤美津栄さんがいつもの元気をなくし、二〇歳くらい老け込んだ様子で座っているのが目に入った。なかに入ると、たくさんの見たことがない人がいた。いま思うと、石田圭二さんもいたし、松島吉春さんもいたと思う。それまで私がたこの木クラブに通っていた九ヵ月では顔を合わせることがなかった人たちが、ひとつの事件で集まってきたのである。

逮捕された当初は、冤罪の可能性も十分に考えられた。そのため最初の会議は、冤罪の可能性を強調する人たちと、それだけではないかもしれないと考える人たちの思いが錯綜していたように思う。また、Tさんがかかわっていた団体の多くが、周辺地域住民や他の知的障害者支援団体から非難の対象になりつつあり、下手をすれば個々の事業所が孤立無援になりかねない状況があった。

その後、徐々に情報が集まると、冤罪という可能性についてはあまり考慮できなくなっていった。冤罪に抗するのではなく、Tさんが罪を償うという過程をいかに支援するのか、という課題へと移行していった。この過程でこの会議を去ったり、距離を置いたりした人たちも少なくない（いい加減な気持ちで去ったのではなく、それぞれの人がそれぞれに苦しんでいるのだと私は思っている）。

現在は、裁判も終わり、Tさんは刑務所にいる。当時集まった人たちのなかで、現在も残っている人たちは、「フィットする支援を考える会」（代表：堤典子さん）を立ち上げ、細々とTさんの支援を模索している。

このときのことに触れたのは、最初の数回の会議は、私が多摩の支援ネットワークの広さと強さを知る機会でもあったからである。まだたこの木クラブにかかわって日の浅かった私からすると、普段は会わない人が多く「知らない人だらけ」の会議だった。それでも確かにお互いに長年の関係があるのは感じ取れた。こういうものが多摩にはあるのか、と思った。普段はかかわりがなくとも、いざというときにすぐに集まるような、そういうネットワークが確かにある。

これが、多摩が四〇年かけて育んできたものの一面なのだろう。もちろん、多摩という地域全体から見れば、ごくわずかな一握りの人たちなのだが。

6 制度との緊張関係

(1) 生活モデル化と地域包括ケア化

多摩の支援ネットワークの歴史を見ていると、その変遷には、日本における社会保障制度が大きく変化する(あるいはある意味では変化しない)過程とどう付き合うかという問題が通奏低音のようにかかわっている。

もともと、日本の社会保障制度では、病院での治療などのように、いわゆる「福祉」などのお世話にならないような状態へと個人を「回復」「更生」させることが重視されており、それ以外の人たち(そうはならないであろう人たち)については狭義の社会福祉で対応するのがせいぜいだった。狭義の社会福祉においても、家族によるケアが中心で、それ以外では病院によく似た建物を使った入所施設でのケアが中心だった。

そして、狭義の「社会福祉」は、貧困など特定の領域あるいは問題に限り、それに相当する人に対して提供されるものとして構築されてきた。たとえばいまでも「障害者福祉」と「高齢者福祉」と「児童福祉」とは、制度としても仕組みとしても別物であり、障害者と高齢者と子どもたちがともにいる場を作ろうとすると既存の制度的枠組みには乗れなくなることが多い。

こうした仕組みが、一九七〇年代頃より徐々に揺るがされ、一九九〇年代には高齢者福祉を中心に、地域でのケア提供を中心とする方向へと舵が切られた。二〇〇〇年代に入ってからは特に、不十分とはいえ、明確に「施設から地域へ」という流れがつくられてきている。それと同時に、ある特定の領域や問題というより、ひとりの人が抱える問題の多様性に目が向けられ、個別に対応することが重視されるようになってきた（もちろん、まだまだ不十分といえば不十分なのだが）。

このような制度全体に生じている変化について、猪飼周平は、私たちの価値が「疾患の治癒」から「生活の質」へと変化したためだと捉え、それを「生活モデル化」と呼んだ（猪飼 2010：217-222）。現在の政策の変化は生活モデル化という社会の趨勢に沿ったもので、猪飼はこれを地域で包括的なケアを受けられることを目指すという意味で「地域包括ケア化」と呼ぶ（厚労省がいう「地域包括ケア」とは意味が異なる）。もちろん現状としては、社会の趨勢に沿った制度化とは必ずしもなっていない部分が多くあるのだが、少なくとも四〇年前の多摩ニュータウンが出来た頃とは大きく異なる政策動向が生じていることは確かである。

こうした価値の変化は、猪飼によれば、一九七〇年代以降の障害者解放運動の影響を受けているという。だとしたら、「生活」「暮らし」「地域」にこだわり続けた多摩の支援ネットワークは、その変化を引き起こした一群のひとつといってもいいのかもしれない。決して単独で日本社会を変えられるような規模ではないし、それほどの強い力を持っているわけではないが、全国で同じような動きが少しずつ重なっていくことによって、価値が変化する兆しを作ることには寄与していたのかもしれない。

そうであるなら、現在の福祉制度と多摩の支援ネットワークとは親和性が高くなるはずである。だが、実際には必ずしもそうではなかった。むしろ、二〇〇〇年代以降の多摩の支援ネットワークの歴史は、制度との格闘の歴史である。

(2)「共に働く」事業所をめぐって

ひとつには、「共に働く」場についてである。多摩ニュータウンにある「共に働く」場の多くは、一九八五年に始まったリサイクルショップちいろばの家を除けば、一九九〇年代に入ってから生まれている。一九九五年に生まれたこの木企画は、一九九九年にあしたや共働企画として独立した。一九九三年にはワーカーズ・コレクティブつむぎ、のちにそのなかの「共に働く」部門が独立して一九九八年にワーカーズ・コレクティブ風が設立された。

一九九〇年代は、各地でワーカーズ・コレクティブが設立され、一九九五年の阪神・淡路大震災を契機にボランティア活動に対する評価が高まった時期でもある。そして、一九九七年の特定非営利活動促進法（通称NPO法）の成立によって、各地で市民活動が盛んになると同時に、行政がそれをバックアップするという形が始まった時期でもあった。

そして、二一世紀に入って、こうした民間団体はさらに積極的に「活用」されるようになる。二〇〇〇年から始まった介護保険制度、あるいは二〇〇三年から始まった支援費制度（これはのちに障害者自立支援法〈現・障害者総合支援法〉へとつながる）に際して、サービス提供団体として期待を寄せられたのは、これらの民間団体である。そして、介護保険制度や支援費制度の事業を委託されることによって、その経済的基盤は国レベルの法制度で保障されたようにみえた。

だが別の側面からいえば、介護保険制度や支援費制度など全国レベルの制度ができることによって、市町村レベルで細々と用意されていた補助金制度の多くが打ち切られ、全国レベルの制度に寄り掛からなければ活動が継続できない状況が生まれてきた。

こうした変化は、これらの団体にどのような影響を与えたのか。

①ちいろばの家

先述したように、ちいろばの家はもともと障害者雇用促進法の補助金を活用していたが、一九九七年に作業場について通所授産所として認可を受けており、さらに唐木田店の失敗によって全体として授産施設として生まれ変わることとなった。この時点で、「障害者」と「健常者」の給与に明確な違いが出てくることになった。

二〇〇五年に制定された障害者自立支援法によって、従来の小規模作業所に相当するものの多くは、就労継続支援B型事業所あるいは地域生活支援センターに位置付けられることになった。それにともない、市町村レベルで設けられていた小規模作業所向けの補助金は廃止となる。そのため、各地でこれまで小規模作業所向けの補助金を受けていた事業所は、障害者自立支援法の法内事業所への移行を迫られた。就労継続支援B型事業所にせよ、地域生活支援センターにせよ、それとして認可されるためには、市町村レベルで設けられていた補助金を受けるのとはまた異なる条件が課せられるが、その条件を満たすことが必要になった。

ちいろばの家も二〇一一年に法内事業所に移行し、就労継続支援B型事業所となる。その経緯について石田さんは、大量に書類を用意しなくてはならないなどの苦労はあったものの、収入が増加し、経営は安定したと捉えている。

②あしたや共働企画

あしたや共働企画は、当初かなりの議論があったようなのだが、結局二〇〇〇年に多摩市心身障害者（児）通所訓練等事業デイサービス事業運営補助金を交付されることになった。これも制度上は、いわゆる小規模作業所に支給される補助金のひとつであり、障害者と職員を分けるものではある。だが、あしたや共働企画は障害者と職員の給与を分けることをよしとせず、同一時給を貫くこととした。

それが続けられなくなったのは、障害者自立支援法の法内事業所への移行を求められたときである。あしたや共働企画は、食品加工など仕事の種類を増やすため、諏訪商店街にもうひとつの店舗「あしたや　みどり」をオープンするとともに、二〇一一年に就労継続支援B型事業所として再スタートした。その際に（正確には数年かけて議論があったようだが）、職員（障害者手帳を持たない人たち）に最低賃金を確保するため、障害者（制度上は「利用者」となる）との給与に実質的な違いを設けることになった。

ただし、あしたや共働企画では、原則としては両者の給与は同じであると位置づけ続けている。現状としては売上が十分ではないため、職員には「調整金」という金額が付加され（それによって最賃を確保）、実質的な時給には違いが出ているが、これはあくまでも一時的な処置であるという位置づけである。もちろん、実質的には時給が違うのだから、あくまでも意味づけのレベルの問題でしかないのだが、その点にはまだこだわり続けている。

③ワーカーズ・コレクティブ風

では、ワーカーズ・コレクティブ風はどうだったのか。ワーカーズ・コレクティブ独特の組織形態をそれとして認める法制度は、現状として日本には存在しない。それでも風は、NPO法人化もしなかったし、いわゆる補助金制度にもほとんど頼ろうとしなかった。喫茶「風」以外にも公園掃除やちらし配り、草取りなどもしていたが、主な事業は喫茶「風」の運営であり、収入のほとんどもそこからだった。

こうした風の姿勢には、斎藤美津栄さんがいう「ひもつきのお金は嫌い」という姿勢も反映されていたのかもしれないが、ワーカーズ・コレクティブの発想にこだわっていたといった方が正確だろう。ワーカーズ・コレクティブは、お互いに対等な立場で運営していくという仕組みである。それに対して、たとえばNPO法人格を取ろうとするなら、異なる組織体系を持ち込まざるを得ない。また、小規模作業所として補助金を受けようとするなら、同一時給を継続する上でも障害が生じる。これらを避けるための方法だったのだろう。

ただ、風はすでに解散している。二〇一五年三月末日にオーガニック・カフェ「風」は閉店となった。メンバーの高齢化、そしてメンバーのなかでここでの経験を糧に次へと向かう人たちが出てきたこともあっての決断だった。

二〇一六年四月、斎藤美津栄さんがずっと運営してきたプレイルームゆづり葉の家が、就労継続支援B型事業を始め、「しごとば&のんびりCafe風（かぜ）の家」を愛宕団地の一角で始めた。風で働いていたメンバーの一部は、風の家でも働くようになっていた。ただし運営はもっと若いスタッフが中心となっており、就労継続支援B型事業所でもあるため、障害者スタッフの人数も増えている。カフェの運営だけでなく、掃除をしたり、畑で野菜を作ったり、工芸品を作ったりと、多様な活動をしている。

④制度が足かせになることも

このような「共に働く」場の変遷を見ていると、生活モデル化に伴って地域包括ケア化へと政策が舵を切ったはずだったのだが、実は現状の制度は、活動をサポートしているように見えて、同時にかなりの足かせにもなっていることが見えてくる。収入が確保されるという意味ではもちろんサポートになるのだが、活動の仕方や方向性を制約するという意味では足かせでもある。特に、現状としては「障害者福祉」としての就労継続支援B型が主になってしまっていることが大きい。「共に働く」ことをサポートする仕組みはまだ国レベルでは存在せず、市町村レベルで作られてきた仕組みは実質的に排除されている状態である。それが、「共に働く」

ことを目指した事業所の多くに、「共に働く」仕組みの維持を困難にさせている。

（3）介助者派遣という制度とその外側

もうひとつには、介助者派遣という制度との関係である。まくら木であれ、プレイルームゆづり葉の家であれ、居宅介護事業であれば介助者を派遣することになるし、レーベンスバウムや生活寮もぐさのようにグループホームやケアホームであれば、世話人が日常的に支援することになる。

こうした介助制度は、日本全国で、二〇〇三年の支援費制度の施行前後から急激に拡大した。それまでであれば、障害者への（仕事としての）介護や介助は入所施設が基本とされ、地域で暮らす人たちへの介護や介助は、ごく一部しか公的資金が用いられてこなかった。それが、決して額は大きくなくとも、まがりなりにも「仕事」として成立するものとなったのである。同時に、介助業界に入ってくる担い手も格段に増え、介助者は一気に多様化した。多摩の支援ネットワークを形作ってきた人たちもその一端を担っているが、介助者の増加にともない、職業的な介助者全体で見れば徐々に少数派になっていった。

介助が「仕事」になるということは、支援の中身に影響する。「仕事」としての介助はどうしても、多摩の支援ネットワークがベースにしてきたような「共に生きる」とは異なってくる。

「共に生きる」という姿勢であれば、いかに日々の介助やサポートをしていたとしても、視線は同じく前を向くはずである。だが、介助という「仕事」は、「利用者」に向けたものである。たこの木クラブが方針転換をしたときに、「支援」というテーマが浮上してきたことを思い出してもらいたい。「共に生きる」と立てるか、「利用者への介助」と立てるかで、話は大きく変わってくる。介助や支援を「仕事」とするなら、利用者と同じ地平に立つわけでは必ずしもないし、むしろ同じ地平に立っているかのように錯覚してはならないだろう。

だから、介助が「仕事」として成立するようになったとき、どうしても多摩の支援ネットワークを担ってきた人たちと、新しく「仕事」に従事する人たちとの間に、温度差やズレが生じることがある。これはいまでも見られるように思う。

小さなことだが、たとえば食事を作って食べるとき、介助者も一緒に食べるのか、その材料費を介助者は負担するのか。本人が飲み会に行くのをサポートしたとき、介助者は飲んでいいのか、介助者の飲み食いの料金は誰がどう払うのか。あるいは、介助者の携帯電話の番号を本人に知らせるのか。介護時間とは別に、特に用もないのに当事者が送ってくるメールに対して、どの程度返信するのか。こうした小さな点で、かなり大きな違いが出てくることがある[55]。

こうした違いをどう考えていくか。言い換えれば、「仕事」の外側との関係をどうつくっていくか。介護が「仕事」になると同時に、このことがテーマとならざるを得なくなる。このことは、たこの木クラブの岩橋さんが、二〇〇〇年以降に『たこの木通信』で繰り返し「支援」をテーマにしていることにも示されている。

そこで問われていることは、次のようなものである。たとえば、多くの介助者は自分が介助に入っている時間については把握しているものだが、その前やそのあとに本人がどのような姿を示していたのかは、意識的に努力しないと視野に入らない。だが、人の暮らしは介助時間で輪切りにできるようなものではない。いまの時間は楽しそうに過ごしていても、次の人が入ったときにはぐったりしているのだとしたら、本当は介助者に合わせているという可能性もある。それが必ず悪いというわけではないが、介助者がそのことに気づかなければ、本人はその介助者が入るたびにハイテンションを維持しなくてはならなくなり、気疲れしてしまうかもしれない。そういう視点を持つことが必要だというのである。

あるいは、本人が意思表示したものの背景には何があるのか、本人が意思表示したからといってそのまま鵜呑みにすることが真っ当なことなのか、などもある。いつも茶色いアイスを頼んでいる人が、本当にチョコレートアイスが好きなのか、それとも他の味を知らないだけなのか。一度、ミントアイス（青いアイス）を試してみて美味しかったら、そのあとは青いアイスを頼むようになるかもしれない。もちろん、試してみても美味しくないと思うかもしれないが、一度も試しておらず、茶色いアイス以外は食べられないと思い込んでいたときとは意味が違ってくる。

要は、個々の介助を人の暮らし全体から見る必要がある、ということが、形を変えて繰り返し論じられているのである。人の暮らしという視点から見れば、個々の介助や福祉サービスの前と後ろ、あるいは上と下に、何があるのかが問われてくる。

このことは、多摩の支援ネットワークにおいては、制度化以前ならむしろあたりまえに考えられていたことなのだろうと思う。それがあえて問われなくてはならない時代とフェーズに入ったということである。

（4）「対象者」と呼ぶまえに

そしてもうひとつ、これは「共に働く」事業所にも、ヘルパー派遣事業所にも言えることなのだが、事業化し、支援が「仕事」として成立するようになってくると、障害のある本人たちが「利用者 user」「対象者 client」に固定されていく。字句通り user（ユーザー）ならいいが、日本語の「利用者」という語感は、「福祉を必要とする人たち」というニュアンスを持っており、「顧客」とはやはり異なる。障害のある人たちが、「福祉を必要とする人たち」にカテゴライズされ、支援者はあくまでも「支援者」という位置づけになっていく。

このことは、いい面もあるのだろう。少なくとも、障害のある人たち一人ひとりに焦点をあて、その人が何を願い、何を望むのか、それをどうサポートしたらいいか、これらの点に注力する上では、「対象者」「利用者」として相手を固定した方がいいときもある。

だが、「対象者」「利用者」として相手を固定して捉えたとき、失われるものもたくさんある。ひとつには、本人たちの世界が「支援者」だけに囲まれた、ひどく狭くて単色の世界になってしまうということが挙げられるだろう。友達とまではいかなくとも、職業上・制度上の関係と異なる自由な人間付き合いもあってこそ、私たちの世界や暮らしは豊かなものとなる。

先に述べたように、たこの木クラブがとってきた戦略は、まくら木などの介護者派遣事業を担う事業所と、たこの木クラブとを分けて、たこの木クラブは介助者にとどまらない役回りを担う、あるいはそういう人と出会える機会を作る、というものだった。事業所はそうした戦略は採用できないが、以前から支援ネットワークを支えてきた人たちは、その人個人が同じような戦略を担ってきたともいえる。多くの人たちが、事業化の流れに乗りつつも、事業という枠を超え、介助者という枠を超えて、利用者と呼ばれる人たちとかかわり続けてきた。そして、多様な事業所がかかわることによって、「支援者」だけに囲まれる世界の貧困さを少しでも回避しようとしてきた。

このような、相手を「対象者」「利用者」と固定してしまわない視点が持つ意義について、もう少し考えてみたい。これは、多摩の支援ネットワークにとっては自明なのだろうが、一般の福祉事業所からすれば、かなり異なる視点である。このような視点が入ることによって、個々の支援を考える際の発想や工夫の幅は大きく広がる。

象徴的な例を挙げておこう。ある時期、たこの木クラブで出会った知的障害と自閉のある男性が、他の人に暴力をふるうようになっていた。私も後頭部に一発食らったことがあり、そのあと自分では自覚していなかったが、ずいぶんその人を怖がっていたようである。ふとしたときに、自分が怖がってしまっていることを自覚し、でもだからといって簡単に恐怖心を克服できるわけでもなく、どうしたものかと思いあぐねていた。そうしたときに、その人と付き合いの長い清井洋子さんに相談したことがある。

清井さんは私の悩みを聴いた後、私に「清井さんはどうしているのですか？」と聞かれて、困ったような顔をして「うーん……普通にしている……かな……」と答えた。私はなんだか笑ってしまった。清井さんからすれば、本当に「普通にしている」だけなのだろうと思ったからである。

そして清井さんはさらに、「そうねえ、みんな仕事のときしか一緒にならなくなっていて、あれだと怖くなると思うのよね」「お昼ご飯を一緒に食べるとかしていれば違ってくるんだと思うんだけど」とつぶやいた。

その場は「へえ」と思っただけだったが、あとから思い返してみると、多摩っぽい言い方だなあと思う。暴力をふるう知的障害と自閉の男性がいて、その人とのかかわり方に悩んでいると言われて、「お昼ご飯を一緒に食べるといい」と回答したようなものである。障害者福祉の現場で、私のような質問をする人は少なくないように思うが、こういう回答はあまり見ないように思う。専門家は呆れるかもしれない。

だけど、これが多摩のやり方なのだと思う。現にこれでやってきたのであり、いまもこれでやっているのである。そして、ここからしか生まれないものはきっとある。

現に、私がその男性に自分が怯えていることに気づいたのも、言ってみれば「お昼ご飯を一緒に食べる」ようなことからだった。あるとき実家から送ってきたリンゴを、あまりに香りがいいので、その人が暴力をふるうことも忘れてリンゴを見せて「いい香りでしょ!」と言ってしまったのだ。そうしたらその人が、久しぶりに見せる抜群の笑顔で、「いいねえ!」と言った。暴力をふるうようになる前によく見せていた笑顔だった。

そのあと、リンゴを剥きながら涙が出そうになった。なんでもっと一緒に何かを眺めて「きれいだね」とか、何かを嗅いで「いい匂いだね」とか、そういうことをしてこなかったのだろうと思った。「暴力をふるう〇〇さん」と対峙するのではなく。

相手を「利用者」「対象者」の位置に固定してしまうと、こうした機会が失われてしまう。ともに何かを眺めたり、ともに何かを楽しんだりするような関係を持ちにくくなってしまう。

「利用者」「対象者」とは、対峙して（「向き合って」という表現が使われることも多い）いるか、そうでないかの二択になってしまう。そのことは、「暴力をふるう」などの固定されたイメージを変えるきっかけも失わせてしまう。それでは結局、その人の可能性も、私自身の可能性も奪われてしまうのではないか。多摩の支援ネットワークはそのことを私たちに教えてくれる。

（5）インフォーマル、ではなく

これまでにも述べてきたように、多摩の支援ネットワークの人たちは、「制度」にあまり依存せず、常に距離を置こうとする。新しい制度が生まれれば、それをどう「活用」しようかと考える（「使えない」と判断すれば、使わない）。制度があり、それに準ずればこれだけの収入になる、という発想ではなく、自分たちの考え方や取り組みを維持するために、どの制度をどう「活用」するか、という発想に立つ。

そして「共に働く」事業所の変遷や介助者派遣の制度化がもたらすものからも明らかなように、現状として存在する制度の多くは、いかに生活モデル化によって生まれてきたものだとしても、現状としては、まだまだ不十分である。というよりも、生活や暮らしというものに沿った仕組みになっていない。見た目はいかにも地域包括ケア化に即したように見えるが、いまだ旧態依然とした仕組みで、利用者の生活や暮らしを切り分けたり、その人と支援者の関係をひとつの形に固定化したりするばかりで、その豊かさを維持するような仕組みになっていない。

この違いをどう整理し、どう変えていくか。このことは私たちに残されている大きな課題のひとつだろう。暮らしに根差し、目の前にいる人たちを排除されないようにと闘ってきた人たちの軌跡は、生活や暮らし、あるいはその人との関係をどう豊かにするか、という問題を私たちに提起してくれている。

なお、この問題を「フォーマルなケア」と「インフォーマルなケア」の違い、という表現に還元してはならないと私は思う。もちろん、たこの木クラブの活動について、インフォーマルなケアという言葉が向けられることは少なくない。確かに、いまのたこの木クラブは、スタッフが三人しかいない弱小団体で、フォーマルな（制度的な）支援である介助者派遣や働く場の運営などは、ほとんど他の団体が担っている。たこの木クラブが現在担っているのは、そういったフォーマルな制度にひもづかないような、制度の隙間や暮らしの隙間に相当するような支援が多い。その意味では、いまだけを切り取れば、まさにインフォーマルなケアを担っている、という表現も可能ではある。

ただそれでも私はこれをインフォーマルなケアと呼んで片づけてしまうべきではないのだろうと思う。「インフォーマル」というのは、「フォーマル」という前提があって初めて成立する言葉である。いまたこの木クラブがインフォーマルに見えるものを担っているのは、多摩の支援ネットワークが、知的障害の人たちと「共に生きる」とは何かと問い、必要と思われることを担い続けてきたからである。その一部がフォーマルなケアとして切り取られるようになったから、残ったものがインフォーマルに見えるだけで、それ自体がインフォーマルである必然性はない。

いまインフォーマルなケアに見えるものは、フォーマルなケアが変われば、そこに含まれるものになったり、必要のないものになったりするかもしれない。その可能性を徹底して追求することなしに、現状をもってインフォーマルなケアと呼べば、現状追認になる。大切なのは、暮らしの全体を支えるのを邪魔せず支えるような制度とは何かを模索し続けるとともに、現状でそこから零れ落ちるものをどうするか、常に同時に考え続けることなのだと思う。

7 引き継ぐものは何か

(1) 時代と場所の特性

多摩の支援ネットワークにかかわる人たちに、当時の話を聴いてまわっていたとき、私は何度かその話の向こうに私の知らない「社会」や「コミュニティ」を垣間見た思いを抱いた。私の生きてきた社会や時代とは異なるものが、そこにはあった。その意味では、この支援ネットワークは、ある時代とある場所だからこそ成立したものである。

かしのき保育園の福島真さんは、「時代の空気」という言葉を使っていた。一九七〇年代は学生運動の名残が色濃く残っており、戦中・戦後を振り返り、新たな社会の再生を目指してさまざまな動きが生まれていた時代だった。振り返れば、本章で取り上げてきた内容のなかにも、障害者解放運動はもちろんだが、ウーマン・リブ、教育にかかわるさまざまな運動、在日などの差別の問題、環境問題、食や農にかかわる問題など、実にさまざまなものがかかわっていた[56]。このように多岐にわたる問題を意識的に捉え、暮らしや地域から変えていこうとした人たちが、多摩の支援ネットワークを支えてきた。

何度か触れてきたように、多摩の人たちはやけに社会運動へのハードルが低い。問題意識を感じればすぐ言葉にするし、集会を開いたり、ビラを作ったりする。何人か集まるとすぐにビラの交換が始まることもある。役所に対して異議申し立てをしたり、「喧嘩」したりすることにも全くためらいがない。この行動様式には、一九六〇年代に労働運動や学生運動を経験した人が多いことがかかわっているだろう[57]。

ただ、いわゆる学生運動をただ継承したものではないことにも注意が必要である。少なくとも、大文字の「政治」や「改革」を主張する人は少ない。要は、私が知る労働運動や学生運動の空気とはかなり異なっている。

石田圭二さんにインタビューに行った際に、「多摩には学生運動をやっていた人たちが多い」という話になった。石田さんはそれより一〇歳くらい若い世代で、安田講堂での闘争などをテレビで見て、「『こいつら絶対バカだ』と思った」そうである。国家権力になど勝てるはずがない。ところが、多摩の就学時健康診断反対運動で、まさにそこの場所にいたような人たちと多く出会うこととなった。そうしたなかで、その人たちに対する印象は大きく変わったという。「だって生活者（として）はそれぞれにちゃんとした人なんだよ」。

そうなのである、多摩の支援ネットワークでは、「生活者」としての姿勢こそが重要であり、中心とみなされているところがある。たとえば選挙活動にかかわっていた人も少なからずいるのだが、一九九〇年代に事業所が作られる頃にはほとんど表立っては行われなくなった。行政や社会に対して訴えかけることについては躊躇いがないし、必要とあればガンガンやるが、あくまでも中心となるのは、日々の事柄である。

和田幸子さんと、井上雅樹さんの店で話していたとき、ふと学生運動とのつながりの話になった。ある意味、一九六〇年代の学生運動は「負けた」といえば「負けた」ところがあると、私は思っている（私は団塊ジュニア世代なので、親世代にあたる団塊の世代の「学生運動語り」には少し複雑な思いがある）。「皆さんは『負けた』という意識はありますか?」、たぶん私はそのようなことを聞いた。その場にいた滝口直行さんは「負けたって意識はある」と答えた。和田さんはしばらく黙った後、「ない」と言い切った。やけに迷いがないように感じられて、強く印象に残っている。和田さんはそもそも、「勝った」あるいは「負けた」というほど全共闘運動にかかわっていなかったそうで、運動を担ったという意識もないようだったが、あの「ない」はそれだけの意味ではないのだと思う。そのあとに話してくれたのは、「生活から変えていかなくちゃいけないのよ」「小さいことが大事なの」という話だった。和田さんは、学生運動のなかでしばしば軽視されがちだった「生活」「小さいこと」にこそ、こだわってきたのではないか。そして実際に長らく多摩の地でこだわり続けてきた。その思いが先の返答に表れていたのだろう。

そこで思い出したのが、最初に私が「多摩の歴史を書きたい」と和田さんを訪ねたときに、「私に大きく影響を与えたのは、障害者運動とウーマン・リブかな」と言っていたことだった。そのときはどうしてこの二つが並んでいるのかがよくわからなかった。出生前診断などについてはいささか対立的だった時期もあると聞いていたし、当時は実感として私のなかではあまり結びついていなかったからである。だが、和田さんにとっては、「生活」「小さいこと」にこだわるという点で、両者は不可分なのだろう。差別や排除を大上段で論じる前に、いまここの暮らしのなかで考えていく――これが基本線だったのだろう。

そして、それは多摩の支援ネットワークにかかわる人たちがおおかれすくなかれ共有していたものだったのだろう。多摩の支援ネットワークにかかわる人たちは、あまり大仰な言い方をしない人が多い。石田圭二さんは「おれは巻き込まれ型だから」という。斎藤美津栄さんも、「普通のことをやってきただけよ」という。あしたや共働企画で働く人たちやワーカーズ・コレクティブで働いてきた人たちの多くも、そんな感じである。多くの議論を重ねてきた人たちのはずなのに、とやかくいう前に、まず自分の目の前にあることや人にかかわる傾向がある。そして先に挙げた石田さんの発言のように、その点こそがお互いの信頼関係の鍵となっていたようである。

つまり、確かに労働運動や学生運動との関係は無視できないが、その単なる延長線上ではないのである。注力するポイントが変わり、見えるものも変わり、場も変わっている。「闘い」や「闘争」という言葉はすでに似合わない。取り組むべきものは、大文字の世界ではなく、目の前のここにある。そのことは、多摩の支援ネットワークの中心的な役回りを果たした人たちは、おおむね共有していたように思う。

ただ、労働運動や学生運動の影響は、確かに色濃くある（生協活動もこれらの影響を強く受けている）。生活者としての立場が中心になったとしても、単に生活している人の目線というにはとどまらない。目の前に起きている問題をその他の社会問題と結びつけて理解し、必要とあれば堂々と異議申し立てをする、という姿勢は、確かにこれら社会運動が盛んだった「時代」

の「空気」を感じさせる。

　そして、多摩ニュータウンは、そうした人たちが集まり、数は少ないながらもネットワークを作っていく上では、かなり条件がそろっていた。まず、入居者の世代の問題である。入居が始まったのが一九七一年で、学生運動が終わりを告げる頃であり、その担い手たちが各々の家庭を作る時代に入居者を増やしていった。

　また、団地という住居形態は一般に、草の根の社会運動が根づきやすい（原 2010→2015: 2012）。多摩でも、ひとびとがネットワーク化していく重要な契機は、就学時健康診断反対のビラ撒きだったわけだが、全戸配布などという目標を立てて毎年集中的にやり遂げることができたのは、多摩ニュータウンに団地が多かったためである。そして、「食べる」ことを介した関係が育まれやすかったのも、お互いに子どもを預け合うことで女性たちにも活動が可能だったのも、団地に住む人が多かったからである。といっても、多摩ニュータウン全体でみれば、団地といっても多様な形があり、一戸建てなどの住居形態も多くあるので、一概にいわゆる団地と同じには扱えないのだが（原・重松 2010: 160-162）。

　そして、新しい街だったということも大きかっただろう。斎藤美津栄さんや福島真さんは「まちづくり」や「地域づくり」を意識していたが、それはこの人たちが引っ越してきたとき、多摩ニュータウンは「これから」の街だったからである。既存地区との関係はもちろんあったの

だが、それでも「これから」の街ゆえに新しい試みを受け入れる柔軟さがあったのだろう。

こうして列挙していけば、多摩の支援ネットワークは、あの時代あの場所だったからこそ生まれたものだという思いが強まる。他の時代、他の場所であれば、同じものは生まれなかっただろう。

(2) いまの時代だからこそ大切なもの

だが、同じものを生む必要はないのだと思う。何も時計の針をもとに戻す必要はない。たとえば、地域で暮らすための制度がほとんどなかった一九八〇年代とは異なり、現在は、不十分とはいえ、それなりの制度的基盤はできている。まがりなりにも、介助をしながら細々と食べていくことは可能な時代になっているし、入所施設以外の選択肢がありうると知っている人も増えてきた。成人した知的障害者のうち、入所施設で暮らしている人の比率はこの一〇年ほどでかなり下がってきている。

もう少し別の観点から述べるなら、多摩の支援ネットワークを支えてきたもののひとつに、性別役割分業の影響があることは否定できないだろう。女性たちが担い手に多くいたことは、女性たちの多くが賃労働から排除され、当然のように家事労働に従事させられてきたことの結果でもある。もちろん、ここに挙げてきた女性たちはそのことについて自分なりの捉え方をして人生を形作ってきており、それを前にすると賃労働などにこだわる方がおかしいと思えてくる。賃労働からの排除が問題なのではなく、賃労働に重きが置かれすぎている社会の方が問題なのだろう。ただ、ここで挙げてきた人たちであっても、男性たちは会社勤めとは違う生き方を「選ぶ」が、女性たちには選択肢が実質的に与えられていないことが多かった。いいか悪いかを別として、選ぶ側と選べない側とがいた。だから、私はただ時計の針を戻すかのような議論はしたくない。

そうではなく、必要なのは、過去に積み重ねられてきたことから、大切なものを学び取ることである。では、大切なものとは何か。「はじめに」の冒頭で述べたように、次の二点にまとめられると私は思っている。第一に、生活や暮らしを意識的に捉えかえし、それを基盤に考えることであり、第二に、「障害特性」の「理解」といったことから始めるのではなく、目の前にいる人とかかわるところから始めることである。

これらの点は、現在のような地域包括ケア化が進みつつある時代だからこそ改めて振り返られるべき点だろう。すでに6節で述べていることの繰り返しになるので詳述は避けるが、多摩の支援ネットワークの歴史を見ていくと、ある程度は生活モデル化と地域包括ケア化が進み、地域生活を包括的に支える制度や仕組みができたとき、それらのフォーマルな制度や仕組みが取りこぼすものを見据えることができる。

逆に言えば、多摩の支援ネットワークの歴史をたどることで、人びとの暮らしを、その人の生活という観点に基づき、その人の特性というよりその人自身を見てサポートできるような仕組みを考えることも可能になる。いくつか列挙してみよう。

たとえば、「共に働く」事業所が、制度化の過程でさまざまな困難に直面したことを振り返ろう。現状の障害者総合支援法の枠組みでは、なかなか同一時給は難しい。だが、その枠組みの方を変えていけば、もっと「共に働く」ことを目指す事業所が全国に増えるかもしれない。実際に「共に働く」現場をつくるのは、あくまでも個々の人たちだけれども、制度はそれをサポートしたり、あるいは壊さないようにしたりすることができるはずである[58]。

さらに、多摩の支援ネットワークが子どもたちとのかかわりから始まっており、そのことの意義は決して小さくないということも振り返っておきたい。だとしたら、子どもたちと当時のようにかかわれるような場を作っていくこと、またそれが可能になるような制度的基盤を作っていくこともひとつの方法である。案外と日本全国、変な人はいるもので（失礼！）、同じようなことをやりたい人はいるだろう。現状だと、そうした人たちは放課後等デイサービスなどで働いているかもしれない。放課後等デイサービスという制度は、それ自体ではどうしてもたこの木クラブの子ども会のようにはなりえないが、だったら制度の方を変えていけばいい。

そして、介助や介護の仕組みについても、現状の形でないものを模索する方法はいくらでもあるはずである。介護時間を輪切りにしないのはなかなか難しいかもしれないが、本人の暮らしがつながっていることを意識するための仕掛けやイベントを用意することは可能なはずである。たとえば旅行に行くのもひとつだろうし、こまめな会議でヘルパー同士がつながることもひとつだろう。相手を「利用者」「対象者」としてしか捉えない傾向を変えていくための仕掛けも多様に考えられる。介助者と本人だけの世界にとどめてしまうことなく、本人がさまざまな人たちとかかわる機会を作ることができれば、そうした幅の狭さはおのずと減っていくはずである。実際、多くの障害者支援の現場がそうしたことの必要性を意識している。だが、現状としてはいかんせん余力がないところが多い。制度面を変えていくことによって、その余力を生み出すことは可能なはずである。

多摩の支援ネットワークは、ある時代にある場所で生まれたものであり、同じものが他で作れるわけではない。だが、ここの経験は、私たちに多くのものを教えてくれる。この章では主に歴史を振り返ってきたが、それは多摩の支援ネットワークをただ真似たいからでもなく、昔を懐かしみたかったからでもない。これから私たちに何ができるか、それを考えるためなのである。

■注

1 当時の呼称は「保母」（一九七七年からは男性を含む）だが、保育助手を含むこともあるため、ここでは「保育者」という表記に統一している。

2 斎藤さんから聞いた話なのだが、のちに斎藤さんとバオバブ保育園の保育者たちが交流するようになってから、斎藤さんがよくやっていたリトミックを教えてほしいといわれ、実演したところ、バオバブ保育園の保育者たちが「斎藤さん、ピアノが弾けるなんてすごい！」といったそうである（一般的には、保育園といえばピアノは必須アイテムとみなされていると思うのだが。なお、この発言をした人がピアノを弾けなかったわけではなく、グランドピアノは弾けたらしい）。私はこのエピソードがなんだかとても好きである。これをよく覚えていて、何度か私に話してくれる、斎藤さんの楽しそうな顔も含めて。

3 福島さんの発想からすると、保育園は単に子どもを預かる場所ではない。まずは「子どもがここに入ったら、安心して笑顔が絶えない毎日であってほしい」が、それと同時に「帰るときもね、親の懐に喜んで飛び込んでいく、それが毎日あたり前になるのが大事だと思う」という。「親御さんもいろんな苦悩を抱えてさ、生きているわけじゃん。それならやっぱり、その親御さんの苦悩に、まあ寄り添うっていうのはなかなかできないけども、『おっ、頑張ってきたなあ』と思ったら『ご苦労様』って言ってね。『お帰りなさい』っていう声をかけることによって、ある部分なんて言うかな、癒やされるっていうこともあるんじゃないかなあと。つらい思いをしている人にはせめてね、聞くだけでも聞き、あるいは手助けできることはやればいいんじゃないの。そういう当たり前の日常をやっているだけなの。（本文で後述する「親父の会」などの試みは）それをいかに面白がってやるかっていうことなんだと思うよ」。このように、かしのき保育園の「地域」像はおそらく、一人ひとりの人がそれぞれつながっていくようなものなのだと思う。もちろん「地域づくり」を意識しているのだから、「面」としての側面もあるのだが、その前提にあるのは「点」である個々人であり、それがつながった「線」なのである。

4 石川憲彦さんは、小児科医・精神科医で、東大医学部で赤レンガ闘争に参加したのち、東京大学病院で障害児医療に携わりつつ、障害児を普通学校へという運動にかかわってきた。著書に石川（1988）（2010）など。雑誌『ちいさい・おおきい・よわい・つよい』の編集協力人を務めている。

5 山田真さんは、小児科医で、長年にわたって八王子中央診療所に勤務した。妻の梅村浄さんも小児科医で（梅村こども診療所）、お二人のお子さんが注26で触れる梅村涼さんである。障害児を普通学校へという運動に深くかかわってきており、雑誌『ちいさい・おおきい・よわい・つよい』の編集のひとりである。著書は非常に多いが、最近のもので入手しやすいものとしては、山田（2005）（2010）など。

6 奥地圭子さんは、もと小学校教員で、のちに我が子の不登校を経験し、学校制度を問い直し、学校以外に子どもの育つ場を確保しようと「東京シューレ」を立ち上げ、代表となった。著書に奥地（1991）など。

7 「はじめに」注13を参照。

8 なお、がっこの会と多摩のつながりは案外と深く、がっこの会の立ち上げには、（当時はまだ多摩にはいなかった）松島玲子さんがかかわっていたそうである。このように、あの会には実はあの人とこの人もかかわっていてね……という話が多摩ではよく聞かされる。

9 二〇〇八年度市民企画講座の二回目の講座で、タイトルは「親が子と袂を分かつ事～知的障がい者が自立生活を始める時」。当時のたこの木クラブでは親という立場から話す人はほとんどいなかったので、珍しい機会だった。ただ、この講演会の後、小林さんの話を誤解して受けとめ、批判的になる人もいたようで、その後はたこの木クラブの開催する勉強会や講座等で親という立場の人が話す機会はあまり設けられていない。

10 正確には、正月休みの帰省から戻らなかった。そこに至るまでの経緯については、荘田（1983）が詳しい。

11 斉藤秀子さん自身が、職員たちと引き離されたなか、「『みんなには悪いけれど（四人のこと）施設移動でも構わないから、一日も早く島田を出たい』と訴えた」ということもあり、「地域で共に生きるために」という運動とのズレが生じ、他の三人は去ったという（石田 1982）。

12 そして、「その後」とかかわりを持ち続けたのも石田さんとその伴侶である石田エリ子さんだった。エリ子さんも島田療育園の職員で、当時はおそらく針のむしろだったのではないかと思うのだが、その後も島田療育園に勤め続けた。別の施設に移った斉藤秀子さんとは夫妻ともどもかかわりを持ち続け、亡くなった際の葬儀にも出席したのだそうである。

13　ただし、市はのちに姿勢を変えており、現在は有料化されている。こうした変化は、それ自体は小さなことなのだが、規模の大きくない事業所にとってはそれなりの打撃となる。

14　石田圭二さんは島田療育園の職員だったわけだが、担当だったことはなく、あまり深くかかわっていたわけではないそうである。

15　岩橋さんが「自主卒業」を決めた理由はさまざまにあるのだろうが、以前次のようなエピソードを聴いたことがある。ある授業で、「生まれた子どもに障害があってショックを受けた母親にどうかかわるか」というお題が出されたそうである。教員は「母親が子どもを受容できるように働きかける」を答えとして想定していたようなのだが、岩橋さんはそれに対して、「母親に子どもを受容させるなどという前に、障害を持っていても本人なりに生きていけるようにこっち（自分も含めた社会）が変わらなくちゃダメだろう」と言って「喧嘩」したらしい。

16　多摩の支援ネットワークがベースとしていた、子どもたちを分けない教育を目指す運動（就学運動）は、全国で行われている。だから実は全国で重度の知的障害・自閉の人たちの自立生活が同時多発的に始まってもおかしくはなかったのだが、実際にはそうはなっていない。おそらく、就学運動の多くが、親や教員が主体となりがちだったためだろう。教員からすればどうしても主たる運動の現場は学校になるし、親が「親元を出た先の暮らし」を支援するというのは語義矛盾に近い。それに対して、多摩では当初からもう少し幅広い人たちがかかわっていた。そのことが、いちはやく自立生活支援へと切り替わっていった背景にあるのだろう。

17　乞田はニュータウンではなく既存地域である。そのためここを拠点として遊んでいた子どもたちも、ニュータウンの子どもたちばかりではなかった。そこから、既存地域の人たちとのつながりも生まれていったのだという。

18　一九七〇年の大阪万博でキリスト教館を建設することを発端に、戦争責任の問題やベトナム戦争などに際して欧米追従の万博に参加することへの批判などから、日本基督教団内の教師検定問題が議論されているなか、あえて「信徒伝道者」という立場を選んだという。ただ、教会では「牧師」と名乗っていたそうである。

19　滝口さんは一九七〇年に大学に入学、全共闘運動の影響を強く受けはしたが、すでに運動の限界も感じられているなかで大学生活を過ごした。多摩市に移り住んでから、就学時健康診断反対のビラまきにかかわり、東京復活教会には「高橋くんたちと飲むために」足を運んでいたそうで、現在はあしたや共働企画でも働いている。

20　たこの木クラブの現在のスタッフの一人である横田彰敏さんの息子である。

21　この「けしかける」「受けとめる」という言葉は、私がこの話をしたときに、和田幸子さんが用いた表現である。確かに、この表現がぴったりだと私も思う。

22　「てらださんち」は、後述するように、長らく生活寮もぐさに夕ご飯を食べに来ていた寺田さんのお宅であり、寺田さんが他界したのちにはＮＰＯ法人ちえのわが借りている。ここで出てくる杖は、寺田さんが生前愛用していたもので、いまもそのころと同じように階段のそばに置いてある。

23　しかも二階で小さな車のおもちゃを発見したようで、目をキラキラさせて戻ってきた。いまもその車は私の自宅にあり、子どもはそれを取り出すと「変なおばちゃんと二階で見つけたんだよね！」という。

24　なお、自立ステーションつばさの人たちには、毎年法政大学で私が担当する授業に来ていただき、講演やワークショップなどをお願いしている。

25　あとで石毛さんに確認したところ、「そんなまともな話をした覚えはない」とのことで、たとえば誰か未成年が煙草を吸っていると「偉いね～、二十歳にもなっていないのに税金払っているんだ」「お金使って慢性自殺しているんだね」などと「イヤミ」を言っていた、とのことだった。

26 たとえば、足立区の金井康治さんと世田谷区の佐野雄介さんは、一九八五年にともに、高校進学の意思を示している（当時の状況については楠山（1981）や佐野（1989）など）。その他にも梅村涼さんなど、高校進学の取り組みは続き、「障害児者の高校進学を実現する会」という都教委との交渉窓口もつくられている。高校この窓口は、多摩市での高校進学の問題への取り組みでも活用されている。高校進学に関する取り組みについては、北村編（1993）など。

27 就学運動と不登校との関係はなかなか複雑である。第二一回日本臨床心理学会では、「公教育を見限る？——登校拒否体験を聴くことから」という分科会が開かれているが、渡部淳さんは「学校を見限るということ」という題で、篠原睦治さんは「公教育を見限る？　ちょっと待ってよ！」という題で発題している（『臨床心理学研究』第二四巻第一号）。

28 なお、ここでは「食べる」ことのつながりが支援ネットワークを支える基盤のひとつだったということを強調しているが、岩橋さんにいわせれば、ここで取り上げた「食べる」ことにまつわる共同購入などの仕組みは、もう少し別の意味も持っているそうである。共同購入で購入するなら、一週間くらい前から事前に注文し、週に一回程度届けられる食材で、一週間すべての食事を賄わなくてはならない。これを何十年も続けることで、支援ネットワークの女性たちの多くが「あるものでなんとかする」という姿勢を身につけたのだというのである。それが、知的障害の人たちと共に地域で生きていく上で、次から次へと襲ってくる課題に取り組んでいく上で、重要だったのではないかという。

29 ここではわかりやすくするために二つにまとめているが、「食べる」ことについていえば、タマ消費生活協同組合（略称「タマ生協」）という古参の生協（一九七〇年設立）もあった。明大生協や鶴川団地での深夜バス運行反対・自主運行の住民運動などを背景にして生まれた生協である。当初は大量に入居に応募して三〇室以上を借り、そこにタマ生協や明大生協の職員が住み込んで組織づくりを行ったそうである（中澤 2011: 47）。一九九三年に他の生協と合併してジョイコープに、現在はさらに統合されてパルシステムとなっているが、現在に連なる「事業連近未来のための提言」が一九八四年に出されたとき、もっとも抵抗した生協のひとつだという（下山 2009: 87-90）。バオバブ保育園がタマ生協の共同購入の場を提供していたため（一般に、共同購入は共働き家庭には困難なため、保育園が場を提供した）、たまごの会の会員でタマ生協に入っていた人も多いらしい。タマ生協という組織自体はあまり多摩の支援ネットワークにかかわっていないが、たとえばタマ生協の中心人物のひとりが就学時健康診断反対ビラ配りに賛同し、ビラの印刷がタマ生協でなされていたことがあるなど、個人レベルではかかわりが深いようである。

30　多摩・生活者ネットワークからの出馬だった。多摩・生活者ネットワークは一九八八年に設立（前身であるグループ生活者は一九八二年から）、末木あさ子さんが多摩市議会議員として当選したのは一九九五年のことだった。末木さんは一九九九年にも当選、二期務めたことになるが、最後は「無所属」議員として活躍していたそうである。

31　ただし、「生活」という言葉は多く用いられている（あまり「生活者」という言葉は聞かないが）。天野正子によれば、「生活」という言葉を政治や社会運動と結び付けたのは生活クラブが最初であり、一九六〇年代には多くの消費者運動とも結び付けられるようになった。近代的労働や大衆消費社会、官僚主義などに対抗する言葉とされ、また一人のものというより、家族や人びとのものとして、共同性も含意されてきたという（天野 1996）。天野が描き出した語感は、私が多摩の人たちが「生活」という言葉を使うときに込められていると感じるものと、かなり一致する。

32　たとえば、のちにあしたや共働企画の初代理事のひとりとなる長尾すみ江さんは、設立当初のバオバブ保育園の近くに住んでおり、偶然同じアパートの上と下に住んでいたことから、和田さんと知り合った。長尾さんがレコードをかけていたら、和田さんもレコードをかけているのが聴こえ、長尾さんも妊娠中のところ、和田さんの家でも腹帯が干してあるのが見え、「ああ同じような人がいるのだなあ」と思っていたのだそうである。出産を契機に仕事を辞めて家にいたところ、和田さんから、バオバブ保育園の職員会議の間に保育者たちの子どもの面倒をみてくれと頼まれ、週に何回か自分の子どもも連れて園を訪れ、保育者たちの子どもたちをみていたそうである。なお、長尾さんはその後、仲間と「あんふぁんて」という自主保育を何年かやっており、幼稚園や保育園に入れることなく、自分たちなりの価値観に基づいた共同保育を実践していた。

33　なお、少々前後するが、たこの木クラブに出入りしていた「子どもたち」が、一九九〇年代には総じて思春期を迎えていく。支援者たちの子ども世代でたこの木クラブに通っていた人たちもそうだった。そのため、まさに「子どもたち」だった時代とは、会の雰囲気や空気も少々違ってきていたようである。また、一九九八年から二〇〇〇年までは、ＪＹＶＡ（日本青年奉仕協会）という団体を通して、若者が一年間だけボランティアとして訪れ、スタッフとして活躍していた。そして、このころには、たこの木子ども会の主たる担い手は、岩橋さんと和田幸子さんになっていた。

34　当時の名称。現在は、公益財団法人「東京都福祉保健財団」である。現在も「地域福祉振興事業」の助成金をたこの木クラブはもらっているが、すでにこの事業については継続助成事業のみとなっている（東京都福祉保健財団ホームページより）。

35　身体障害の人たちが積み重ねてきた「自立」という考え方は、知的障害の人たちが中心で、かつ「障害」のあるなしで人を分けないことを前提にしてきたたこの木クラブのスタンスには合わないところがある。そのため、「自立生活獲得プログラム」という、たこの木クラブ独特の意味づけがなされた。自立生活を獲得していくため、本人と支援者がともに模索していくという位置づけである（『たこの木通信』一九九六年七月号）。

36　なお、「かぼちゃ畑」と同じ建物には、自立ステーションつばさの「自立の家」もあった。

37　子ども会活動のころは、イベントの大枠を決めるのは大人で、子どもたちはその枠のなかで自由に遊ぶ、という形だった。それに対して、「青年たち」には、自ら行き先を決めてもらうところから始めたようである。一九九九年六月にたこの木通信に出ている「青年旅行の案内」では、行き先から自分たちで決めるため、試行錯誤していることが示されている。その後も二〇〇二年まで、年に一〜二回の「青年旅行」が企画されている。

38　すでに作業場については通所授産所として認可を受けていた。

39　なお、この後、かしのき保育園に集う人たちは、主に高齢社会対策に力を入れていくことになる。一九八九年に親父の会のメンバーを中心に、高齢化や将来のまちづくりについての勉強会が始まり、その学習会を母体に任意団体「あいファーム」が設立され、配食サービスなどを展開していた。その後一九九九年には地域高齢者交流、世代間交流などを目指した「NPO法人あいファーム」として再出発、いきがいデイサービス事業などを受託している（あいファームホームページより）。あいファームの代表は、高橋和彦さんである。あいファームについては福原（2001: 142-145）など。また、二〇〇一年八月に設立された多摩市高齢者社会参加拡大事業運営協議会（略称：高事協）にも積極的にかかわっている。

40　この名称に込めた斎藤さんの想いについて、後年斎藤さんが講演等の準備のため個人的に作ったメモノートから抜粋する。「一人ひとりの個性や色合いがたて糸や横糸となってひとつの織物として仕上げられてゆく。その糸はこの世で最も小さい声の人、最も効率よく働けない人、すみに追いやられて人の目に触れることの少ない人も一本の短い糸となって織り込まれ、他では出せない風合いをかもし出していくのです。そして、いつの日かノーマライゼーションの風土であたり前の織物として受け容れられていくことを夢見ました」

41　ただ、この無私の姿勢は、単に無欲だということでもなければ、斎藤さんが聖人だということでもない。斎藤さんは多摩に移り住んだ当初から、常に「まちづくり」を意識してきたというが、斎藤さんの「まちづくり」という言葉は独特で、コミュニティなるものを作ろうとするのとも、人びとのネットワークを作ろうとするのとも、少々異なる。斎藤さんはまず「自分が最底辺のところに立てばいい」といい、それが「まちづくり」だという。最底辺のところに立てば、誰かを切り捨てることなく、そして他の人たちとも自然とつながっていくのだという。この「最底辺のところに立てばいい」という発想と、無私の姿勢はつながっている。単純に私利私欲がないというより、これは斎藤さんなりの周囲とのかかわり方であり、巻き込み方なのである。

42　なお、佐藤慶幸によれば、一九八九年一一月一七日に生活クラブ生協が開催した「生協運動とフェミニズム」というシンポジウムで、上野千鶴子は「（1）生協はフェミニズムではない。（2）しかし、生協は限りなく近い潜在的可能性をもっている。したがって、（3）生協とフェミニズムは共闘できる。闘い方は違うけれどもゴールは一緒です」と述べたという（佐藤 1996: 114）。その上で佐藤は、生協運動を実際に担ってきたのは女性たちだが、組織してきた側には男性の運動家が多く、また女性たちの多くは主婦組合員で、家事労働の延長線上で生協にかかわっていることからすれば、生協がフェミニズムだとはいえないという。また、生活クラブの専従職員組織の調査によれば、女性職員からは「フェミニズムの問題は女性だけの世界では意識されない」「女性というより、人間が人間らしく生きていくために、今の社会がどうなっているのかということに、私は視点を当ててきたのです。女性うんぬんというより、『人間として』という見方をずっとしてきたんです」という声が挙がっているという（佐藤 1996: 115-121）。斎藤さんのいうとおり、フェミニズムという観点と生活クラブ生協の活動はあまりかみ合わないだろう。ただ、当時の女性たちの多くが置かれていた状況を考えたとき、「あなた稼ぐ人、私使う人」という表現を目の当たりにし、自らと同様に賃労働から排除されている重度障害者たちと「共に働く」という課題に取り組むことは、根底においてフェミニズム、特にウーマン・リブと「限りなく近い」ものがあったのではないか。これは男性の生協運動家たちが何をしてきたかということとは少し次元の異なる話である。なお、生活クラブ生協の歴史や当時の職員たちの調査は佐藤編（1988）、佐藤・天野・那須編（1995）などに詳しい。

43　二〇〇〇年には「NPO法人ハンディキャブゆづり葉」として再出発している。多摩市の重度障がい者ハンディキャブ運行授業を受託しているほか、近年では「おでかけサロン」なども運営している。

44　のちに、残されたつむぎ本体は、これからも継続的に家事援助、家族を介護したり子育てをしたりしている人たちのサポートを担っていくために、介護保険事業に取り組むことを決断し、二〇〇〇年に法人格を取得し、「NPO法人アビリティクラブたすけあい多摩たすけあいワーカーズつむぎ」となった。また、集まる場をつくることに力を注いでいた人たちは、同じく二〇〇〇年に「NPO法人麻の葉」を設立している。麻の葉には野上さんも一時期足を運んでいたようである。なお、ここでのワーカーズ・コレクティブ風が出来上がる過程についての記述は、『いっしょに働こ‼――メンバーの声でつづるワーカーズ・コレクティブ風（ふう）設立10周年記念誌』（発行：ワーカーズ・コレクティブ風）による。

45 生活クラブ生活協同組合の地区館。二〇〇〇年まであり、組合員活動や、障害のある子の放課後活動、朝市である「であい市」などが行われていた。

46 東京ワーカーズ・コレクティブ協同組合から一〇〇万円（五年間で返済）の借り入れをしている。

47 かかわりが深いところとしては、八王子市にあった、ワーカーズ・コレクティブ「パンの家コスモス」など。その後、ワーカーズとしては解散したが、「NPO法人こすもす」として再出発し、二〇〇八年から「Café こすもす」を開いている。

48 「共に働く」ことを目指す事業所として有名なのは、名古屋にある「わっぱの会」（一九七一年〜）だが、一九九五年九月にはたこの木クラブの企画「共に生きるバスツアー」として、わっぱの会の見学に行ったそうである。わっぱの会が中心となっている「共同連」（差別とたたかう共同体全国連合）が毎年全国大会を開催しているが、あしたや共働企画からは毎年多くのメンバーが参加している。共同連については、共生型経済推進フォーラム編（2009）、共同連編（2012）など。「共に働く」運動については注58でも触れている。

49 松島さんは先に述べたとおり、がっこの会の創設時からかかわっていた人だが、一九七四年から一九八〇年まで夫の実家の都合で能登半島に行き、菓子・アイスクリーム問屋を経営していたそうである。一九八〇年に東京に戻ってからは、あしたや共働企画で働くようになるまで、労働組合の事務を務めていた。

50 現在では、ショートステイ（ゆづりハウス）、放課後等デイサービス事業（子どもクラブ）、移動支援事業、日中一時支援事業、重度訪問介護事業、行動援護事業などを担っている。なお、二〇一一年八月には女性のグループホームとして「ブレーメンハウス」も開設している。

51 実は、二〇一一年三月一一日の東日本大震災が起きたとき、高幡不動で電車が止まってしまい、家に帰れなくなった私は、聖蹟桜ヶ丘までなんとかバスで移動した後、生活寮もぐさに飛び込んで泊めてもらっている。

52 東久留米にはピープルファースト東久留米があるが、ここは知的障害者の自立生活のためのガイドブックも出版している（ピープルファースト東久留米編 2007）。

53　ピープルファーストPeople Firstとは、知的障害のある人たちによる当事者活動で、一九七三年にアメリカのオレゴン州の少女が「知恵遅れ」や「障害者」としてではなく「まず人間として扱われたいI want to treated like PEOPLE FIRST」と発言したことがきっかけとなって広まった。こうした当事者活動のなかから、知的障害が周囲によってつくられている面を明らかにされる（PEOPLE FIRST OF CALIFORNIA, 1984=1998）など、それまでとは異なる知的障害観が生まれている。

54　個々の利用者が他にも利用している事業所は、ここに挙げたものよりずっと多岐にわたる。そして利用者が複数の場を持つことは、ひとつひとつの場の質の維持にもつながっている。たとえばあしたや共働企画が（本人たちが願うより少ないとはいえ）ある程度の時給を維持できているのは、個々の利用者が複数の事業所や居場所を利用できるからでもある。とにかくなるべく長くあしたや共働企画に「預かって」もらう（親など家族と同居しているとこうした利用の仕方になることは珍しくない）、といった利用の仕方をしていたら、時給はもっと下がっているかもしれない。

55　ただし、このように介助が「仕事」になることが持つ意味を大きく取り上げるだけでは、物事の一面しか見たことにならない。いかに「共に生きる」とは異なるものとなったとしても、それでも介助という「仕事」は、一般の対人サービス業や、医師のような専門職とはかなり異なる。対価をもらえるからサービスをする、というだけでとどまれるものでもなければ、専門的技能を駆使して奉仕する、ということにとどまれるわけでもない。介助は一定の時間だけ担うものではあるが、そのスパンや仕事としての広がり、幅は、その時間だけで切り取れるものではなく、利用者からすればまさに「日常」である。利用者の「日常」をそれとして尊重しようとするなら、担い手の側も一般の対人サービス業風にふるまうことも難しければ、専門職風にふるまうことも難しくなる。日々の暮らしで介助者が四六時中「笑顔でサービス」というわけにはいかないし、排泄介助など私的領域にも踏み入れる際に、専門職のように白衣で感情的な距離を取るというわけにもいかない。実は、「仕事」として介助を担う上では、多摩の支援ネットワークの人たちのように、「共に生きる」という姿勢を取り入れた方が合理的に思えることも多い（三井さよ 2018: 62-

93）。つまり、介助が「仕事」になると、「共に生きる」という姿勢から外れていくように見えるのだが、他方で介助を「仕事」として真剣に担うのであれば、「共に生きる」という姿勢につながっていくのでもある。だから、先述したとおり、あとから「仕事」として参入した人で、多摩の支援ネットワークに順応していく人も少なくない。

56　なお、ここでは「時代の空気」を主に学生運動と結びつけて述べているが、「戦争体験」と結びつけて語る人もいる。たとえば斎藤美津栄さんは、団塊の世代よりも少し上だが、斎藤さんにとって大きいのは戦争体験だという。戦時中の体制のやり方、そしてそれが終戦によって一八〇度変わるさまを目の当たりにしたことは、斎藤さんの「ひもつきになりたくない」とする姿勢にも結びついている。ＰＴＡなども務めたそうなのだが、日の丸や君が代には徹底して抵抗しきったそうである。

57　ただし、生活クラブ生協を介してかかわった人たちは、直接には労働運動や学生運動とは関係がなく、「時代の空気」といった表現も用いないことが多い。その人たちにも、抗議活動などへのハードルの低さは感じるが、どちらかというと、生活者ネットワークなど、生活クラブ生協から派生した政治活動などで培われた行動様式のようである。

58　今日では、ここで取り上げてきたような「共に働く」場やワーカーズ・コレクティブなどの試みは、社会的に排除されている人たちを労働という面で包摂するものとして、労働統合型社会的企業 Work Integration Social Enterprise（略称ＷＩＳＥ）と呼ばれ、注目されている。ただ、一般にＷＩＳＥというときには、共同連のようなところから、いわゆる「小規模作業所」まで多様なものを含む。欧米にも事例が多く、下支えする制度も多様にある（米澤 2011）。なお、注48で触れた共同連では、二〇〇〇年以降、イタリアの社会的協同組合と出会ったことをきっかけとして、障害のある人だけでなく、働くことが困難な社会的に排除されている人々と共に働く社会的事業所を目指し、制度の法制化を訴えてきた。法制化はまだ道半ばだが、たとえばこうした法制化は、個々の人たちの試みをサポートするものになりうるだろう。

■文献

あいファームホームページ　http://yoriai.org/aifarm.htm（二〇一九年三月三一日最終アクセス）
天野正子　1996『「生活者」とはだれか――自律的市民像の系譜』中公新書
江尻京子　2000『みんなでつくるリサイクル――市民活動の新しいひろばをもとめて』日報企画
福原正弘　2001『甦れニュータウン――交流による再生を求めて』古今書院
原武史　2012『レッドアローとスターハウス――もうひとつの戦後思想史』新潮社（→2015新潮文庫）
――――2012『団地の空間政治学』ＮＨＫブックス
原武史・重松清　2010『団地の時代』新潮選書
猪飼周平　2010『病院の世紀の理論』有斐閣
井野博満　2015「やさと農場略年表と資料の説明」茨木泰貴・井野博満・湯浅欽史編『場の力　人の力　農の力――たまごの会から暮らしの実験室へ』コモンズ：274-279
石田圭二　1982「重度障害者は意志なき人間か――島田療育園・その後」『福祉労働』16号：103-109
石川憲彦　1988『治療という幻想――障害の医療からみえること』現代書館
――――2010『キレる子と叱りすぎる親――自由に感情を表現する方法』創成社新書
金子淳　2017『ニュータウンの社会史』青弓社ライブラリー
可山優零　2012『続・冥冥なる人間――ある重度障害者のエクリチュール』川島書店
北村小夜編　1993『障害児の高校進学ガイド――「うちらも行くんよ！」14都道府県の取り組み』現代書館
楠山忠之　1981『康ちゃんの空』創樹社
共生型経済推進フォーラム編　2009『誰も切らない、分けない経済――時代を変える社会的企業』同時代社
共同連編　2012『日本発共生・共働の社会的企業――経済の民主主義と公平な分配を求めて』現代書館
LeBlanc, Robin M., 1999, *Bicycle Citizens: The Political World of the Japanese Housewife*, University of California Press.（＝2012尾内隆之訳『バイシクル・シティズン――「政治」を拒否する日本の主婦』勁草書房）

長尾すみ江 2015「「たまごの会」 そこから私の40年・・・辿り着いた今」茨木泰貴・井野博満・湯浅欽史編『場の力 人の力 農の力：たまごの会から暮らしの実験室へ』コモンズ：144-147

Mellor, Mary, Janet Hannah, John Stirling, 1988, *Worker Collectives in Theory and Practice*, Open University Press.（＝1992 佐藤紘毅・白井和宏訳『ワーカーズ・コレクティブ――その理論と実践』緑風出版）

三井さよ 2018『はじめてのケア論』有斐閣

中澤満正 2011『これから生協はどうなる――私にとってのパルシステム』社会評論社

PEOPLE FIRST OF CALIFORNIA, 1984, *Surviving in the System: Mental Retardation and the Retarding Environment*, The Calfornia State Council on Developmental Disabilities.（＝1998 秋山愛子・斎藤明子訳『私たち、遅れているの？――知的障害者はつくられる』現代書館）

ピープルファースト東久留米編 2007『知的障害者が入所施設ではなく地域で暮らすための本――当事者と支援者のためのマニュアル』生活書院

たまごの会編 1979『たまご革命』三一書房

佐野さよ子 1989『ぼく高校へ行くんだ――「〇点」でも高校へ』現代書館

佐藤慶幸編 1988『女性たちの生活ネットワーク――生活クラブに集う人びと』文眞堂

佐藤慶幸・天野正子・那須寿編 1995『女性たちの生活者運動――生活クラブを支える人びと』マルジュ社

佐藤慶幸 1996『女性と協同組合の社会学――生活クラブからのメッセージ』文眞堂

島田療育園職員労働組合 1982「重症心身障害児施設・島田療育園でなにが起きたか」『福祉労働』14号：111-117.

下山保 2009『異端派生協の逆襲――生協は格差社会の共犯者か』同時代社

荘田智彦 1983『同行者たち――「重症児施設」島田療育園の二十年』千書房

東京都福祉保健財団ホームページ http://www.fukushizaidan.jp/index.htm（二〇一九年四月一八日最終アクセス）

和田幸恵 1990「【口絵】ちえおくれのハンディを持つ三橋さんの自立生活をたずねて（多摩市）」『月刊・地域保健』第21巻第5号：1-4.
山田真 2005『闘う小児科医――ワハハ先生の青春』ジャパンマシニスト社
―― 2010『障害児保育――自立へむかう一歩として』創成社新書
米澤旦 2011『労働統合型社会的企業の可能性――障害者就労の社会的包摂へのアプローチ』ミネルヴァ書房

◆ガイヘル

入所職員の時もヘルパー部門の応援でガイドヘルパーをしていました。不勉強なのと、施設の中では独自の動きが多くて、制度のことって分からない。後輩に説明しなくてはいけない時に調べていると、岩橋さんのブログ記事「ガイヘルをコーディネートする」が見つかりました。ガイヘルについて長文で綴っているものは珍しいので検索に引っかかるんでしょう。

――「移動を支援すれば地域での自立生活や社会参加につながる」のではなく、「自立生活や社会参加を目指すために移動支援を活用する」と言う、目的と実行を逆に考えた時、ガイヘルは単に移動支援だけではなく、ガイヘルを使う・担う中に様々な事柄が含まれてきます。そこで今回は、私が考えるガイヘルの活用や役割について書いてみたいと思います。

まず、私が描くガイヘルを分けてみると以下のようになります。

①移送支援型：目的地が決まっていて、そこへの移動を担うもの。
②提案型：どのような事をして過ごすか？利用者に提案したり経験を提供したりするもの。
③調整型：デパートでの買い物など、利用者と相手方の間に立って事柄を調整するもの。
④関係構築型：ガイヘルそのものよりも利用者とヘルパーとが信頼関係を築くためのもの。
⑤終了型：利用者自身でできるようになるために支援するもの。

さらに、ガイヘルの役目として入れるかどうかは議論があるでしょうが、自らがガイヘルを利用したりヘルパーと取り組む事で、当事者自身が世界を広げるという点において、

⑥事業所捜し：紙ベースや親ベースではなく、当事者が必要とする事業所を捜す。

⑦交渉型：当事者の目的達成のために当事者とともにやり取りする。

さらに、ここ最近の当事者の会を見ていると常々思うのですが、当事者自身が会に参画していくためには、会の枠組みや会議の流れを知って支援する必要があり、

⑧当事者参画型：当事者活動や当事者講演会のために恒常的に支援する。

⑨さらに、自立生活をしている知的当事者にとっては、ホームヘルプもガイドヘルプも区別なく日常的に必要な支援であり、上記の事もすべて含めた

⑩日常生活型と言うものがあると思います。[1]

これを引用して後輩に語っていました。ガイヘルという制度には、余暇や移動だけじゃない奥深い目的があるのだ、と。岩橋さんの「構想」と、実際の制度の区別がついていなかったんですね。制度について調べても「移動支援」以上のものは出てこないんです。何も知らない恥ずかしい思い出ではありますが、悪くない「勘違い」だったと思います。

■注

1　岩橋さん『ガイヘルをコーディネートする』ブログ記事

◆基準該当事業所

介助中のトラブルがあり、市役所に呼ばれて説明を求められたことがあります。横田さんに「岩橋さんが責任者として表に出るので申し訳ないです」と連絡したら、「最初は頭をかかえていたけど今は逆に燃えてきちゃって（横田さん自身が）困っちゃったよ。張り切ってるよ」という返事でした。何があったか分かりませんでしたが、ホッとしたのを覚えています。通常、このような案件は都道府県などが窓口となります。たこの木の派遣事業所は「基準該当」事業所なので、地元の市町村が対応することになります。地元の行政職員に、当事者の生活に目を向けてもらうチャンスだと捉えたのだと思います。「問題」が無ければ、書類が書き換わっていくだけで、本人や、その暮らしを知る機会は少なくなりがちです。

何かと「健常者の労働環境は置きざり」と言われて、実態も「伴っている」たこの木ですが、この件では利用者との関係の継続のみならずヘルパーの「心のケア」まで配慮して下さったことは強調しておきます。初訪問の当時よりは進歩して「基準該当」の何たるかは知っていました。ただ、私の理解では「小さくて小回りがきくのだろう」というのは良い方で、失礼にも「たこの木の条件では人が集まらないのだな」と考えて納得していました。

支援費制度になり登録ヘルパー制度はなくなり、担い手の側に一旦お金が付くと、それを無しにして関係性だけで当事者支援を行うのは難しい時代である。しかし、当事者の支援をしていこう、という思いの中で考えると、何としても当事者を支援し続けられる枠を作り出していく必要がある。そこで考えられるのは、市が認める基準該当事業所である。〈引用者略〉制約が少ない分、当事者支援にかけられるし、今後国が定める事業所ではなく、一番の身近な市区が認めると言うことで、当事者支援の内容を市に迫り易い面もあるのではないかと考える。[1]

基準該当事業所は、指定事業所とは違い各市区が設けた基準により市区が認めた事業所が事業を行えるということは再三お伝えしてきた。すなわちそれは、事業所の直接の監督責任は市区にあるということになる。監督責任といえばどこか仰々しいが、基準該当事業所は、常に市区とやり取りすると言う事になる。〈引用者略〉この間語ってきたように、より当事者に近い存在としての基準該当事業所を目指せば、実際の派遣内容を市に対し伝えることはたやすくなる。なぜなら、あまたある事業所の中で「市が認めた事業所」と言う立場を強調し、事業所は利用者の派遣現場を行政に知らしめ、市はその内容を聞く責任があるのだから、これはかなり有効である。[2]

■注

1　岩橋さん『再び　どうなる支援費！どうする支援費！』たこの木通信二〇〇五年一二月号

2　岩橋さん『基準該当事業所の可能性　その1』ブログ記事二〇〇六年六月二〇日

Photo
たこの木キャンプ（1994年・道志川）

第2章
支援は〈やりとり〉の連続に尽きる

岩橋誠治

1 「関係づくり」から「支援」へ

「たこの木クラブ」は「子どもたちどうしの関係づくり」をテーマに始まり、今日では「障害当事者の自立生活・地域生活支援」を担う市民団体として活動している。発足当初は子ども会活動を中心に、子どもたちの日常である学校や放課後における課題に取り組んでいた。そして、子どもたちが歳を重ねるごとに起こる課題の一つ一つと向き合い続けてきた結果、今日の「障害福祉」「障害者支援」の分野にどっぷりと漬かる状況に至ってしまった。それはどこか、本来の想いから離れてしまっているように感じるときがある。

その岐路は「たこの木二〇〇〇年問題」にあったと思う。それは二〇〇〇年頃を境に、その以前と以後でたこの木の取り組みが大きく変わったということを意味する。具体的に言えば、「子どもたち」は「大人」になり、「子どもたちの関係づくり」から「各々の課題を支援すること」へとテーマが変わったのだ。それは、ともに育ってきた子どもたちが大人へと成長する中で、障害ゆえに地域社会から取り残されそうになったり、地域での社会生活が奪われそうになったりする人たちが出てきたからだ。

なお、「ともに生きること」を目指し「支援団体」という立ち位置を選んだのは、知的障害

すいいち企画

の当事者たちが多いたこの木にあって、当事者を前面に立てた「障害当事者団体」を名乗ることに違和感があったためである。そもそも「ともに生きるための支援」は、障害当事者やその家族の問題ではなく、「私自身の問題であり社会の問題」という認識のもと取り組んできたためでもある。

たこの木が「関係づくり」から「支援」へとテーマをシフトした二〇〇〇年以降、「支援」という言葉は社会の中で広く使われるようになった。養護学校は特別支援学校になり、障害者総合支援法における様々なサービスには、移動支援、就労継続支援、地域移行支援と支援のつくものが多い。相談や意思決定にまで支援がつき、相談支援、意思決定支援が、事業となった。それらはすべて「事業としての支援」になるわけだが、たこの木も各々の課題と向き合う中で、間接的であれ直接的であれ事業やその担い手たちに関わらざるを得なくなったのだ。そのため、たこの木が言う「ともに生きるための支援」も「事業としての支援」も、同じ「支援」として同列に扱われてしまうところがある。ただ、「ともに生きるための支援とは何か」と問われたとしたら、私は、実のところ明確に答えることができない。それは、私自身が「支援」というものを体系化していないからだ。支援を体系化してしまうことの危険性がいつも私の脳裏をよぎるため、あえてそれを拒んでいるのだ。それでもなお、私は「支援」という言葉を日常的に使っている。だからここでは、私が現時点で考える「支援」を断片的に述べていくことになる。

2 相手があっての支援・その相手とは?

昨今、「○○症」「△△症候群」と、人を分類して支援を考える人たちが多い。私はそれらの障害名には全く疎い。割と最近まで「自閉症は知的障害」と思っていたほどだ。そうした誤認識がなぜ生じたかと言えば、私がつき合ってきた人たちは、私からすれば「○○君」や「○○さん」でしかなく、その人たちが自閉症であろうとなかろうと、私にはどうでもよかったからだ。たまたま自閉症で知的障害を伴っている人が多かったために、「自閉症は知的障害」と思い込んでいたのだろう。

また、こんな人もいた。たこの木に関わり始めて数ヶ月経った頃に、「実は愛の手帳（療育手帳）を持っている」とか「実は精神科病院に通い薬も飲んでいる」と打ち明けるのだ。その人にしてみれば、満を持してのカミングアウトだったのかもしれないが、私からすると小さなことでしかない。

たこの木クラブは「関係づくり」をテーマに始まった会なので、「支援」についても常に相手との関係の中で考えている。その相手とは「知的障害者」「発達障害者」「精神障害者」で括られる「制度の対象者」ではなく、個人名をもつ「その人」である――言い換えれば、障害者であろうとなかろうと、「その人」でしかないのだ。私には障害名や病歴よりも目の前にいる「その人」との関わりの方が大切なのだ。

3　支援をする側／される側――そもそも何を支援している？

私には支援の相手が「その人」でしかなかったとしても、「私」と「その人」は、「支援する側の健常者」と「支援される側の障害者」とに分けられてしまうようなところがある。「ともに生きる」という視点で考えれば、そのように分けられてしまう関係は、矛盾しているように思う。

すいいち企画

たこの木の発足当初、ある人から、「岩橋さんはともに生きると言いながら、岩橋さん自身が障害児と健常児に分けている」と言われたことがある。確かに、当時から私は、子どもたちの課題を解決するために広く協力を呼び掛ける際、課題を知ってもらう便宜上、「障害児」という言葉を使っていた。ただ、私としては、「障害を負わされている子どもたち」という思いからその言葉を使っていたのであり、「誰が子どもたちに障害を負わせているのか」という問いも含めて使っていたつもりであった。

今日では「障害当事者」という言葉を頻繁に使っている。「障害」とは「互いの関係の中にあるもの」という認識のもと、様々な課題に取り組んできた私は、「互いの関係の中にあるもの」を「一方的に負わされている当事者」の意で「障害当事者」という言葉を使っている。その意味で、私は「障害当事者」

という言葉を使うときにも、「誰が障害を負わせているのか」という問いを含めている。

障害者差別解消法が施行されて以降、盛んに行われていることのひとつに、「差別を解消するために、障害者のことを理解しましょう」という啓発活動がある。私にはそれが、人を足蹴にしておきながら、「倒れたら優しく手を差し伸べましょう」と言っているようにしか思えない。「障害の社会モデル」という言葉にしてもそうだ。「障害は社会に起因している」という視点自体はいいとしても、「そのような社会を作ってしまったのは他でもない私たち自身だ」という反省なしに語られるとするならば、「障害者もこの社会で生きて良い」という許可にしかならないように思う。そして、社会が許容し得る障害者のみが、「この社会で暮らすこと」を許されるのであれば、非常に問題だ。「支援」とは、「誰もが地域で生きること」を実現させる上で、それを阻もうとする様々な「障害」を解消するための取り組みなのだ。

4　わからない相手との関わり

私には、たこの木を介して自立生活をしている当事者、すいいち企画に参加している当事者、年に数回だけ会う当事者と、様々な当事者との様々な関わりがある。私と当事者たちとの友好的な関係を目にした人は、どこか私を「専門家」のように位置づけたがる。私が言葉を発せない当事者と話をしている場面や、当事者が騒いだ理由について解説する場面だけを見て、「当事者のことをよく理解している」「さすが専門家だ」と見るのだろう。ただ、そこに至るまでには何年もかかっている。中には四〇年近く関わっている当事者もいる。だから他の人よりも理解しているように見えるのは、あたりまえと言えばあたりまえである。しかし、私自身にとっては、相変わらず「何を考えているかわからない人たち」であり、今もなおそういう人として関わっている。

私が当事者と友好な関係を築くことができたり、当事者が騒ぐ理由を知ることができたりするのは、関わっている時間の長さと密度の問題であり、決して専門家だからではない。たとえば、「親は子どもの一番の専門家だ」ということをしばしば耳にする。確かに親は当事者のいろいろな面を知っている。好きなこと嫌いなこと、何ができて何ができないか、どう関われば良いか悪いか等々。親から話を聞くことで「なるほど」と思うことはしばしばある。ところが、自立生活を始めたとたん、「わからなくなってしまった」と嘆く親は多い。親もとで過ごしていたときとは違う行動や雰囲気に戸惑いつつも、長年つき合ってきた経験をもとにやりとりするが、何かが違うと感じるらしい。なぜわからなくなってしまうのか。それは単純に子どもの日常に関わらなくなったからだ。一緒に暮らしていたときには毎日やりとりするが、自立生活を始め、地域の様々な人たちとの関わりの中で生活するようになれば、親はその日常を把握できなくなってしまう。以前のように理解することができないのはあたりまえである。自立生活とはそういうことでもあるのだ。

私自身も、当事者が自立生活を始めた当初は本人と密に関わり、会えないときは本人の様子を情報として集め、本人の思いを知る手立てとしている。親から聞いていたのとはまるで違う様子を目にすることがあるし、新たな出会いの中で日に日に変化していく様子も目にする。そうやって本人の思いに近づこうとするのだ。ところが、年月の経過とともに支援の現場を他者に委ねていくと、本人の思いを理解することが難しくなる。長くつき合ってきた分、「たぶんこの人はこう思っているだろう」と想定することはできる。しかし、その想定が当たる確率は、関わる時間の減少に比例して低くなる。そんなものなのだ。

そもそも、「たぶんこの人はこう思っているだろう」「理解できたかもしれない」といった想定は、大概は外れているものだという実感が私にはある。そんな経験から私は、「支援」とは「いつまでたってもわからない人を相手にすること」だと思うに至ったのだ。だから、支援マニュアルはいつでも現時点の想定にもとづいた「とりあえずのマニュアル」でしかない。とりあえずそれを軸に当事者と関わり、そこに記された内容とは異なる様子を目にしたら、また新たに想定し直して、当事者の本当の思いに近づけるよう努めるしかないのだ。

それに対して専門家にありがちなのが、専門性に照らし当事者を「理解できたもの」として支援してしまうことだ。そのような支援では、往々にして専門家が描いたイメージや価値観の枠の中に当事者をあてはめることになる。当然その枠にあてはまらない当事者は出てくるのだが、その場合、当事者が悪者にされてしまうか、さもなくば専門家が判断ミスをしたと評価され、別の専門家へと引き継がれることになり、また同じことが繰り返されるだけなのだ。

暮らしはとめることはできないし、それゆえに支援もとめられない。「当事者をよく理解した上で支援する」などと悠長なことは言ってはいられないのが現実だ。ならば支援者にとって大切なことは、「当事者を理解できないままに支援している」という認識を持つことだろう。そうであれば、柔軟に支援のあり方を変えていくこともできるはずだ。そのために、日々懸命に関わっている人たちの想定は言うまでもないが、長年つき合いのある人の経験にもとづいた想定も必要だし、専門家による想定も必要だ。誰が正しくて誰が間違っているということではなく、それらすべてをひっくるめて、「当事者を理解しようとする思い」が大事なのである。

5　関わり続けるしんどさ

理解しようとすることが大事と思いつつ、理解できない当事者の言動にたじろぎ、ときに関係を遮断したくなることはある。ヘルパーとして関わると、当事者の理解し難く受け入れられない言動に辛さを覚え、本人を変えようとしたくなることもある。変わらない当事者の支援現場からは離れたくもなる。私自身、そのような思いをしたことは何度もある。何を起こすかわからない当事者と関わっていて、かけソバ一杯のどを通らなくなったこともある。地域住民が当事者の苦情を訴えるために私の家まで押しかけてきて、家に帰れなかったこともある。また、過去の出来事がトラウマとなり、同様の場面に出くわすとひどく緊張してしまうということもある。そのとき、その場、その出来事から逃げたくなったことは数えきれないほどあるのだ。それでも今日までやってこられたのは、その状況を乗り越えた先に、希望が見えたという経験もまた積んできたからだと思っている。

『ズレてる支援！』で書いたように、当事者と私の思いの「ズレ」を埋めるには、まずは「ズレている」こと自体に気づかないと、いつまで経ってもわけはわからず、「ズレ」は深まるばかりだ。だが、ズレていることに気づき、そのズレを修正できると、再びなんとかなっていく。新たに当事者と関わる人たちや、私のように「なんとかなった」経験がない人たちにとっては、ズレたまま関係がこじれ深みにはまっていく状況は実に耐えがたいものだと思う。「それでも関わり続けて欲しい」と願う私は、「きっとその先に希望がある」と伝えつつ、私自身も「初めて」のときがあったことを思い返す。「そのとき私はどうしただろうか」と。すると、私一人で問題を抱え込んだのではなく、周囲の人たちと一緒になって問題と向き合い解決してきたことを思い出す。また、同様な問題と向き合った経験を持つ人たちを訪ね歩き、解決のヒントをもらったこともある。決して私一人で解決してきたわけでもなければ、なんでも理解しているわけでもないのだ。知らないことや未経験のことばかりの中、他の人の助けを得ることができたからこそ、私は続けることができたのだと思う。

私は障害当事者に対して、「自分でできないことは人に頼めば良い」としばしば言う。しかし、「私自身はどうか」と自問すれば、意外に頼めていない自分に気づかされるものである。人に頼んだからといって主体性が損なわれるわけではない。自分ができないことを人に頼むのもまた自分自身なのだ。あらゆる手段でもって当事者と関わり続けることで、多くの理解できないことのうち、一つでも理解の糸口をつかめたときにはうれしいし、また関わり続ける力が生まれてくるように思う。

6　ともに生きるための支援①
――制度／支援の利用はレッテル貼りではない

「愛の手帳」を取得するかしないかの相談を受けることもある。手帳を取得するには、一八歳未満だと児童相談所に、一八歳以上だと東京都心身障害者福祉センター等に行って判定を受けることになる。ただ、昔は一八歳未満の子どもが手帳を取得しても使える制度は非常に限られていたし、「軽度」と判定されれば使える制度はほとんどなかった。だから、「急いで取得する必要はない」と答えるようにしていた。特に学校へ通っている子どもの場合には、手帳を取得することで得られる制度利用のメリットがない限り、「学校が何かとうるさくなるから取得しない方がいい」と答えていた。一方、子どもの年齢が一八歳を超えている場合、「障害基礎年金の加入手続きの必要があるなら二〇歳までに取得した方がいい」と答えていた。知的当事者も様々な制度が利用できるようになった近年は、「その人にとって必要な制度があって、利用するために障害者手帳が必要なら取得するのもあり」と答えている。ただしその場合でも、利用に際してはその制度の内容を精査する必要があるだろう。もちろん行政が行うような支給抑制と表裏一体の視点からではなく、その制度を利用することによって、かえってその人に不利益をもたらす結果になってしまわないかという視点からだ。

本人に不利益をもたらす可能性が高い制度の最たるものが成年後見制度だ。「総合支援法の各種制度を利用するためには後見人をつける必要がある」と言われることは少なくないが、それは間違っている。本人の意思を確認できる支援者がいれば、必ずしも成年後見制度を利用する必要はない。成年後見制度を利用することで、本人の権利が奪われてしまった事例はいくつもある。そのような制度であるなら、利用することで得ることのできる利益よりも不利益の方が大きくなるため、利用する必要はないのである。支援を担う者には、制度をしたたかに使いこなす発想が必要だろう。

7　ともに生きるための支援②
――たとえ「制度の対象者」と捉えなくても

「あしたや共働企画」は、「ともに働くこと」を求めて設立された商店で、スタッフは障害の有無に関わらず「スタッフ」でしかなく、同一の賃金体系で働くことに取り組んできた。しかし、総合支援法下の就労継続支援B型に移行したとたん、障害のあるスタッフは「利用者」となって給料は売り上げから支払われることになり、障害のないスタッフは職員となって給料は利用者の給付費から支払われることになったのだ。それにより、労基法から外れ最低賃金さえ保障されないスタッフと、労基法のもと最低賃金他あれこれ保障されるスタッフという待遇の格差が生じることになった。あしたやを立ち上げから支える人たちにとってその制度の仕組みは受け入れがたいものであり、換骨奪胎して使いこなすものでしかないはずだが、総合支援法施行後からあしたやの運営に関わった人たちはどうだろうか。そうした制度の仕組みは疑いの余地がない大前提となるのではないか。その中で「ともに働く」という思いをどう意識し、共有することができるのか。そんな現実に対して今後はどのような方向へ進むのか。あしたやにとってこれはかなり難しい課題である。

ヘルパー派遣の世界はどうだろうか。たこの木周辺で自立生活を支える事業所の多くは、支給されていない時間もヘルパーを派遣している。派遣しなければ当事者の暮らしが成り立たないからだ。そこには、当事者を単に「制度の対象者」として見るのではなく、「ともに地域の中で暮らし続けること」を願う事業所の思いが込められているのだ。しかしその一方で、数ある事業のひとつとして支援を選び、担っている事業所もある。そのような事業所にとって、当事者は固有名詞を持つ「その人」である前に、「制度の対象者」として位置づけられてしまうだろう。

支援者にも生活があるから、自身の生活を維持しながら当事者と関わり続けるために、様々な制度を活用することは必要である。だが、それらの制度を活用することが、当初の思いを変質させていく現実はたくさんある。これからの支援者は、当事者たちと「ともに生きる」「関わり続ける」ために、いかに制度と向き合いそれを活用していくのかということが、ひとつの大きな課題となるだろう。

8　ともに生きるための支援③——様々な関係を築く中に

たこの木では、ひとりの障害当事者の自立生活を複数の事業所で支援することを基本としている。それは、異なる複数の支援者から情報を得ることで当事者の思いを想定しやすくするのと、特定の事業所の価値観で当事者の暮らしをコントロールされてしまわないようにするための、二つの理由からだ。

このことは、子どもたちの関係作りを見守ってきた中で、私の子どもたちに対する想定は往々にして思い込みでしかなく、子どもたちは私の思いもよらないやり方で関係を進展させていく、ということを何度も目の当たりにしてきた経験から導かれている。一人よりも二人、二人よりも三人と、複数の異なる価値観にもとづいた想定なしに、当事者の本当の思いに近づくことはできないのだ。だから私は、支援が「正しくあること」「良くあること」よりも、「様々な人たちの中で行われること」「様々な人たちがいるからこそできること」の方が遥かに大切だと思っている。なぜなら「正しい支援」「良い支援」を求めると、どうしても独善的になり、それを求める人の価値観の枠内に納めてしまいがちだが、「様々な人たちの中での支援」に重きを置けば、特定の人の価値観は相対化され、当事者の本当の思いを想定する上での貴重な

通信発送作業

判断材料のひとつとなるからだ。しかも、ここで言う「様々な人たち」を支援を担う人たちに限定する必要はない。ご近所さんや最寄りの駅員、行きつけのお店の店員等々にまで広げて考えれば、さらに当事者の世界は広がるはずだ。

最近、移動支援を使って外出している重度知的当事者を見かける機会が増えてきた。街に繰り出す当事者が増えていることはうれしいのだが、社会の常識とはズレてしまう当事者の行動を必死の形相で制止したり、しゃがみこんで動かなくなった当事者の傍にあきれ顔で立ち尽くすヘルパーを見ると、ヘルパーが社会と当事者の壁になっているように思うことがある。ヘルパーから「危険だから近寄らないで」という雰囲気を感じるとき、果たしてその支援は支援になっているのだろうかと思ってしまう。せっかく移動支援で街へと繰り出すなら、当事者と街の人々との接点を探してみてはどうだろうか。

私にもこんな経験がある。人が好きで誰彼なしに声をかけたがる当事者と移動支援に出た際、その彼に突然声をかけられて戸惑う街の人に会う。その人は突然のことに戸惑っているだけなのに、当事者はその驚いた顔から「自分は嫌われた」と思ってしまう。すると、嫌われてしまったことを挽回するかのようにますます当事者は話しかける。その相手はますます戸惑うばかりだ。そこにヘルパーとして同行する私が、両者の思いの橋渡しをする。突然声をかけられた人も、事情を飲み込むと表情は和らぎ、その様子を見た当事者も「嫌われたわけではない」ということがわかって安心するのだ。当然、いつもこのように上手くいくわけではない。誰もがこちらの事情を理解してくれるわけではないからだ。だから、橋渡しが上手くいったときには二人で大いに喜び、上手くいかなかったときには上手くいったときのことを思い出してもらいながら、こちらの事情を理解してくれる人ばかりではないことを知ってもらう機会にする。

私自身、初めてその当事者の移動支援を担ったとき、街の誰彼なしに声をかける当事者の様子に驚いてしまい、「橋渡しをする」という発想は浮かばなかった。でも、一度橋渡しが上手くいったら、私も当事者も気分が変わった。そして、これまで知らなかった当事者の新たな一面を知る機会となった。私と当事者の二人きりのときや、支援を担う者たちだけで考えていたときには気づかない当事者の一面を、街の人を介して知ることができたのだ。そういうとき、支援とは、「当事者と街の人々との出会いを生み出し、当事者に対する街の人々の認識を変えていくこと」だと思ったりもするのだ。そして、その積み重ねがやがて街全体を変えていくのだと思う。だから、移動支援とは単に当事者の移動の支援を担っているのではないのだ。ヘルパーの思いが変わり、当事者の思いも変わり、街行く人の思いも変わって、やがて街全体の思いが変わっていくことを支援しているのだ。

9 〈やりとり〉というコミュニケーション

「コミュニケーション障害」という言葉があるが、私にはそれが解せない。なぜなら、コミュニケーションは最低でも二者間で行われるものなのに、特定の一方の人にだけ「障害」を押しつけることを前提にした言葉だからだ。たとえば日本語しか話せない人と英語しか話せない人がコミュニケーションすれば、それは非常に難儀なことになるだろう。だからと言ってどちらが悪いということではなく、「通訳」をつけることで円滑にコミュニケーションを成立させることができる。

知的や発達障害の当事者の場合はどうだろうか。支援者が通訳の役割を果たすことがある。けれど、支援者が当事者の思いをまったく理解できていなければ、通訳としてコミュニケーションの支援は担えない。当事者の思いを一般常識の秤にかけて通訳してしまえば、一般常識とは異なる世界観を持つ当事者にとっては、単にそれを押しつけられてしまうことになる。そして、自身の世界観を理解してもらえない辛さからパニックを起こしてしまえば、当事者が悪者にされてしまうのだ。だから私は〈やりとり〉というコミュニケーションが大切になると思っている。

私がここで言う〈やりとり〉とは、文字通り「やる」ことと「とる」ことである。具体的に言えば、「関わってみる＝やる」ことと、それに対する「反応を受け取る＝とる」ということだ。それは「互いにわかり合おうとする過程」で行われるもので、支援者から始まることもあれば、当事者から始まることもある。そして、人間同士のつき合いは、いつまでも「わかり合おうとする過程」でしかないとすれば、〈やりとり〉は続けるしかないと思っている。

私には年に数回だけ〈やりとり〉する当事者もいれば、毎週のように〈やりとり〉を繰り返す当事者もいる。定期的に介助に入っている当事者に対しては、今週と来週であえて〈やりとり〉を変え、反応を見比べることがある。もし当事者の反応に変化があれば、自分の〈やりとり〉の変化がどう影響しているのか、それともまったく別の要因があってのことなのか、その思いを探るのだ。また逆に、あえて決まった〈やりとり〉を続けることで見られる当事者の反応から、その思いを探ることもある。いづれにしても、毎日会えるわけではないので、会えない時間の様子を他の支援者から聞き、当事者の言動が何に影響されているのか探ったりもする。これも、私と当事者の空白の時間を埋めるための大切な〈やりとり〉のひとつだ。

また、月に一度だけ介助をお願いするヘルパーもいる。それは、日々密に〈やりとり〉しているとかえって当事者の変化に疎くなる場合があるからで、月に一度の〈やりとり〉だからこそ気づける変化というものもあるからだ。これが、一年単位、数年単位となると、また違った〈やりとり〉になる。日常の暮らしや支援を共有していない分、半ば無責任になりがちだが、それはそれで新たな〈やりとり〉を生み出すきっかけになる。

支援における一般的なやりとりと言えば、コミュニケーションと同じ意味で、当事者と支援者の二者間で行われる、その場そのときの意思疎通を指すのだろう。しかし、私が言う〈やりとり〉とは、当事者と当事者とのつき合いの中で蓄積された経験知を共有する者たち皆んなで行なわれるもので、互いにわかり合おうとするための過程を指す。

10　支援は〈やりとり〉の連続に尽きる

私は本を読むのが苦手だし、支援に関して専門的に学んだこともない。そんな私が三〇年間地域の中で当事者たちと関わり続けてこられたのは、地域で活動する中で様々な人と出会い、

〈やりとり〉を重ねてきたからに他ならないと思っている。幸いなことに、「ともに生きること」を目指して活動してきた先人たちが多摩にはたくさんいて、その人たちのあり方を一つの基準にしながら、私自身のあり方を考えることができたからでもある。全国を見渡せば、たこの木と同様に、当事者が幼いころからやりとりをはじめ、普通学級でともに学び育ち、成人した後に自立生活を始めたという例はある。しかしそれは、その地域の中で一人ないし二人という特定の当事者の話でしかなく、その後、自立生活を始める人が出てこないことも多い。ところが、多摩においては次から次へと自立生活が始まる。多摩にはカリスマ的な当事者や支援者はいないが、保育園や学校といった場、それ以外の日常においても、「子どもたちをわけないこと」「地域の中で関わり続けること」を実践してきた。不十分ながらそれぞれがそれぞれの〈やりとり〉を重ねてきたのである。そういった日々の暮らしの中での〈やりとり〉の連続が、自立生活に結実しているのだと思う。そして、この本が作成されている間にも、多摩ではまた新たな取り組みが始まっている。

これらのすべてが、多摩の独特な人間関係が織りなした奇跡のコラボレーションの産物だと感じることもある。「あのときあの人がいたから」「あの人と出会わなかったら」「○○があったから」「○○がなかったらどうなっていたか」等という話は山ほどある。それらはすべて周到に計画されたものではなく、各々の日常的な〈やりとり〉が、ある意味偶然に寄せ集まった結果なのだ。専門性がなくても、経験がなくても、「関わり続けたい」という思いを抱き、「関わり続けるためにはどうすれば良いのか」を考え、〈やりとり〉を続けてきた。一人ではどうしようもないから、いろいろな人を巻き込むためにも〈やりとり〉を重ねていった。その結果が「あの人がいた」「あの人と出会った」「○○があった」という話につながったのだ。

このような状況を生み出すことも「支援」とするなら、支援という営みは、当事者とその支援者だけではなく、地域の人たちをも巻き込んで「〈やりとり〉を続ける」ということになるだろう。そして、支援を「障害者の理解を前提」に行う「専門的な関わり」とするのではなく、「互いにわかり合おうとする過程」で行う「〈やりとり〉の連続」として考えれば、互いを尊重しながら、関わり続けることができるだろう。

コラム

たこの木追っかけ日記

たこの木にまつわる諸々のこと③

荒木巧也

◆たこの木大ピンチ

過去の「たこの木通信」のＰＤＦがＤＶＤで販売されています。二〇年分、三五九号が収められています（一度だけ休刊しています）。少なめに各号二〇ページとしても約七二〇〇ページ。順に読むのは大変なので、ざっくり年代や目的を決めて読み返しています。

今回は、スタッフの横田さんが参加した頃から始めました。横田さんが書き始めると通信の雰囲気が変わって面白いんですね。と、すぐに不穏な空気が漂い始めました。横田さんが参加して数ヶ月しか経たないのに「存続の危機」です。それもかなり深刻なレベルの。たこの木と横田さんの運命やいかに？

「では、解散・縮小？」まがりなりにも二〇年活動してきた財産を捨てたくはない。多摩市では二〇年前から知的当事者の自立生活を支援し、ここ最近新たな展開も生まれてきている。〈引用者略〉又、新たにスタッフとして加わった横田さんとも今後新たな展開を求めていきたい。〈引用者略〉Ｋさんが言うように「たこの木の活動は収益事業とは相反するところにその意義があり……」と言う通り、この二〇年こだわり続けてきたからこそ今の状況があるとも思う。〈引用者略〉それはできれば、事業（＝一定の目的を持って継続的に、組織・会社などを経営する仕事）ではなく、形にならない個々の想いを実際の生活面でじっくり向き合い、様々な事業所・団体との連携を図り、当事者の想いの実現を支援していく会でありたいと願う。[1]

その一月後の通信に、小さいたこの木をさらに分割する「再建案」が出ます。「ピンチをチャンスに」という執念のようなものを感じます。後にＮＰＯ法人

「ねじり草」ができます。

「そんなに活動を小分けにしてどうするの？」という側近の人の意見はあります。でも、〈引用者略〉「NPO法人」という枠づけの中で、未だ見えていない新たな課題を担う活動の存続は難しい」という点をどう捉えるのか？〈引用者略〉あしたや・まくら木・はてなのたねを生み出してきました。決して、たこの木だけで生み出してきたとは言いませんが、その役割は大きいとも思います。会を生み出すごとに縮小されるたこの木ですが、そもそもは小さな市民団体として始まった会であり、たまたま財団[2]から助成を受けることで、担い手の生活や場の維持ができてきました。担い手の生活や場の維持を考えるならば、新たに作る法人によって支えられるというのもありだと思います。[3]

■注

1 岩橋さん『たこの木大ピンチ』たこの木通信二〇〇七年一二月号
2 東京都地域福祉振興財団
3 岩橋さん『たこの木大ピンチ』たこの木通信二〇〇七年一二月号

◆体験室「かぼちゃ畑」

これもまだ、たこの木をよく知らない頃です。車イスの友人の付き添いで体験室を利用しました。スマホの地図を頼りに住宅地を歩いていると、そこだけ時代が違っている不思議な空間に着きました。長屋を二つくっつけた古い「二戸一・ニコイチ」住宅が並びます。そのうちの一つが、何代目かの体験室でした。お隣は家のまわりに花壇を作って、とてもいい雰囲気でした。体験室は、、やや殺風景でした。狭い玄関に難があり「縁側」からの出入りを勧められました。部屋はスキマ風が吹きこみ風呂は使えません。「ここは、戦後まもない時代を体感する、という『体験室』なのか……」。

通信をめぐって歴史をたどってみます。「ハコ」は隙間風でも、思いをこめた名前が付き、「ソフト」として人の関係が息づくと、ハコは豊かな「場」になるということでしょうか。

〈(仮)自立の家の名称募集中〉

「家」という名はどうも「留まる」「守る」と

いうイメージが強く、何か良い名前はないかと思案中です。「ひとつのステップの場」、「その先の自立を思い描く場」、「自立を獲得する場」、「自立を獲得するための出会いの場」といったイメージに合う名前が思いついたら、即たこの木クラブにご連絡下さい。[1]

〈「かぼちゃ」の名を出した和田さんにその理由をインタビュー〉

たこの木クラブって根っこにこだわった名前でしょう。だから何か地になるもの実になるものをって考えたの。それでうちの庭になっているかぼちゃが浮かんだの。うちの庭のカボチャってすごいのよ。どこにでもはっていって実をつけるのよ。[2]

〈知的障害者自立支援獲得プログラムについて〉

四月以降、彼女に私たちが実施するプログラムに参加してもらいます。このプログラムは、本人を訓練し、本人の能力によって自立生活ができるようにするというものではありません。親元を離れ、具体的にかぼちゃ畑で生活する事で、彼女のことを知り、彼女にとって必要な支援やその中身を明らかにしていくものです。どちらかといえば支援の側の実践プログラムです。私たちはこれまで、このプログラムを介し五名の重度知的・自閉症の人たちの自立生活を支援してきました。[3]

■注

1 岩橋さん『(仮)自立の家の名称募集中』たこの木通信一九九六年八月号
2 たこの木通信一九九六年一〇月号
3 『Kさんの自立生活を手伝って下さい!』たこの木通信二〇〇八年三月号

第3章 子ども会から働く場へ

——たこの木の三〇年、あしたやの二〇年

和田幸子

1　たこの木ひろば開設

たこの木クラブが「子ども同士の関係つくり」を目指してスタートしたのが一九八七年。その七年後にクラブの中に働く場つくり準備会ができた。最初は「子ども」として子ども会に来ていた人たちも七年経てば大きくなる。当たり前のことだけど。中学を卒業して進学を選ばなかった若者たちが、昼間の過ごし場所を求めてまだ永山橋公園の近くの長屋に住んでいた岩橋さんのところに行くようになったのが一九九二年頃のこと。「子ども会」だけではくれない時期が来ていたのだ。それはたこの木クラブにとって最初の節目だったと思う。

拠点を持たずにあちこちで子ども会や学習会やイベントをやってきたが、それだけでいいのか。この先どうしていくのか。一九九二年の秋、八王子の結の会をお借りして、たこの木に関わる人たち（岩橋、石毛、清井、松島、滝口、和田、他の人も合わせて九名だった記憶がある）で合宿をやって夜中まで話し合った。岩橋さんはこの時期、方向性を出せず苦しんでいたと思う。でも、夜を徹しての話のなかで、あらたな課題に取り組もう、そのために拠点を持とうという流れになった。

一九九三年に永山駅近くにマンションの一室を借り、そこをたこの木ひろばと名付けた。当初はカンパに頼るなど、資金的に楽ではなかったが、九六年に東京都社会福祉振興財団の地域福祉振興事業の助成金が決まったことが後押ししてくれた。

そのひろばに岩橋さんが通い、昼間ほかの場所に行かない若者たちが集い始めた。

それまで事務局に関わっていた私がたこの木の専従としてひろばに通うようになったのは一九九四年。せっかく持ったひろばをもっと活用したい、ひろばに通い始めた人たちと何か手応えのあることをいっしょにやりたい、ひろばを拠点に社会にもっと出ていきたい、と思ったのだ。そして、毎週水曜日のお昼を作って食べる会、月一回の遠出の会を始める。遠出の会は小林、山崎、和田の三人、ときたま岩橋さん、のちには長

遠出の会

永山橋公園でのもちつきの会

尾さんも加わって八王子生活館、結の会、恵比寿のお菓子屋ぱれっと、目黒のアンテナショップぱれっと、足立の障害者労働センター、町田の共働学舎などなど、あちこちに電車やバスを乗り継いで出かけた。

途中で小林君の姿を見失い探し回ったこともあったし、待ち合わせの時間にいくら待っても来なくてあとから彼が床屋に行っていたことがわかったり、お互いの距離を推し量りつつのやりとりや道中はスリリングでもあったが楽しかった。お昼を作って食べる会はその日ひろばに集まった人で献立を決め、みんなで西友に買い物に行き、作って食べた。参加者はだんだん増え続けボランティア体験で来ていた短大生が「ここの雰囲気が好き、ここに就職したい」と言い始めた時はほんとにびっくりした。こんな小さなお金もないグループに？　でも、彼女は卒業後ほんとにスタッフとして加わってくれた。

2　働く場つくり準備会からたこの木企画へ

しばらく前から、資金稼ぎのために天然酵母・国産小麦のパンや低農薬のくだものの配達を岩橋さんがはじめていたのを小林君、山崎君も手伝い始め、売り上げから彼らにもバイト代が支払われていた。そんな日々の中、もっとちゃんと仕事を考えなければならないなあと思い始める。みんな時間はたっぷりあるし、元気なんだし、もっといっしょに働こうよ！　稼ごうよ！　地域のなかでのこの先どう生きていくのか、考えよう！　と。

学ぶ場をハンディのあるなしで分けるな、と就学時健診や一九七九年の養護学校義務化に反対し、チラシをまいたり、市教委交渉をしたり、学習会、交流会をしてきた。でも、普通学級でさまざまな壁にぶつかりながらもがんばってきた人たちも、卒業すれば行く先は限られているのだ。多摩市では共に働く場の先がけとしてちいろばの家が始まってはいたが、キャパは限られている。地域で育ってきた人たちがこの先も地域で生きていくために、働く場はぜひとも必要だ。ほかにないなら自分たちで作るしかないよね、と「働く場つくり準備会」がスタートする。

一九九四年に和田が書いた「働く場づくり準備会発足に向けて」というメモには、たこの木クラブの現在として次の八点を挙げている。

①子供同士の関係つくり——子ども会、行事
②自立へのステップ——学校や家から離れた場で過ごす
③働く（資金稼ぎ）——はこびや、古本販売、イベント、七味ラーメン代理店
④「共に」を実現するための他の運動との連携——就学時健診に反対する会、高校問題、在障会、自立ステーションつばさ、リフトバスを走らせる会等

⑤サポート体制—緊急一時保護の活用
⑥通信発行
⑦交流会
⑧学習会、講演会

準備会は、多岐にわたるたこの木の活動の中の「働く」部門を担うことにし、一九九四年にたこの木企画としてスタートした。企画のメンバーは小林、山崎、和田に加えて有償スタッフとして長尾さんや無償スタッフとして松島さんたちも参加してくれた。狭いひろばの和室の隅にたこの木企画用の小さな机をひとつ置き、あとは人も物も混然一体でたこの木の活動を一緒にやっていた。

長尾さんは、就健や食べ物の問題、原発の問題など一緒に活動してきた仲間であり、同じ場で仕事ができるようになったのは本当に心強かった。その後有償スタッフとして一緒に組むことにもなった松島さんは、商売の経験もあり労働問題にも詳しく実に心強い存在だった。

この時期はパンや果物の配達に加え、バザーやイベントに出店したり、ちいろばの古本の仕事（寄付された古本の整理、古本無人スタンドの管理など）を請け負ったりとひろばを拠点にあちこち出かけて稼いでいた。外仕事は免許をとったばかりの和田と山崎君、小林君と三人が引き受けて、長尾さんはひろばで事務や作業をする、そして、お昼を作って食べる会などのたこの木の活動はみんなで、というスタイルだった。今思えばささやかな稼ぎであったが、稼いだものは働くみんなで均等に分けていた。たしか、週に一日働くと月に一万五〇〇〇円、という大雑把な決め方で、例えば週三日定期的に仕事をすれば月四万五〇〇〇円もらうというようなやり方だった。もちろん小林君も山崎君も同じだった。この時期四人に対して「お給料」が払えていたのは、共に生きる会や就学時健診反対の運動の中でつちかってきた大きな人の輪があったからである。パン、果物などの注文を保育園の職員に声をかけてくれたり、ご近所の人たちの注文をまとめてくれたり、多くの人たちに支えられ、励まされながら、地域を走り回っていた。

九五年の三月に出した、「たこの木クラブ　はこびやだより」の文を以下に紹介したい。最初のわたしたちの思いが詰まっている。

「たこの木クラブの資金稼ぎとして始まったはこびや。時を経る中で、多くの方たちに支えられ、扱うものも増えてきました。この間、はこびやを担ってきた青年たちも一八歳になり、資金稼ぎから、働く場づくりに向けてのまだまださやかではありますが、一歩を踏み出したいと思います。

ハンディを持つ者も、持たない者も、はこびやに関わる人間が、それぞれの思いを確かめ合

はこびやのときに

い『仕事』をとおしてその思いを実現していきたい。

自分たちの納得できるものを商品として選び、運び、また、宅配だけでない、いろいろな形で地域に出ていきたい。多摩の中でつくりあげてきたつながり、そしてまた、これから出会う新たな方たちとのご縁、それらのネットワークのひとつの結び目となればうれしい。いずれは〝店〟という形で開かれた場を持つことができればなおうれしい……と夢は広がります。

そのための力をつけていきたいと思います。どうか、今までにも増して支えてください。商品に関してのご意見をどしどし寄せてください。こんなもの扱ってみたらというものがありましたら、ぜひ教えてください。気に入ったものがありましたら、周りの方に声をかけてみてください。よろしくお願いします。」

こうして始まった共に働く場つくりへ向けた第一歩。夢は大きくとも、商いとしてはほんとにささやかなものであり、次の一歩をどう踏み出すか、手探り状態だった。そんな私たちにとって、一九九六年のたこの木主催の「名古屋わっぱの会見学ツアー」は大きな励みになった。長年「共に働く」ことを実践してきたわっぱの会のじっさいの現場の様子を見せてもらい、その理念に触れたことは大きかった。参加者はたこの木メンバーだけでなく、やはり地域に場をつくりたいという人たちも含め一五名が一台のバスで行ったのだが、帰りに中央高速の八王子の料金所に差し掛かった時に前方にすごく大きな虹が出て、なにか自分たちの先行きが祝福されているようで、みなで歓声を上げながら多摩に帰ってきたのだった。これは今でも語り草になっているエピソードである。

3 はらっぱ開設――たこの木共働企画へ

わっぱの会見学ツアーの翌年の一九九七年、永山駅近くに複合施設「ベルブ永山」がオープンし、その中の売店「リンク&ショップはらっぱ」の運営ができるようになった。公民館と同じフロアーの消費生活センターのスペースを、市内の消費者団体連絡会と共同運営という形で使えることになったのだ。社会に開かれた店という場が欲しいと模索していた私たちにとっては願ってもない場で、働く場づくりに向けての大きな第一歩となった。たこの木ひろばから拠点を移し、たこの木企画からたこの木共働企画と名前を変えての新たなスタートである。それまでのはこびやや公園掃除などに加えて店舗運営があらたな仕事として加わり、働くメンバーも高校を卒業したばかりの柴崎知子さんや中学を卒業していた草場実香さん、そして荒井康子さんたちが加わった。また多くの人たちが無償スタッフとして関わってくれた。

はらっぱ開設（1997 年）

店で販売するものについては「生産者の思いに自分たちの思いを重ねられるもの」「環境や

健康を損なわないもの」「社会的に弱い立場にある人たちの支援につながるもの」など、自分たちの基準を設けて増やしていった。これは今に続く一貫とした基準となっている。

しかし、一年もしないうちに、はらっぱの限界も痛感するようになった。とにかく狭い、常に人の目にさらされていて隠れる所が無い、作業をしたり、商品をストックするスペースが無い等々。

人との関係に緊張感をもつメンバーのきつさも、いろいろな形であらわれていた。借り物ではなく自分たちの場所がぜひ欲しい、という切実な思いから、一九九八年に「第二の場」をつくろうという呼びかけをしたのだった。

4　あしたや開設――あしたや共働企画へ

翌一九九九年に、多くの人たちの資金協力や支援を受けて、諏訪商店街のUR都市機構の住宅つき店舗を借りて自然食品と雑貨の店あしたやをオープンさせた。

やっと自分たちの拠点を持てたことの喜びは大きく、狭いはらっぱでしんどい思いをしていた人たちと共にホッと息をついたのだった。はらっぱとあしたやの二つの店を運営するために、仲間を増やし、働く人は一三人になっていた。

あしたや共働企画（仮称）の設立総会 資料

・１９９９年７月２５日（日）
午後２時より
・貝取こぶし館 音楽室
多摩市貝取４－５－１ （貝取地区コミュニティーセンター ２階）

（議題） あしたや共働企画（仮称）の設立について

1、設立総会成立の確認
2、設立趣意書について （別添 資料）
3、規約（案）、活動方針（案）、予算（案）及び役員（案）の承認について （別添 資料）
4、その他、要望 意見について （資料なし）

そしてこの時、たこの木クラブからの株分けと称して、組織を分け新たな任意団体「あしたや共働企画」をスタートさせた。その頃、たこの木クラブは、学校卒業後の若者たちの、親元を離れての地域での暮らしをつくることに力を注いでおり、それぞれが地域の中での「暮らし」と「働く」という大きな課題に取り組むために組織を分け、そしてつながりあっていこうという前向きな選択であった。

5 共に働くって？——最初の思い

たこの木の生活支援がそうであったように、働く場づくりもまた、「人ありき」のスタートだった。中学校を卒業し、進学を選ばなかった若者たちの居場所がまずは必要であったし、次の段階として単なる居場所ではなく、働く場が必要となったのだ。

一九五〇年代の終わりから始まった、いわゆる小規模作業所つくり運動もやむにやまれぬ場所つくりであったのだと思う。多摩市でも一九九〇年前後に、小規模作業所がたくさん生まれている。ただ、あしたやがそれらの作業所と違う点のひとつは、障害児の親ではない者たちが

あしたや（2015年）

集まって始めた、というところだろう。

親でもなく、学校の教師でもなく、福祉施設の職員でもない、一緒に働く仲間として仕事をする場を社会の中につくりたい。でもそれは障害のある人たちのために働くということではない。地域の中に自分たちも働く場がほしかったたし、自分たちが納得できる仕事を作り出したかった。障害のある人の居場所ではなく共に働く場をめざしたのだ。

そもそも「福祉」という発想もなかった。つまり、障害のあるなしで線を引かない、指導する、されるという関係はつくらない、ということが、語るまでもなく、私たちの中では共有されていたと思う。

そうした私たちの思いはそのころ共同連が掲げていた共働事業所というあり方と重なった。共働事業所といってもそれは制度としてあるわけではなく、対等、平等な関係の中で共に働き、共に配分する、そして労働権の確立を目指す場であり、「共働」という新たな価値観を生み出す運動である。前述したわっぱの会などの先行する団体の存在は私たちには大きな励ましでもあり指標でもあった。その後二〇〇〇年には滋賀県で福祉的就労ではない社会的事業所という新たな形の制度化が実現されたが、多くの共働事業所は福祉作業所などの補助金を得ながらの（その頃「制度の横出し」などという言い方がされていた）事業であった。

わたしたちも、自力路線の限界には早くからぶつかり、はらっぱの次なる場を始めるにあたっては、制度利用を考えざるを得なくなった。

6 制度利用――作業所の補助金から、障害者自立支援法へ

自前の場所を持つには家賃が必要になり経費もかさむ。自分たちの稼ぎだけではどうにもならないことは、はっきりしていた。

何らかの形で制度利用をしていこう、「下駄」をはかせてもらおうと決めて、二〇〇〇年から、いわゆる小規模作業所の補助金「多摩市心身障害者（児）通所訓練等事業デイサービス事業運営費補助金」を受けることにした。ワーカーズ・コレクティブ、協同組合、雇用促進法などの現行制度についての勉強会を重ねてきたが、他の制度と比べて、受けられる金額が大きく、利用が現実的だったということからの選択であった。しかし福祉というのは、障害のある人、ない人を分けることが大前提であり、私たちのやり方にはなじまない。大きな抵抗感もあったのだが、補助金を利用しながらその中で、共に対等な関係で働く場をつくっていこう、そう確認をしながらの決断であった。

小規模作業所というのは、地方自治体の実施要綱に基づいた事業、つまり国の法律には拠らない法外施設であり、制度的な縛りはそれほど大きくなかったので、結果的にそれまでの私た

あしたやみどり（2015年）

ちのやり方を大きく変えずに運営できた。

しかし二〇〇〇年代に入ると、福祉をめぐる状況は大きく変わり、二〇〇六年に障害者自立支援法が施行された。それに伴い、それまで受けていた補助金が打ち切られることになり、あしたやは二〇一二年に支援法の中の就労継続B型事業に移行した。

障害者自立支援法（現在は障害者総合福祉法）は国の法律であり、サービスの利用と提供というがっちりとした枠組みがある。この法律の中で、私たちのこれまでのやり方はいったいどこまで通用するのだろうか。

「利用者」（障害福祉サービス受給者証をもつ人）と「職員」（障害福祉サービス受給者証をもたない人）との区分けが大前提であり、会計も生産会計と施設会計とに分けられていて「財布ひとつ」というわけにはいかない。「利用者」の給料（「工賃」と呼ばれる）は生産会計から、「職員」の給料は施設会計からと決められている。その他にも、利用者負担の問題や報酬単価制による給付費の問題、定員数など．いくつもの大きな問題があった。どれも、それまでの私たちのやり方にはなじまないことだった。しかし、作業所の補助金が切られるなかで、あしたやを存続させていくためには、支援法内の事業に移行するしか道はなかった。

移行して既に七年が経つ。移行時に都の障害者自立支援基盤整備事業の助成金二〇〇〇万円を受けて、第三の場、あしたやみどりをあしたやと同じ諏訪商店街の中に開設し、働く場は三ヵ所になった。働く人も、受給者証をもつ人二二名を含めて五〇名近くの大所帯となった。この七年は、支援法の制度的な縛りの中で、私たちなりの働く場をどう作るのかを模索、試行錯誤してきた年月ともいえる。

7　線引きの問題——支援法内事業に移行して

支援法に移行して直面した最大の問題は、「利用者」と「職員」という線引きを、どう考えるかということだった。

賃金体系以外の労働条件については、全員を対象とした就業規則をつくり、有給休暇なども全員が利用できるようにしている。支援法上は、B型事業所の「利用者」は労働法の対象外、つまり労働者としては認められていないのだが、あしたやでは移行する前から労働法に則してできるところから整えていこうとやってきた。

しかし、時給についてはそれまでの同一というやり方を崩さざるを得なかった。国の法律であるから、「職員」には、法で定められた最低賃金を払わざるを得ないのだが、「利用者」は事業売り上げの額により「工賃」が支払われるしくみで、私たちには「利用者」に最低賃金の時給を払えるまでの事業収入を上げることはできてはいなかった。したがって移行後の二〇一三年の時点で両者には二九〇円の差がついてしまったのだ。

たこの木企画の頃から、支援法に移行するまで、私たちは障害のあるなしで時給に差をつけるというやり方はしてこなかった。運転するスタッフを公募する際、最低賃金を提示せざるを得ず、一部の人に時給との差を運転手当として支給したこともあったし、フルタイムで働く人の一部に生活給的な意味で常勤手当をつけたりしてきたが、基本的な時給は全員が同額であった。それはその年度の売り上げに応じて払える額を決めて、一番低い時は四八〇円、二〇一二年でやっと五六〇円であり、最賃には程遠い額でしかなかったのだが。部分的に手当を導入したが、低賃金であることに変わりはない。それでも同一時給にこだわってきたのは、やはり平等、対等ということを見える形にしておきたかったからだ。

「指導する、されるという関係ではなく、一緒に仕事をするのだ、ということを同一時給という形で押さえておきたいと思います。差をつけないから対等な関係が生まれるのではなく、常に自分たちの関係を問い直すためのひとつの歯止めでもあると考えています。」

これはほらっぱの開設準備をしていた頃にたこの木通信に載せた文章である。

同一時給だから平等、対等であるということではない。同一時給は、平等、対等な関係の十分条件ではないが、必要条件なのだ、と考えていた。平等で対等な関係をめざしてはいるが、関係の内実としてそれはそんなに簡単に実現できるものではない。少なくとも時給という外的な条件として、そこを押さえておきたい、と考えていた。それだってそこだけの話にしかすぎないのだが。

同一時給については、まわりからよく驚かれた。線を引かないというやり方をしている以上、私たちには当然の選択であったのだが、あまりの時給の低さから、「それで暮らしていかれる人＝ダンナの稼ぎのある人しか働けないではないか。働ける人を限定してしまっている」という批判も受けてきた。確かにそうなのである。しかし時給の低さは、自分たちの今の力がそこまでしかない、ということなのだからそれは皆で引き受けていくしかない、と考えてきた。

私も含めて それぞれがそんなに生活に余裕があったわけではなかったと思うが、自分が選んだ仕事であり、やり方なのだから低い条件も甘んじて受けよう、という気構えと、それにも増して、新しいことに皆で取り組む面白さや手応えを皆で共有していたと思う。

そんなふうに考えてきた私たちにとって支援法は大きな壁であった。支援法移行時についた時給の差を何とか縮めたいと売り上げ増を目指してきたが、現在事業売り上げが伸び悩み、差を縮めるどころか広げざるを得ない事態になっている。

就労継続支援B型事業の場合、事業売り上げが多ければ、「利用者」に最賃以上の時給を払うことに何の制限もないのだから、時給に差がついたのは事業売り上げが足りないということに他ならない。しかし、最大の問題は一緒に仕事をしたその結果を全員で引き受けるということが出来ないということなのである。受給者証を持たない人は毎年の最低賃金のアップに合わせて時給が上がり、受給者証を持つ人の時給は同じようにスライドできないばかりか下がるかもしれないという不安定なものなのだ。このことに深い痛みを感じる。

時給の問題については、実質は同じであるという独自の仕組みが作れないだろうかと模索したが、実現できなかった。制度上の問題はもちろん大きいが、そのしばりを越えて共同性をもとにした「分配」とはどのようなものなのか、残念ながらその答えを私たちはつくれなかったのだと今思う。

共働と事業は、共働事業所の両輪と言われる。私たちは、二つの車輪が一緒に回るように力を

はらっぱ（2019年）

合わせてきた。しかし、共に働きつつ、事業性を上げて労働権を確立していく、つまり能力や効率にとらわれない働き方をめざし、なおかつ今の社会の中で稼いで労働条件を良くしていくこと、これは至難の業である。私たちはスーパーマンではないし、事業力だってあるとはいえない。

事業売り上げを上げていくために、皆で目標値を定めて日々頑張ってはいるが、自助努力だけではどうにもならない壁にぶつかっている。

この壁を乗り越えるには、共同連が提唱しているような、社会的事業所制度というあらたな枠組みがぜひとも必要だと思う。これは、障害者だけでなく社会的排除を受ける人たちの生産活動の場を保障する制度構想であり、共生、共働の理念のもとに、雇用でも福祉的就労でもない第三の働き方の制度化をめざしている。

次に運営の問題について考えたい。はらっぱが始まった時から毎月、店番会議という集まりを開き、これは現在の定例会に繋がっている。つまりは、全員が参加する会議であり、そこで運営上の様々な問題を話したり、研修や勉強会を行っている。これは全員が運営に関わるようにと続けられてきたもので、毎回充実した内容となっている。

支援法になってからは「職員会議」が必要と言うことで、運営会議を月一回、「職員」に限らず、誰でもどうぞ、という形で開いている。

その他に、毎週、運営担当者会議も開いている。事業も広がり、規模も大きくなったことから、現場の問題をもちより、情報交換し、必要なことを決めている。しかし、現在、運営担当者会議や理事会には、障害のあるメンバーはおらず、そのことはこれからの課題となっている。

8 働くということ

あしたやは、人ありきで始まった場なので、障害の種別や程度を問うことなくやってきた。他に比べると、いわゆる重度の人が多いと思う。

障害のあるなしで線を引かないというのは、皆同じということでは、勿論ない。一人一人の個性は全く違うし、一緒に働く上でそれぞれの状況や個性に応じた配慮が必要となる。あしたやの仕事が多岐に渡るのも、一人一人が出来る仕事をつくりだしたいと思ってきたからに他ならない。それぞれが手応えある仕事ができるように、と仕事の種類を増やし工夫を重ねてきた。

能力や効率は問わないけれど、その人に合った仕事、その人がその仕事に手応えを得ているかを課題にしてきた。あしたやに来て、ほぼ座っているだけの人もいる。自分で食事が出来ない人がいれば手伝うし必要ならトイレにも付き添う。多分私たちは「介助」という意識もなしに、その人が必要としていることを一緒にやってきた。

店番やレジ打ちや、何かものを作ることが出来なくても、その人があしたやで働きたくて来るのなら、一緒に組んでやっていこう。本人の意思確認も容易ではないが、あしたやに来るということは、働きたいということだろう、と考えてきた。

能力という物差しを持てば、障害のあるひとたちは切り捨てられ、一緒に働く関係は分断されてしまう。能力を問うことは、問題を個人のものにしてしまう。問題を個人に還元するのではなく、集団つまりあしたや全体の問題として考えよう、それが共同性というものだろう、と考えてきた。

それぞれが、それぞれの力を出して、手応えをもって、ことを成す、ものを作り出す、そのことを働くことととしたい、と私たちは考えてきたのだと思う。

とはいえ、難しい問題にも直面し、一緒に働き続けられなかった人もいた。それは能力の問題というより、一緒に働くことを成立させられなかったということなのだが、この問題は私たちには大きな宿題として残っている。そして今、それぞれが年齢を重ねてきて今までのように働けなくなってきている人もいるし、これからは働かないということを選ぶ人たちも出てくるだろう。これまであしたやは「働く場」というくくりでやってきた。しかし、地域で生きていく、その中の働く場である。あしたやがこれまで通り「働く」というくくりだけでやっていくのか、いかれるのか、今大きな壁にぶつかっている。

共に働く場は、もともと大きな矛盾を抱えている。その矛盾をどう引き受けていくのかが問題なのだと考えてきた。どうしたら、みんなで共に引き受けることができるのか。できたら元気が出る方向で引き受けたい。あしたやの二〇年は、そんなふうにあがき続けた年月だったような気がする。そして今も、あがいている。

「共に」も「働く」も人間にとってあまりに深く、本質的なことがらで、そんなに簡単に答えは出ない。でも、答えが出ないことにこだわり続け、そこで踏ん張っていくしかないのだろう。そのふたつの間で悩み、喜び、疲れたり、元気が出たり、落ち込んだり、わくわくしたりしながら。

働く場があること、仕事があること、報酬があること、そしてその報酬で生活できることを望んできた。でもまだまだ道半ばである。対等・平等な働き方を目指してきたが、こちらもまだまだ道半ばである。それでも、二つの車輪を軸に置き、皆が力を合わせているのは確かなことで、それはやはり、あしたやの誇りなのだと思っている。

◆介助ボランティア

介助者として働き始めて三年ほど経ちました。下世話な話ですが、「お金」への意識が変わりました。この原稿を書いている前日に、一人暮らしの当事者を囲んでミーティングがありました。議題の一つは「一〇分程度の延長」に給料を出すかどうか。本人の負担に配慮して「どちらでもいい。出なくてもいい」という介助者が多い中、気がつけば自分だけが原則論で「出すべき」と主張していました。

二〇年前のこと。実家暮らしの限界を迎えたMさんが、「かぼちゃ畑」に住み始めました。その当時は夜間に人はついていなかったようですが、常時見守りが必要な人です。人や物を傷つけることがあります。一九九八年の当時は使えるサービスもわずかでした。少なくともスタート時は、ほぼ全てをボランティアで支えていたようです。介助料はなくボランティアの食事代だけという時期もありました。その食事代もMさんが出し渋ったりと極めて不安定。

Mさんの介助に入った時に、当時の「連絡ノート」を見つけました。そこには、介助ボランティアIさんの悲痛な報告が書きつけられていました。あちこちを間違えては消した文面から、当時の動揺が伝わってきます。かっこ内はIさんが行間に書き込んだものです。

ーです。状況が変わっているということだそうです（今、説明を受け）

当初私たちには朝・昼・夕食合わせて三〇〇〇円の予算がありました。それが今事情はともかく一日の私たちの全予算が二〇〇〇円になったのです。本人と介助者も含めた予算が二〇〇〇円になったのです。本人と介助者も含めた食事代はもとより、交通費、おやつ代、日常生活の中の諸経費（ゴミ袋代、切れた電球代、洗剤）そして娯楽費（レンタルビデオ・ビリヤード）全て含めて（当面）私たちの予算が二〇〇〇円になりました。無茶は承知の上で、しかし今現実にそう（なっています）なりました。
〈引用者略〉
とにかくやってみます。M、頑張ろうな[1]

「先輩」たちには尊敬しかないです。私も月一くらいでガイヘルの使えない施設の友人のボランティアをしていました。無償だからこその関係や楽しみも分かっていたはずですが、お金は怖いもので、その時の自分とは別人です。お金の報酬で条件づけされて「時給脳」になってしまうのかもしれません。

ところで、知的当事者の自立生活が他のケアの仕事（ボラ含む）と違うのは、「連絡ノート」かも知れません。バイタル、様子はどうだったか、だけでは「気が済まない」介助者が多くいます。「直行直帰」が多く、孤独になりがちな介助職の貴重な「雑談」と「発散」の場でもあります。とくに、複数の派遣事業所が同じノートを使うと、立場や考え方もさまざまで読みごたえがあります。管理する上司がいるわけでもないので、書式も分量も内容も人それぞれ。感情のまま書きなぐったもの、問題発言ありの、なかなか世に出せない「作品」だと思います。

■注
1　Mさんの連絡ノート一九九九年三月

◆たこの木通信

あまたある、市民団体が出す「通信」ですが、何かが違う「たこの木通信」。まずは、創刊した当時の案内です。「書きたい放題」は、その後、お互いを批判する記事を載せバトルするという格闘技の「リング」となることもあったと聞きます。それを友人に話すと「ＲＯＣＫの雑誌だとよくあるよ」とのことです。

【たこの木通信】地域活動の宣伝。お手紙。質問。情報交換の場として様々な原稿をお待ちしています。イラスト、らく描き、言いたい放題、書きたい放題コーナーも用意しています。[1]

「編集に関わると原稿を書かないといけなくな

る」と思って参加しない方。そんなことはありません。たこの木通信を読んでの感想をしゃべりに来るだけでもりっぱな編集です。要するに「もっともっとみんなのたこの木通信になるように」という願いを込めて、お気軽に参加してください。2

何を書いてもいい、選別しない、誰が書いてもいい。聞こえは良いですが、そんな通信はきっと読めたものではないと思います。そんな「カオス」にならないのは、岩橋さんの文章量のためだと思っています。平均すれば半分をこえているのじゃないかな。いわゆる「編集」を細かくしなくても、基本となる「色」が出る。そして、自分の文章の割合が増えるほど「読まれづらい」ことをご存知で、バランスを取るために違う色を入れようとしている。

発達障害者支援センターに勤め始めた方が、隔月連載していますよ。想いを持って職に就いたのに、現実とのギャップに悩む女性です。「現実に合わせるか想いに合わせるかの前に、今の想い（ギャップ）を書き綴る事で、将来読み返した時に得られるものがあるのでは？」と言う事でお願いし、悶々とした想いが書き綴られています。正直言って、入所施設に憎悪を描く私ですが、そこに携わる方たちは様々で、荒木さんも含め、想いと現実のギャップを常に抱えられている事と想像します。機会がありましたら是非ご投稿を！3

愛知県にいる時にも、こうして投稿を呼びかけてくれました。文章は書けないし、何より部外者だから無理だ、と手を付けませんでしたが、もっと気楽に始めていたらよかった。よくある「趣旨に合わないから載せない」というのは無いと思いますし、内容の確認もほぼしてない。どんなマチガイが混ざっても、岩橋さんの文章に挟まれて居場所を作っています。箸休めだったり、難しい議論に深く「もぐる」前の息継ぎになったり。

荒木：原稿書きは慣れないので一度見てもらえればと考えています。

岩橋さん：間に合うようでしたら、一度目を通すということもできます。が、そのまま載せ（誤字脱字もその人）て、載せた後に考えるという方針なので、よしなに。4

■注

1　たこの木通信一九八七年一〇月号

2　岩橋さん『たこの木通信編集会議』たこの木通信一九九五年四月

3　岩橋さんからのメール二〇一〇年九月一〇日

第4章 支援のその先へ

――すいいち企画

児玉雄大

毎週水曜日の午後、東京郊外の多摩市にある「たこの木クラブ」事務所マンションの一室が、障害当事者をはじめとするそこへ集う者たちの自律空間となる。時間にしてわずか半日のことではあるが、その空間には既存の社会とは異なるもうひとつ別の社会が現れる。だから、当然そこでの人間関係は、既存のそれとは異なるもうひとつ別の関係になるのだ。

1　すいいち企画との出会い

私のたこの木クラブ初体験はすいいち企画でした。『良い支援？』『ズレてる支援！』でたこの木クラブを知り、二〇一六年の冬に行われた、たこの木クラブ主催の重度訪問介護従業者養成研修に参加したのです。そして、受講後の感想を岩橋さんにメールしたところ、すいいち企画にお誘いいただいたのでした。それがご縁となり、たこの木クラブを中心とした支援チームの一員として、強度行動障害のある重度の知的当事者の自立生活支援にたずさわるようにもなりました。

本稿を書くに当たり、改めてすいいち企画について考えてみました。すると、すいいち企画こそが、たこの木クラブをたこの木クラブたらしめている最もラディカルな取り組みだという思いに至ったのです。ですが、すいいち企画をそのように評せば、それをよく知る人の多くは首をかしげるかもしれません。と言うのも、すいいち企画で行われていることは、「たこの木ひろば」と称されるたこの木クラブ事務所マンションに、地域の障害当事者、支援[1]にたずさわる者、私のようなたこの木の門を叩く地域外の来訪者等が集い、各自思い思いの時間を過ごしているというだけのことだからです。ふらっと現われふらっと去る者もいれば、ひたすら絵を描く者、誰かれ構わずつかまえてはおしゃべりに興じる者もいます。企画者であるはずのたこの木クラブの二人はと言えば、特にその場を仕切るようなこともなく、岩橋さんは本棚や資料の山でその身を隠すようにパソコンデスクに向かい、横田さんはピアノを弾いているのです。つまり、すいいち企画とは、毎週水曜日の午後からの半日間、たこの木クラブの事務所をただ開放しているに過ぎないのです。

　私も最初はこの様子に少し驚きました。障害者であれ高齢者であれ、指定事業所（以下事業所）の呼びかけで当事者が集う場所で、計画やスケジュールがなく、何らサービスが提供されないばかりかその場を仕切る者さえいないというケースを他で経験したことがなかったからです。「こういう支援の世界もあるのか」と新鮮な驚きを得たのと同時に、かつて私も運営にたずさわった、東京・下北沢で共同運営される古本カフェ「気流舎」や、新宿で友人が運営するインフォショップ「イレギュラー・リズム・アサイラム」等、いわゆるサードプレイスとかオルタナティヴスペースに分類されるお店で味わう、よく馴れ親しんだ雰囲気を感じもしたのです。

とても居心地がよく、何だか嬉しくもなってしまい、「これこれ！」と思わず膝を打ちました。

事業所を前提とする現行の支援制度では、支援をサービス商品化させたことに伴って、事業所は営業所に、当事者は利用者（顧客）に、支援者は賃労働者になり、支援の過程にモノ（商品）の品質管理の手法である「ＰＤＣＡサイクル」を用いるよう命じられます。定量的な目標を設定した支援計画を立て（Plan）、専門的で科学的な根拠にもとづくサービスの提供を行い（Do）、その結果を評価し（Check）、対策を講じる（Action）といった具合にです。そして、この手法は同時に、支援者自身の商品としての労働力の質の管理にも向けられ、キャリアパスの根拠にもなるのです。

私はこれらのことを「介護過程[2]の展開」として、福島の原発事故の翌年から通い始めた介護福祉士養成の二年制専門学校で習いました。「介護過程を展開できなければプロの介護士とは言えない」と、徹底的に叩き込まれたのです。ただ、私は一般企業の企画営業担当として一〇年のサラリーマン経験があったため、そのとき既に何度もＰＤＣＡサイクルを経験していました。その頃の記憶をたどれば、ＰＤＣＡサイクルは業績が好調な商品よりも、むしろ不振を極めた商品に対してより厳密に行われていたように思うのです。その商品に思い入れのある担当事業部が、あれがだめならこれを試し、これがだめならそれを試すといった具合にＰＤＣＡを繰り返し、商品の延命を図ろうとするのですが、会社はその結果報告から、極めて冷静に

すいいち企画

市場からの撤退時期を見定めていました。つまりPDCAサイクルは、商品のライフサイクル（導入期、成長期、成熟期、衰退期）における衰退期から市場撤退へ至るその過程で、より厳密に行われていたということです。ですから、授業や施設実習を通して、多くの高齢者が要介護度の上昇に伴い、訪問介護を利用した自宅での地域生活から施設へ入所させられてしまう現実を知ったとき、「PDCAサイクルによって、高齢者はあたかもモノ（商品）のように地域社会から撤退させられている」と思い、何とも言えない気持ちになったのを憶えています。

学校を卒業してからは、生活介護の職員として知的当事者の作業所に就職しました。そこでの新人研修はおよそ二ヵ月間ありましたが、大手コンサルティング企業によるマーケティングと自己啓発がその中心でした。つまり、学校でPDCAサイクルによる支援を叩き込まれた直後に、就職先の研修でマーケティングと能力主義を叩き込まれたのです。もし、私がウブな若者であったなら、産業主義に偏った支援観を持ってしまったことでしょう。

でも、すいいち企画にはまったく違う世界があったのです。そもそも考えてみれば、たこの木クラブは任意団体であり制度上の事業所ではありません。故にすいいち企画もデイサービスのような給付を原資に運営される制度上のサービスではないのです。だから、すいいち企画にはサービス商品としての支援は存在しませんし、制度上の利用者も専門職としての支援者も存在しません。参加者個々の社会的地位はその意味を失い、ただ人と人があるだけで、出会いとやりとりだけがサイクルするのです。目標や計画はなく、真の意味で自由であるからこそ危うさも伴いますが、そこに集う者たちによって自律的に運営される場所だから、集う者たちにとってはこの上なく居心地がいい場所となるのでしょう。家庭とも職場とも違う「地域の大切な居場所」なのです。

2　ある日のすいいち企画から

このように見てくると、ともすればすいいち企画もフォーマルとインフォーマルの二分法で仕分けられてしまい、「すいいち企画はインフォーマルだから自由で気楽なんだ」というように、表層的で単純化されたイメージを持たれてしまいかねません。確かに、すいいち企画を考える上でインフォーマルであることは決定的に重要だと考えますが、それだけで解釈されてしまうと本質から大きく逸れてしまうでしょう。また、目標や計画がないというその性質から予定調和とはまったく無縁であるため、すいいち企画はこういうものだと一言で説明するのは極めて困難でもあります。そもそもすいいち企画は参加者それぞれの動機によってそのあり様は大きく異なるはずで、だからこそ自由なのです。そこで、ここでは横田さんのエッセイ「マグカップの運命　スマホの運命　それに関わった人の運命」（『たこの木通信　三七二号』より）を頼りに、すいいち企画の実際の様子を見ていきたいと思います。

マグカップの運命　スマホの運命　それに関わった人の運命

横田彰敏

すいいち企画で電子ピアノを弾いてたら、コーヒーの入ったマグカップが飛んできて、弾いていた目の前の楽譜がコーヒーでびしょ濡れになった。一瞬の出来事でわけがわからず周りをみわたしてもそこに居合わせた人たちはなぜかシレッとした感じで驚いている様子ではない。

持ち手のかけたマグカップを拾いあげたりなんかしているうちに、ひとり言みたいに「そんなことしたらダメでしょ」的なことをブツブツ言っている人がいて、その人がやったということに察しがついた。

悪気があるわけではないのに物を投げると人から「そんな事したらダメでしょ」ってよく言われるので本人も混乱するしかないのかな?ぞうきんでコーヒーを拭きながらそう考えてたりもした。

数分くらいして、岩橋さんとか周りの人にその時の彼の様子を聞いてみると、マグカップを投げつけたという感じではなくて、手に持っているマグカップをどこに置いていいかわからず手をはなしたという感じだったらしい。

そのコーヒーの入ったマグカップはピアノの横にあるジャンベ(アフリカの太鼓)の上に私が置いたものだった。太鼓の叩く部分にコーヒーカップが置いてあるのはありえないということで彼はコーヒーカップを持ち上げた。太鼓からマグカップを取り上げたものの他に置き場が無くてポイとマグカップから手を放した。そういうことかもしれない。

実はジャンベの上に置かれていたのはマグカップだけではなかった。ジャンベとマグカップの間には楽譜の本が置かれていたのだ。

マグカップを投げた直後に、頭ごなしに怒ったり、注意したり、理由を問いただしたりすると、マグカップが壊れるどころでは済まない事態を招いてしまう可能性があることは私でも経験上容易に想像できる。ということで周りの空気にならってシレっとしたフリをしてビクビクしながら少し離れて彼を見ていると、しばらくしてなんと彼はジャンベの上にあった楽譜の本を近くにあった棚へそっと移したのだった。

その後も彼は月に一度くらいのペースですいいち企画に来てくれている。彼が来ると小心者の私はピアノからそっと離れシレっとしたフリをして隣の部屋で他の人と雑談などをしている。そうしていると他のある人が彼のいるそばで鍵盤の上の隅にスマホを置いてピアノを弾きはじめた。

鍵盤の上に置かれたスマホの運命はいかに。

鍵盤の上にスマホがあるのはありえない。そう思ったのかもしれない。彼は鍵盤の上に置かれているスマホつまりピアノを弾いているその人のスマホを手に取った。

ここまで書いて今思ったことだが、その瞬間を見ていた岩橋さんはどんな心境だったのだろう。確かその瞬間がスローモーションのように見えたと言っていた。今の今、私もそのスローモーションがすごくリアルに思えてきた。

読者のみなさん、あなたがもしこの瞬間、岩橋さんだったらどうしますか。誰にどんな言葉をかけますか？

結果をいうと、岩橋さんがピアノを弾いてる人にかけたひと言「なんかそこにスマホがあると混乱するみたいよ」みたいなひと言によってスマホはあっさりと持ち主の手元に戻り何事もなかったかのようにまたピアノを弾いていたという事なのですが、これってまさに一触即発、一歩間違えてたらの世界。

このあと横田さんは、当事者の怒りやパニックになるポイントは個別性が高く、往々にして社会規範の標準から大きくはみ出していることがあるため、支援者はまずそのポイントを知ることが大切だと続けます。そして、支援者が社会規範の番人と化して当事者の怒りやパニックを一方的に抑制してしまうのか、それとも、社会規範と当事者特性とのズレの調整役として両者の折り合いをつけようとするのか、それにより当事者の運命は大きく左右されると結んでいます。

このエッセイの趣旨は、支援者が自明とする社会規範や道徳は決して自明ではないということや、当事者とのやりとりは必ずしもその人本人とではなく、本人を取り巻く人間関係を含んだ環境へ働きかけることも大切だという支援者の課題を提示するものでしょう。と同時に、専門職としての支援者が目標や計画に沿ったサービスを提供しているわけではなく、特定の誰かが場を仕切っているわけでもないすいいち企画の空気感を的確に伝えてくれてもいます。そもそも、ここでのやりとりを「支援」と呼ぶことが妥当なのかさえも疑わしくなるような、そんな雰囲気も感じとってもらえることでしょう。

だから、私はこのエッセイを「支援者の課題」とは別の視点、「すいいち企画の支援と事業所の支援との対比」からも読んでみようと思ったのです。なぜなら、支援者の課題に限定して読んでしまうと、すいいち企画と事業所との本質的な差異は不問に付されてしまい、その結果、「支援をめぐる構造的な問題」が温存されてしまうと思ったからです。

3　支援しない支援

私が横田さんのこのエッセイを最初に読んだとき、真っ先に頭に浮かんだのは、鷲田清一の『「待つ」ということ』でした。そして、「待つ」と「支援」の親和性に思いをめぐらせながら再読しました。自然と「待つ」を「支援する」に置き換えて読み進めていたら、それはそのまま「すいいち企画の支援」になることに気がついたのです。

待つことには、偶然の〈想定外の〉働きに期待することが含まれている。それを先に囲い込んではならない。つまり、ひとはその外部にいかにみずから開きっぱなしにしておけるか、それが〈待つ〉には賭けられている。3

〈待つ〉というのは、その意味で、「応え」の保証がないところで、起こるかもしれない関係をいつか受け容れられるよう、身を開いたままにしておくことである。じりじりするほどゆっくりとしか流れないその時間が、ついに無意味となること、つまりは〈待つ〉時間が奪われることを見越してなお〈待つ〉というのは、だからけっして受け身の行為ではない。けっして無為ではない。4

パソコンデスクに向かう岩橋さんも、ピアノを弾く横田さんも、「起こるかもしれない関係をいつか受け容れられるよう、身を開いたままにしている」と言えると思うのです。二人は決して「支援するぞ」と前のめることはありません。必然はしばしば偶然として訪れるもの、そんな人生の機微に身を任せながら、ただ目の前にいる当事者とその人を取り巻く環境のなかで何気ないやりとりを繰り返すのです。そのことが結果的に支援になっているような、あるいは後々振り返ったときに、実はあれが支援になっていたと気づかされるような、そんな〈支援〉なのです。だから、すいいち企画では目標や計画は無用となり、従ってそこでの〈支援〉は目標達成や課題解決へ向けたものではなく、ハームリダクション[5]のようになるのです。

一方「事業所の支援」とはどのようなものでしょうか。鷲田は「待つ」と「事業」の関係も考察しています。事業経営する上でポイントとなる「生産」「計画」「見込み」「進捗」「利益」等の言葉を挙げ、英訳して見せるのです。それぞれ「プロダクション」「プログラム」「プロスペクト」「プログレス」「プロフィット」となるのですが、どれも「前に」「先に」「あらかじめ」という意味を持つ接頭辞「プロ」をつけた言葉となります。そのことを指して、「すべてが先取り的で、先に設定した目標の方から現在なすべきことを規定するようなかたちになっている」と言い、次のように続けます。

> こうした前のめりの姿勢はだから、じつのところ、何も待ってはいない。未来と見えるものは現在という場所で想像された未来でしかない。未来はけっして何が起こるかわからない絶対の外部なのではない。その意味で、「プロ」に象徴される前のめりの姿勢は、じつは〈待つ〉ことを拒む構えなのである。[6]

すいいち企画

鷲田の〈待つ〉に立てば、個別支援計画における支援目標とは、「支援者の視野に既にあるものを未来に投影したもの」と言えるでしょう。従って、事業所のPDCAサイクルによる支援とは、「支援者の既知の枠内で未来を測り、支援者が想定し得る目標達成へと効率的に導くこと」だと言えそうです。その意味でPDCAサイクルは、じつは〈支援〉を拒む手法だと言えるのです。

だから事業所の支援では、支援目標とは直接結びつくことのない、「本来あるはずのない場所にコーヒーカップがあったことで混乱する」といった類の当事者特性は見落とされがちになるのでしょう。それが見落とされてしまえば、「コーヒーカップを放る」は支援者にとって想定外の出来事となり、突発的な問題行動と見なされてしまうはずです。そして、問題行動を抑止できなかったのは、「利用者から目を離してピアノを弾いている支援者の責任」とか、「個別支援計画を立てる際のアセスメントが甘かった」とか、往々にして「支援者の力量の問題」として結論されてしまうのです。ですが、それでは問題の本質を見誤ることになると思うのです。問題は支援者の力量不足により問題行動を招いてしまったことではなく、「当事者を想定の内に管理しようとする指向性」であり、「想定外の言動を問題と見なして抑止の対象とする指向性」だと思うのです。そして、この二つの指向性こそが「ＰＤＣＡサイクルの本質」だということです。

本来ＰＤＣＡサイクルは、対象の個別性と質的差異とをまったく度外視した「モノ」の「品質」管理の手法[7]です。故に、あらゆる偶然性を排除することで、限りなく必然性を追求するシステムとして設計[8]されているのです。だから、一人ひとりが唯一無二の存在である「人間」の、必然（想定内）と偶然（想定外）が絶えず繰り返される「生活」とは、本来相容れないはずのものなのです。

岩橋さんと横田さんは、現行制度が命じる支援の手法（「人間の・生活の・支援」を「モノの・品質の・管理」のように行う手法）に対して、生理的なレベルでの嫌悪からあたりまえに拒絶しているのです。「私たちはモノではない、人間だ」と。すいいち企画にはそのシンプルさがあると思うのです。

4　交戦しない反乱・ゲリラ作戦としてのすいいち企画

と言ってはみたものの、話はそう単純ではないこともわかっているつもりです。私たちが生きている社会の現実は、生活のあらゆる場面で私たちをことごとく「モノ（商品）化」するからです。私たちはモノになることで他者と関係を結び、生計を立て、生かされていると言えるのです。そんな現実から、人間の生活支援にもPDCAサイクルが必要だと制度が考えることは、そう驚くに値しません。それどころか、積極的であれ消極的であれ、基本的にはすべての事業所がPDCAサイクルの支援に従っていることもわかっています。当の私自身、居宅介護事業所のサービス提供責任者として、支援の実際には役立たないと思いながらも、せっせと個別支援計画書を作成しているのです。制度に従わなければ事業所は存続できないからです。

そんなことを考えていたら、これまで気がつくことのなかったすいいち企画のひとつの意義が見えてきました。「人間のモノ化への対抗」です。ずいぶん大きく出てしまったようにも思います。ですが、これまで見てきた通り、すいいち企画は人間をどこまでも人間として見つめ、出会いとやりとりだけがサイクルする場を運営し続けてきました。それは、言い換えると、人間をモノ化する今の社会の現実に対抗的な意識を持ちながら、同時に、現実的な人間関係を現実に変革してきたということでもあるでしょう[9]。決して過大評価ではないはずです。

ただ、意識のレベルだけで言えば、すいいち企画に近い事業所はいくつもあるのです。実際、私も複数の事業所関係者から、「事業者と利用者という関係ではなくひとりの人間として」といった話を何度も聞いたことがありますし、事業所のパンフレットやホームページでも同様な文言を目にしてきました。そして、それらが単なる建前やきれいごととは違っており、思いに嘘がないこともわかるのです。なのに、そのほとんどが、「言っていることとやっていることが違う」と思えてしまうのもまた事実で、それは一体なぜなのでしょうか。「事業者と利用者」というモノ化された現実的な人間関係を、「人と人」の関係へと現実には変革できていないからだと思うのです。恐らくこのことは、現行制度を存立根拠に持つ事業所にとって、非常に困難な、ほとんど不可能に近いことなのではないでしょうか。

これまで現行制度の支援を批判的に見てきましたが、そんな私も制度はなくてはならないものだと思っています。支援は人間の生き死にに関わる営みで、それ自体で富を生み出すことがない以上、再分配機能としての制度は必要不可欠になるからです。ただ、現行制度は、分配先をふるいにかけるに乗じて自らが理想とする支援の手法を示し、それを唯一絶対のものとして全面化を図ってきます。「PDCAサイクル、この道しかない」[10]と言わんばかりに。それとは異なる支援のあり方を決して認めることはありません。そこに大きな問題を感じています。

だから、意識の上では「別の道」を進もうと考える事業所であっても、現実的には「この道」に従わざるを得なくなってしまうのです。でもそれは、「この道の外部」を想像しているだけ、まだ良い方なのかもしれません。より深刻なのは、シニカルな態度で個別支援計画書を作成している私のように、制度に目をつけられないことだけを考え、唯々諾々と「この道」に従い続けてしまうことです。するとやがて、それがあたりまえになってしまい、その外部を想像することさえもしなくなってしまうでしょう。このような「諦め」の常態化によるシニシズムの蔓延が、「この道しかない」という見せかけのリアリズムをより強固なものにするのです[11]。

ここですいいち企画に、「抑圧的な制度への対抗」というもうひとつの意義を見出せそうです。私たちが「この道」に盲従することなく、自分たちが望む支援を目指すのなら、その方法は大別してふたつの方向で考えられるでしょう。ひとつは、制度にとどまって「この道の改良」を目指す方向。もうひとつは、制度の外へ出て「別の道」を目指す方向。仮に前者を「フォーマルの戦術」、後者を「インフォーマルの戦術」と名づけます。より良い支援の営みを実現させるために、両者はクルマの両輪のような役割を果たすと考えますが[12]、すいいち企画は後者に該当します。

インフォーマルの戦術である「すいいち企画」の最大の強みは何でしょうか。それは、決して「自由で気楽」なことではありません。その「不可視性」にこそあるはずです。すいいち企画は制度の定義の外にあるため、制度はそれを認識できないのです。だから、たとえ制度の意に反する支援であっても規制されることはないですし、「この道」に取り込まれ、その精神を骨抜きにされる心配もありません。「フォーマルの戦術」が絶対に避けて通ることのできない、「制度とのバチバチのやり合い」とも無縁です[13]。よって、インフォーマルの戦術であるすいいち企画は、制度と直接的には交戦しない反乱のようになり、地域社会とその人々のイマジネーションのある領域を解放するゲリラ作戦のようにもなるのです[14]。先に「すいいち企画を考える上でインフォーマルであることは決定的に重要」と述べたのは、まさにこういった理由からでした。

また、すいいち企画の告知は自前のミニコミ誌『たこの木通信』とホームページだけで、その内容もあっさりし過ぎており、一体何が行われているのかよくわからないものになっています。わかる人にはわかるのでしょうが、新たな参加者を意欲的に増やそうという意図が感じられません。でも、だからこそすいいち企画は、興味本位で気まぐれな消費の対象にされてしまうことから逃れ、本当にそれを必要とする人たちだけで続けてこられたのでしょう。「丁寧に開かれた場」は「丁寧に閉ざされた場」でもあるということです。そして、この地に足のついた地道な活動こそが、現実に人と人との関係を、人と地域社会との関係を、変革してきたはずなのです。

5　支援のその先へ

現行の支援制度との対比からすいいち企画についてあれこれ考え始めたら、「人間のモノ化」と「抑圧的な制度」という、「支援」という枠だけでは括り切れない問題にたどり着きました。つまりその問題は、支援を含む「福祉」の領域に限定されるものではなく、「文化」「教育」「労働」「環境」等、社会を構成するあらゆる領域と共通した「今日的な問題」と言えると思うのです。ならば、それへの対抗も「支援」という枠内だけで実践するのではなく、他の領域と連携しながら行う方が遥かに効果的なはずです[15]。考えてみれば、現行制度は既に「教育」と「労働」の領域に足を踏み入れ、それらに具体的な制限をかけながら「支援」と紐づけることで全体を構成しています。それはつまり、専門学校でＰＤＣＡサイクルの支援手法だけを習得した学生が資格を得て、事業所に雇用されることでプロの支援者（賃労働者）となり、事業者と利用者（顧客）という関係を前提に、産業主義的な発想による支援サービスを提供するといった構成です。制度がそれを奨励し、「別の道」には制限をかけています。だから、「この道」だけが奇妙な説得性を得て、支援関係者の多くが「この道しかない」と思い込まされてしまうのも、ある意味仕方のないことだと言えるでしょう。

ならば、私たちは仕方がないと諦めるのではなく、「この道」とは「別の学びの場」と「別の働き方」を創出しながら、具体的に「別の支援」を実践していく他にないはずです。そうすることで、「この道しかない」が単なる「見せかけ」に過ぎないことを暴きながら、同時に自分たちの仲間を増やしていくのです。そのときに忘れてはならないことが、モノ化された現実的な人間関係――経営者と労働者、事業者と利用者、支援者と障害者等――を人と人の関係へと現実に変革する試みだと思うのです。それは、「この道」に抗う者でさえも、「この道」の現実的な人間関係に基づいて生活していくしかない現状を思えば、極めて困難で実験的な試みにならざるを得ません。ですが、「この道」とは「別の道」を生きることは、抑圧的な制度、支配、疎外的な想像力（イマジナリー）から自由になることであって、それは稀にみる解放的な経験を得ることに繋がるはずなのです[16]。すいいち企画は、そんな試みのひとつと言えるでしょう。

■注

1 本稿で使用する「支援」という言葉は、本稿が知的障害者を対象にしていることから、「介助」「介護」という言葉との使い分けで選んだわけではない。本稿で言及することはないが、野宿者、シングルマザー、在日外国人労働者、動植物や自然環境等に対する支援という意味をも射程に入れた言葉として使用した。それは、社会から搾取、阻害、排除されるものたちに対して一方的に手を差し伸べることを意味するのではなく、共に在ることを前提になされる相互扶助的な行為を意味している。

2 介護過程の定義はさまざまあるようだが、筆者が専門学校で使用した教科書（『新・介護福祉士養成講座9 介護過程』中央法規出版、二〇〇九年）では次の通り。「介護過程は、利用者が望む『よりよい生活』『よりよい人生』を実現するという、介護の目的を達成するために行う専門的知識を活用した客観的で科学的な思考過程をいいます」。筆者は福島の原発事故をひとつのきっかけにして、支援の仕事に就こうと介護福祉士養成校に入学した。原発事故はその一面において、国民が望む「よりよい生活」を実現するという政治の目的を達成するために、テクノクラート（科学技術の専門家出身の官僚）主導で、科学万能主義的に政策を推し進めてきたことの帰結と言える。故に、当時筆者は介護過程の思想性に共感できず、従って、それとは別の支援を模索することになった。

3 鷲田清一『「待つ」ということ』（角川選書、二〇〇六年）一八頁。

4 同前、三三頁。

5 稲葉剛、小川芳範、森川すいめい編『ハウジングファースト 住まいからはじまる支援の可能性』（山吹書店、二〇一八年）二六頁 参照。「ハームリダクションとは、健康上好ましくない、あるいは自身に危険をもたらす行動習慣を持っている人が、そうした行動をただちにやめることができない場合に、その行動に伴う害や危険をできる限り少なくすることを目的としてとられる、公衆衛生上の実践や政策を意味する」。つまり、目標達成や課題解決の支援とはまったく異なる支援の実践となる。

6 鷲田清一『「待つ」ということ』（角川選書、二〇〇六年）一八頁。

7 藤本夕衣、古川雄嗣、渡邊浩一編『反「大学改革」論』（ナカニシヤ出版、二〇一七年）一〇頁。本稿を書くに際して、支援におけるPDCAサイクルを批判的に考察した文献を探したが見つけることはできなかった。教育分野ではあるが、その代わりに見つけたのが本書。その第一章（古川雄嗣「PDCAサイクルは『合理的』であるか」）で指摘される、大学教育の現場でPDCAサイクルが導入されたことによる弊害は、支援の現場においても当てはまるだろう。

8 同前、一九頁

9 「物象化を克服するためには、それの存在根拠をなしている現実的諸関係を現実に変革することが必須の要件である」廣松渉『物象化論の構図』(岩波現代文庫、二〇〇一年)一六七頁 参照

10 二〇一四年の衆院選で安倍自民党が掲げたスローガンに「景気回復、この道しかない」がある。これは、あたかも他の選択肢がないかのような印象操作により、自らの政策(アベノミクス)への異論反論の余地を予め排除する戦略と言えるだろう。元ネタと思われるのは、八〇年代のイギリスで、新自由主義的政策を強力に推し進めた首相マーガレット・サッチャーの有名なスローガン「there is no alternative」。

11 マーク・フィッシャー『資本主義リアリズム』(セバスチャン・ブロイ、河南瑠莉他訳、堀之内出版、二〇一八年)参照。「『諦め』の常態化」「見せかけのリアリズム」等のキーワードを引用。また、第五節「支援のその先へ」も本書から着想を得た。

12 「この道」とは「別の道」を目指した場合、必ずしも「フォーマルの戦術」と「インフォーマルの戦術」の二者択一ではない。「フォーマルの戦術」を実践しながら、同時に「インフォーマルの戦術」を実践することも可能だし、「この道」に従う事業所に所属しながらも、休日等空いた時間を使って「インフォーマルの戦術」を実践することも可能だ。知恵と時間とお金の使いようで方法はいくつかあるだろう。

13 インフォーマルであることの強みは、介護給付金の代理受給資格の放棄と引き換えで得ることになる。よって、インフォーマルの戦術の多くは、運営維持のための資金繰りが常に大きな課題となる。

14 ハキム・ベイ『T.A.Z』(箕輪裕訳、インパクト出版会、一九九七年)一九六頁 参照。T.A.Z.は「Temporary Autonomous Zone(一時的自律ゾーン)」の略。すいいち企画をひとつのT.A.Z.と見立てる。そして、日本の各地域ですいいち企画のような場所が現れ、交流が生まれ、ネットワーク化していくことを妄想する。このネットワークは、マスメディアはもちろんSNS上にも現れない「不可視のネットワーク」として地下茎を張り巡らせる竹のように構築されるのだ。そして機が熟したら、雨後の筍のように一斉に地上へ姿を現すだろう。地中から制度の壁の内と外をつなぐ回路となるのだ。すれば、立ちはだかる制度の壁のそ

の高さは、今ほどの意味を持ち得なくなるはずだ。この一連の運動においては、『たこの木通信』のようなミニコミ誌が重要な役割を果たす。近年は「ZINE」として若者から支持を得ているが、この古くて新しいコミュニケーションツールが、各所をつなぐ「通信」の要になるのだ。もし、この筆者の妄想が現実のものとなれば、障害当事者もその支援者も、今よりも自由（主体的で自律的）な生を送ることができるに違いない。

15 従って、そこでの対抗運動は、既存の障害者運動とは趣を異にするはずだ。

16 クリストフ・ボヌイユ＋ジャン＝バティスト・フレソズ『人新世とは何か』（野坂しおり訳、青土社、二〇一八年）三四七頁。人新世とは、ノーベル賞受賞化学者パウル・クルッツェンが提唱した、完新世に続く地質学上の新たな時代（アントロポセン）を指す。人類の活動がもはや後もどりできない一線を超えて地球の生態系や気候を変えてしまい、一万一七〇〇年前に始まった完新世は既に終焉しており、地質学上の新しい時代に突入したということを意味する。つまりそれが、今を生きている私たちの「生存の条件」になっている。筆者は本書を読んでからというもの、折にふれ「人新世における支援はどうあるべきなのか」と考えてきたが、本稿を書くなかで、「すいいち企画」にその片鱗を見た思いをした。引用箇所は本編最後の一文。「したがって、人新世のなかに生きることは抑圧的な制度、支配、疎外的な想像力（イマジナリー）から自由になることであって、それは稀にみる解放的な経験を得ることに繋がるはずなのだ」。

コラム

たこの木追っかけ日記

たこの木にまつわる諸々のこと⑤

荒木巧也

◆たこの木スタッフ

岩橋さん以外のスタッフは「貴重」です。まず少なくて、一人か二人しかいない。岩橋さん一人で切り盛りしていた時期もあったそうです。そして、長居はせず次のステップへ行く方が多い（定着しないとも言う）。何よりも岩橋さんとの掛け合い、ぶつかり合いが面白いんです。やっている当人たちは大変だと思うんですけど。物怖じしないスタッフがぶつかって、「海千山千」といった岩橋さんを、いい具合に「解体」してくれます。その不満や批判の多くが通信に載せられ全国へ公開されるのです。次に挙げるものは、どれもスタッフとなって数ヶ月〜一年の「新人」期間の言葉です。それを念頭に置いてお読み下さい。

「我々は障害者に対してすでに加害者である。」とたこの木の代表は語る。今更になってそこまでいわれると、寝耳に水といおうか、じゃーどないせーちゅうねんの世界である。〈引用者略〉私もくれぐれも「たこの木教」に毒されないよう批判的精神をもって、たこの木通信を読み返していこうと思う。1

たこの木クラブで何かを考えようとする時にはいつも、Mさんの言う「重さ」が付きまとっていたという気もする。『理念に、今までの実践に背かないふるまいをしなければならないという意識』確かにそれは知らず知らずのうちにおもりのように私にのしかかって、思考を縛ることもあったように思う。〈引用者略〉私にとってたこの木クラブで働くとは、そんな感じなのです。日当たりの悪い汚い部屋（＋タバコ臭い＋冬はめちゃめちゃ寒い）に朝から向かって、手の付けようのない汚れを前にするとけっこう絶望的な気分になるのです。2

こういうつながりをもっと自分から求めるべきだったのかなぁと思ったりしました。事務所でおじさんたちと話しているより絶対そっちの方が楽しいもーん。[3]

新人が「上司・雇用主」を批判したり、次の記事のように「分析」したものが全国に届けられます。こんな「会社」があれば先行きが心配になりますが、「透明性」だと捉えれば、かなり攻めた経営戦略です。

子供の頃、常に「このままではいけない」という思いをもって（もたされて）生きてきたということに気付かされた。〈引用者略〉それに比べて岩橋さんは、親から勉強しろといわれたこともなく、スポーツでのしごきのような経験もあまりなく楽しい毎日をすごしたようである。つまり「ありのまま自分」を自他共に受け入れ、受け入れられて育ったみたいだ。だから彼にとって人が「ありのままの姿」を否定されたり排除されることには我慢ならないのだろう[4]

■注

1 横田さん『たこの木通信を0号から読みなおす』たこの木通信二〇〇七年一二月号
2 西山さん『たこの木クラブで考え中』たこの木通信二〇一四年五月号
3 西山さん『たこの木クラブで考え中』たこの木通信二〇一四年六月号
4 横田さん『すいいち企画にて』たこの木通信二〇〇七年一一月号

◆フィットする支援をめざす会

刑務所に服役しているTさんを支援する集まりです。たこの木の組織ではありませんが関係者が多く参加しています。解らないまま付き合い続ける、たこの木の「真骨頂」といえる会かも知れません。本人に会えるのは月に一度、三〇分の面会だけ。対応する公的な支援は乏しく、問題を共有する「仲間」も少ない。暗闇の手探りが続きます。掴みどころがなく、進展の少ない議論に離れていった人も多いと聞きます。まず、事件が発覚した直後の岩橋さんの反応です。

> ホームレスと呼ばれる人たち・彼（Tさん：引用者註）を幼い頃から知る者としては、自分の身の置き場をあえて作らなければ、今にも自分が保てなくもなる。あえて自分の身をどこに置くのか。それは端的に言えば「障害者権利条約第十三条・司法へのアクセス」である。すなわち彼が疑われることも含め、万一事実であったとしても、彼が知的障害故に閉ざされる事柄に対し、「合理的配慮」をなくしてやり取りされる事柄に対し、支援という立場からいかに関わっていくということである。〈引用者略〉直接この事柄に関わりなくても障害者の職場を行為についてどのような理解をしていくのか、何をどのように支援していくのかを、一般論として普遍的なものとして整理し、この先も地域で暮らす知的障害者の支援を支援の側の枠組みで作るのではなく、当事者一人一人の存在から生み出していく作業を、様々な人達と行っていかなければならないと思っている。[1]

「なんで彼の支援を続けられるんですか」同じことを何度も尋ねました。支援が必要なことも、それをできる人が他に現れる見込みが少ないことも分かっています。疑うわけでも批判でもなく、子どもがするように「なんで？」が口をついて出ます。関わることを躊躇するほどのコトの重大さ。古くからの支援者の多くも、思いは様々ながら離れていった。しばらく考えてからポツポツと答えが返ってきます。「考えたこともなかった」、「小さい頃から知っているからかな」、「はっきり答えられないけど、やり続けることは確かね」。

> 裁判官から「なぜこれほどまでに支援するのか」と問われ、「もし彼のためにやっていたなら後は続かないでしょう。また、彼にとっても私たちにとっても短くはない将来の支援を考える時、彼のみの支援と立てたなら途方もない期間のように思えます。しかし、彼のやりとりが、地域にとってとても必要であり、地域にとって必要なこととして取り組めば、彼の将来についての支援にも繋がるように考えると、決して長短には問題にならない」と答えました。[2]

無期懲役でもおかしくない事例です。三名の被害者を前にするとき求刑無期懲役でなかった分の責任は彼の責任が彼の責任ではないとすると、そこは支援の責任・今後の課題として捉えなければならないと痛切に感じています。そして彼が襲った人達がホームレスである事実を前に、〈引用者略〉なぜ彼がそういう発想へ繋がったか考えると、社会全体の価値観も含め社会全体が問われる判決であり、問い続けなければ、彼が出所してきた後再び同じ過ちを犯さないと確証が持てなくなってしまいます。[3]

■注

1 岩橋さん『ホームレス襲撃事件をめぐって』たこの木通信二〇〇九年一月号

2 岩橋さん『裁判傍聴しました』たこの木通信二〇一一年四月号

3 一審の判決を受けて 岩橋さん『裁判傍聴しました』たこの木通信二〇一一年六月号

Photo
夏合宿（1994 年・馬頭）

WORK

Photo

夏合宿（1994 年・馬頭）

第5章
諦めることを諦める

——たこの木クラブのスタッフとしての一〇年間

横田彰敏（聴き手＋構成＝三井さよ）

1　たこの木クラブで働き始めた頃

三井：横田さんがここに勤め始めたのって二〇〇七年でしたっけ。私が来るようになったのが二〇〇八年四月なんですが。

横田：ああ、そうね、三井さんが来るようになる一年ぐらい前。夏前だったかな。五月か六月くらい。六月のピープルファースト大会にヘルパーとして行ってるから、それよりは前。

三井：確か、「あしたや」でチラシを見たとか。

横田：当時、中央林間に住んでいて。だいぶ妻のお腹が大きくなった時に「（子どもが生まれたら）ここじゃちょっと狭すぎるんじゃない」って話になって、じゃあ「引っ越ししよう」っていうことになって。団地いいんじゃないかっていうことになって、諏訪[1]に引っ越してきたのね。

そのころは、身体障害の人の介助に入ってて、全部で一七万ないぐらいの稼ぎだったんです。だから結構日中とか暇だったりしてて、別に仕事をどうのこうのっていう気持ちもまだなかったんだけど、ゆとりがまあある程度あって。

そんなときに同じ諏訪の商店街にあったあしたや[2]に立ち寄って、『たこの木通信』を見て。まあそのときは「あしたやの一部なのかな」とか思ったのかな。「気軽に面接に来てくれ」ってあったから、たこの木に電話して。

三井：あしたやの一部だと思ってたんですね。

横田：電話で「履歴書持って行ったほうがいいですか」と言ったのね。「別になくてもいいよ」っていうかなと思ってたら「あ、持ってきてください」って言われて。「写真貼ったほうがいいですか？」って聞いて「写真はいいよ」って言ってくるかなと期待したら「写真貼ってください」って、思ったよりしっかりしてるなと。後になってその話をしたら「そりゃそう聞かれたらそういうでしょう」って言われた。（笑）

三井：ほんとは無くてもよかったんだ（笑）。

横田：まあ、そういう感じで、面接に来たの。一時間ぐらいとりあえずしゃべって、帰ろうかなと思ったら「あっ」って呼び止められたんですよ。「今夜当事者の会っていうのがあるけど来ますか」って。なんのこっちゃかわからないし、「面倒くさいな」って思ったのは覚えているのだけども、まあ、でもそこで時間があるのに行かないっていうのはあまりにもあれかなと思ったのね。ここはやっぱり社会人として「行きます」って言わなきゃいけないかなあ、みたいな。

その時の「当事者の会」では、岩橋さんのところに、もうぞろぞろぞろぞろ、いろんな

横田彰敏

当事者が話しかけて来ていてね。三鷹で行われたの、覚えていますよ。

三井：たこの木に来る前は何の仕事をしておられたんですか。

横田：ええと、僕は三四歳ぐらいから二～三年、教会の牧師館に住んでいたんです。そこでフリースペースとかやっていました。僕はいろんな事情でそこに住むことになって、ホームレスの人と住んだり、そこで週に一回やってるフリースペースに参加したり。そこでもピアノ弾いてたのね[3]。それでいい加減だとかいろいろ批判されたりして、なんか僕もいよいよ煮詰まって「出るわ」って言って。その後、いまの妻と住みだして。

その牧師館に住んでいる時に日雇いや派遣の土木工をやっていたんですよ。建築現場専門のそういう派遣をやってました。それもよかったんだけどね。でも「そろそろ、こんなんずるずるやってもな」っていうことで。

で、ヘルパー2級はその間に取ったのかな。それで特養老人ホームで勤めたんですよ。特養老人ホームで一年ぐらいやっていたんだけど、あまりにもきつかって。「田舎暮らしするんで辞めます」って言って辞めたんですよ。まあ実際には、子どもも生まれるし、田舎暮らしはできなくて、諏訪に来たんだけど。

2 当時のたこの木クラブの印象

三井：じゃあ、来たばっかりの時のたこの木の印象について聞かせてください。私が以前横田さんから聞いてよく覚えているのは、「すいいち」[4]で横になって寝転がっていたら、岩橋さんに「さすがに寝転がるのはやめてほしい」って言われたっていう話なんですけど。

横田：初日の話ね。面接のときに「水曜日に来てくれ」って言われて。で、二回目の面接に行ったら、「今日は『すいいち』というのをやっている」と。「今日はいなくていいけど」と。

その時も規約とか、かなりばりばりのレシピを書いてくれてて。研修期間は時給一〇〇〇円だったかな。終わったら月一〇万円。水・木は必ず来て、一応一〇時から六時かな。ヘルパー代はヘルパー代で出すと。それは時給一〇〇〇円かな。それで研修期間が三ヵ月。その間に「お互いにやる／やらないを決めよう」っていう感じだったんですよ。その時は「まあ、よろしく」と。

それですいいちがあるって言うから、俺も「まあ面倒くさいかな」と思ったんだけど、まあ「まだ、いようか」と思ったんですよ。まだ来てないか、誰か一人来たぐらいの状態で、岩橋さんは「もう今日はいいから」とか言ったんだけれども。

で、やっぱりそこにいた人に話しかけないとダメかなとか思って話しかけたら、みんな全然無愛想でね、舌打ちされたり。まあ、私からNさんとかに話しかけてみるんだけど、全然相手にしてくれないし、なんか怖いし。でもなんか、「これは俺も威圧感あるのかな」って思って、それをやわらげようと思って、横になったり、ごろごろしてたの。

そしたら岩橋さんが来て「今日はいいから、今日はいいんだよ」とかって（笑）。言われて「んー」とかって思いながら。でも、最後まで二時間ぐらいいたのかな。結構昔のすいいちは二時間くらいしたらみんな帰ったんだよね。

三井：ああ、そうでしたね。

横田：で、次の日いきなり「ちょっと気になることがあるんだけど」って言われてね。「寝転ぶな」とは言わなかったんだけども「まず、わかってほしいのは、来る人はお客様だということなのね」と。「ああー」とかって思いながら、「いや、そうわかっているつもりなんだけど」（笑）と。

俺も経験あるからやったことであって、「この人ならわかってくれると思ったのに」「これ結構きついな」とか思いながら（笑）。それでちょっと緊張したというか……。

三井：当時、岩橋さんってどういう風に見えてましたか？

横田：岩橋さんから事あるごとに「俺（当時の岩橋さん）に聞いてよ。聞いてくれないと横田さんが何考えてるかわからないし」とかよく言われてね。「聞いてよ」って言われた時に……ほら、会社勤めしてると「コピーってどうやってやるんですか」とかって聞いちゃダメでしょ。「そんなことまでいちいち言わないとダメなのか」って怒られちゃう。土木工やってる時でさえそうだった。建築現場で職長になって事務所にコピーしに行ったときに、仲よくなった年下の現場監督にさえ、「このコピー機どうやんの？」って聞いたら、「そんなこと聞くなよ」って怒られた。そういうのが何回もあったんで、会社では人に聞かないで仕事できないとダメなんだと思ってた。そういう面で岩橋さんは新鮮だった。「ああ、ここは違うんだな」ってね。

あと、なんか「何を考えているのかな」っていうか、なんか俺に対していつもこう首をかしげてるっていう印象はあったのよ。

三井：へえー。じゃあ「すごい歓迎された感」はなかった？

横田：なかったね（笑）。

三井：横田さんの側はそれに対してどう思っていたんですか。

横田：一つは、私の場合はどこでもそうだから（笑）。これは本当に不思議なぐらい。どこに行っても「お前は他のところならすぐに首だぞ」とか、「お前ここでしかやれないぞ」みたいな言い方をされていて。それで気づいたらいいポストにつけられている、みたいな。だから、「またそうなのかな」って。

三井：（笑）

横田：そうそう。それで、岩橋さんって交渉とかうまいから、話の詰め方もやっぱりうまいじゃないですか。だから「ああ、やっぱり社会人でそこそこやっているやつっていうのは、こうなんだ」みたいな印象だった。

まあ、週二回で一〇万円出すっていうのは、まあまあそこそこ条件が良かったのね。私の世界では全然ブラックじゃないから。それでちゃんと保っている人っていうのは、それぐらいの厳しさがあるのかな、そういう感じだったね。

そのころは、ここで週に一回は必ずなんかの会議があったんですよね。

三井：誰かの支援会議？

横田：いや、「おもしろガイヘル情報交換会」[5]とかあったでしょ。

三井：確かに、やっていましたね。

横田：そういう時にまだ若い介助者とか、当事者とか、いろんな人が来ていて。律儀に一生懸命しげしげと通ってくる介助者も結構いたんですよ。で、その後にまた飲みに行くじゃないですか。

飲んだ時に、会費を払う時に岩橋さんが「ああ、俺もうすぐ財団に報告しなきゃならないんだよな」とか言って。「もう俺なんか時給にしたら五〇円ぐらいだよな」とかって言うんだよね。「横田さん、時給に計算したら一〇〇〇円超えていたよ」とかって。「頑張ってね」とかって言われて、傷つくじゃないですか。

三井：それはねー。

横田：確かにね、全然仕事にもなってない、ただそこにいるだけで、何をしていいかわからない。でも、その頃からね「もうそろそろ自分でなんかして」とかって言われていたわけよ。「ここで何をしたいのかとか、ちょっと書いてきて」とかね。

三井：えー、そんなこと言われたんだ。キツー。

横田：キツイ……だからドラムサークルとかやったわけですよ[6]。

岩橋さんとしては、そんなに重い意味じゃなかったみたいね。旅行とか、週に一回ご飯を作る会とか、そんなの想定していたらしいんだけど。私にはそれも面白くないし。ドラムサークルとかでも、それなりにやってみれば自分を試せるかもしれないし。そう思ってね。

でもだから、ものすごいプレッシャーだったんだよね。そんな中で「時給一〇〇〇円超えていたよ」って言われたんでね。その時はもうしんどかった。「ちょっとなんかもう、これだったら壊れちゃう、私自身が」と思って。次の日だったかな「すいません」と「とにかく研修期間が終わったら月給一〇万円ってなっているけれども、三万円にしてください」と言ったら「何でだ」と。

それからこっちもいろいろ思っていること言って。いやあ、もうこっちも腹が立ったから。で、その「三万円にしてくれ」の以前に「でも、横田さんそんなことだったら、今後また自立生活する人が出てきたら、どうすんの」みたいなそういう言い方をされていたわけ。わかる？ もうすごいプレッシャーでしょう。

「どうすんの、そんな心構えじゃ、もうあんたできないよ」みたいな「えっ？『やる』とも言ってない」（笑）。「もう無理だ」と思って。

僕は「申し訳ないけども」と思ったね。自立生活支えていかないとダメなのかもわかんないけども、俺はせっかく念願のしろうと落語の初舞台も踏んだし、身体障害の人の介助もやっててその人の自立支援続けていくつもりだったし、子ども生まれたしね。ちょっとたこの木が人生や生活の全部っていうわけにはいかない、それははっきりしておこうって思ってさ。

でもそういうとき、逆に岩橋さんはどんどん来るじゃないですか。どんどん、どんどん隙間をこう埋めてくるから、ちゃんと言おうと思って、それで「三万円」って言って。そしたら岩橋さん、ブワーとしゃべって。「俺がいつ自立生活をやれなんて言った」と。「そんなことは僕は一言も言ってないし」って。

でね、「今までの横田さんの言動をずっと見てて、思ったんだけども、きついよ」とかってまず言ってね。「横田さんは今までやっぱり、人のふんどしを履いて生きてきたんじゃないかな」って。

三井：(笑)

横田：まあ……俺はそういうことをよく言われるから。「やっぱり、俺ってそういうことを言いたくなるようなヤツなのかな」とか。それぐらいの免疫が私にはあるから、その辺はいいんだけどね。

三井：その後、本当に三万にしたんですか。

横田：全然、してない、してない。「三万円にして」発言で、もう岩橋さんは「あっ、これ辞める気だな」って思ったみたいね。ちょうど身体障害の人の介助にも行かなくなった頃だったかな。さすがに俺がすっごく焦っていた顔していたんだって。そん時はさすがに岩橋さんもこたえたみたい。

三井：もうこれ以上プレッシャーかかったらまずいと（笑）。

横田：自信もない、お金もない。かといって、しかもたこの木を一〇〇%信頼していいかどうかわかんない。だから、やっぱりもうすごい……。

正直言えば、僕はやっぱり、普通学級に通うのが当然っていう姿勢には、びっくりしましたからね。「ええー」みたいな。そんで、「俺にはあまりわからない」とは言えないような雰囲気があった。

三井：言えないですよね。

横田：そうそう。まあ、そうだったから、本当に大変でしたね。

でもねえ、そのころに妻にね、「毎日ほんとしんどい」って言ったら、「えっ、毎日すごく楽しそうだよ?」と言われたことあるのね。俺も「えっ」って。まあ、テンション高かったんだろうなって思うよ。ほんとにしんどかったんだけどね（笑）。

3　転機になったのは？

三井：なるほどなあ。でも、いまはそういう感じではないですよね。その時と変わったのは、自分ではいつぐらいだと思います？

横田：ああ……まず一つは、歳を取ったんで。たこの木に来て、四〇歳から五〇歳になったわけでしょ。もう普通に世間なら定年が近づいてくる年齢だからね。もうジタバタする時期じゃあ本当になくなってきた。

三井：なるほど、年齢ですか。ジタバタする時期じゃなくなってきたんだ（笑）。

横田：将来何になるのか、将来どうしようっていう時期じゃあ、本当の本当になくなってきた。ジタバタしてもしょうがないから、まあなるようになるしかない、みたいな（笑）。もうちょっと前は、まだ夢があったわけ。夢っていうかね、無謀なことができたわけよね。関西に帰るとかさ。どうしても沖縄に住みたいとなったら、じゃあ沖縄の支店たこの木作ります、とかさ。今はもう、沖縄住むにはどうしようとかって悩むということはなくなってきたんで（笑）。ピアノもね、これだけ時間かけてもこの程度だからね、なんかもうね。

だから、今はなんかすごく等身大。一つは、本当にたこの木で思ったのは「私自身もね、当事者も、ありのままを受け入れるしかしょうがないんだな」っていう。よく言うじゃないですか、「ありのままでいい」とかさ。今まではよく、同僚とかとも「『ありのまま』でいいわけねえだろう」って言っていたり、思っていたりしたんだけども。いまは、いい／悪いじゃなくて「ありのまま」を受け入れるしかないっていうのが、当事者を見ていても本当に思う。

まず、そうしないと回っていかない。それに、自分もそうなんだな、とか。だから「やっぱりピアノ弾きたいんだ」とかさ、でも「もうこれ以上の上達は無理なんだ」とかっていう部分はちゃんと認めないと壊れちゃうと思う。だから、そういうことで変わったかな。

三井：私は、横田さんがOさんの自立生活を始めるところに関わったときが転機だったのかなと思っていました。確かあの頃、東日本大震災が起きて、ヘルパーがいなくなっちゃったじゃないですか。それで、横田さんが四八時間ぐらい介助に入ったりしたでしょう。なんか、あそこら辺から横田さんの印象が、姿勢が変わったような。脇から見ていて思っていたんです。

横田：でも、人がいなければ長い間介助に入るとかは、もうしょうがないじゃないですか。あと、そんなにしんどくなかった。二人きりだと別に。実はちょっとラッキーだったかもしれないくらい。収入もちょっとは増えたからね。だから、Oさんのことが大変だったわけじゃ

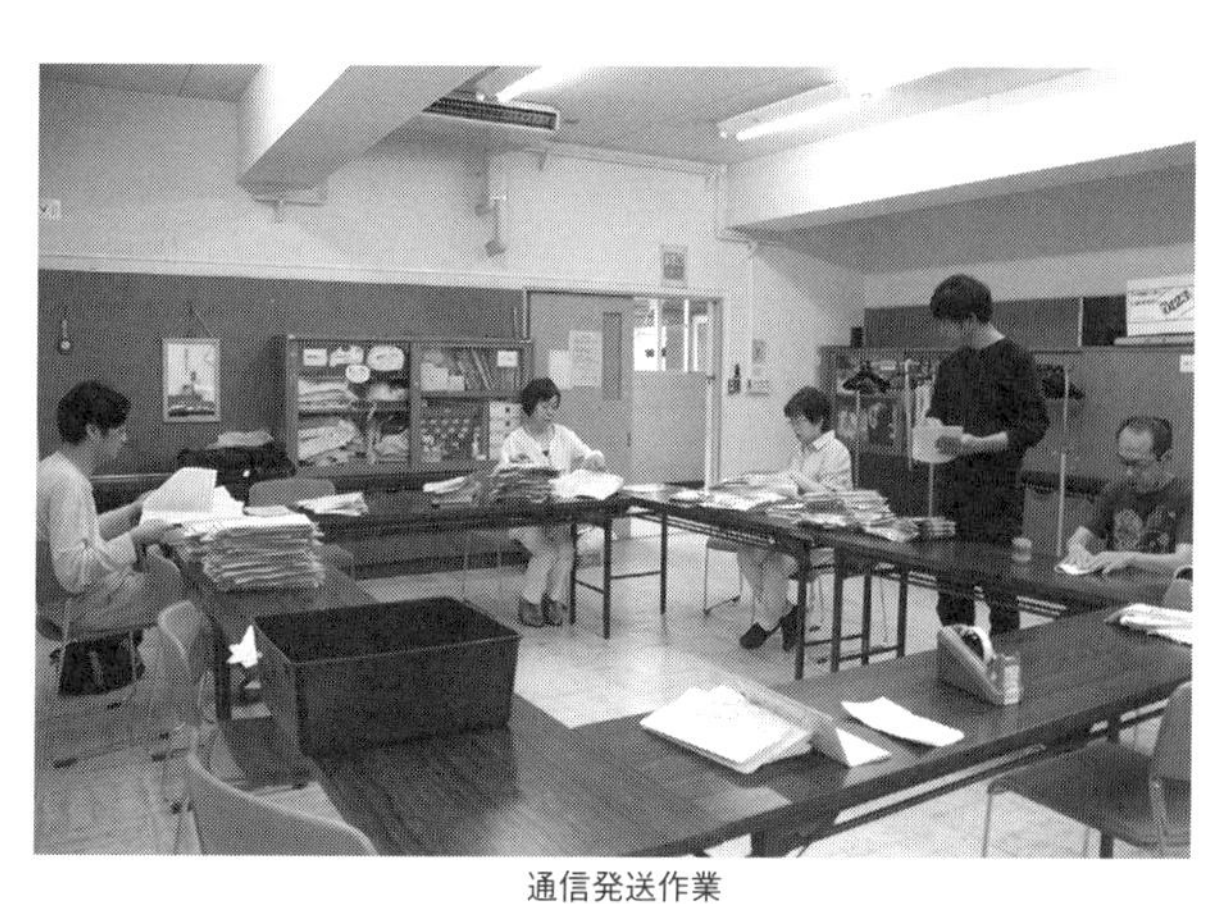
通信発送作業

ないのよ。一応それを引き受けているみたいな部分もあったし、まあ新しい取り組みだしね。

むしろ、Oさんが入る前は「もう、ひょっとしたら、自立生活なんかこないいんじゃないか」っていう雰囲気もあったんですよね。今はもう、どんどん、どんどん来るっていう感じがなきにしもあらずだけども。当時は、本当に「この先どうなる」の世界よ(笑)。だからOさんがつらかったわけじゃないよ。

三井：でも、横田さんは、Oさんの自立生活のキーパーソンだったじゃないですか。それを担ったことは転機ではなかった？

横田：うーん、今となっては……どうなのかなあ。まあ確かに、一生懸命キーパーソンをやったんだけども、その後グループホームに入っちゃってからは、僕はあまりかかわれていないからね。逆にいえば、グループホームに入るっていうのはそういうことになるんだなって思ったよ。仕事の配分としてさ。

あと、Oさんは暴力のことでいろいろあったから、それでいろんなことを考えさせられたってのは、あるよね。（Oさんが）職場を辞めろって言われたりね。結局、職場では俺が付くっていうことになったのね。とにかく俺は彼を見ているだけでいい、みたいな。そういうふうになって、それからもう七年ぐらいになったかな。まあ、それなりにいろんなケースがあったり、いろんな対応の仕方があったり、「温度差」とか不一致があって。だから、すごく自分にとって勉強になったなとは思う。

4　介助者たちの「温度差」

三井：その「温度差」っていうのは、どういうところなんですか？
横田：温度差、それはもうすごいですよ。介護者、支援者それぞれみんな思いがちがうんですよね。ヘルパーも「みんな違ってみんないい」のかもしれないけど、やっぱそれはまずいでしょ。それだと当事者がしんど過ぎるでしょ。だから実際、たこの木の当事者ってしんどいと思うんですよね。
三井：この辺で自立生活している人は、複数のヘルパー事業所が入ってますもんね。

横田：最低でも二つか三つは入っていて、それぞれそれなりに事業所のカラーもありますからね。で、また新しい事業所が入ったり、入れ替わりがあったり。

三井：入れ替わりもあるんですね、それは大変だなあ。

横田：で、やっぱり、ビックリするほどそれぞれ当事者への対応の仕方も思いも考え方も違っていて、それを温度差があるなんていう言い方をするんだけど。でもこれって、要は他のヘルパーの批判だったり悪口になっちゃったりしますからね。難しいんですよ。「批判したいことがあるんだったら、直接本人（ヘルパー、支援者）に言え」って岩橋さんによく言われたけど、言えないですよ。直接言ってよかった経験って、ないんですよね。

当事者とも、支援者同士でも対等な関係を目指してるのはすごくいいなと思うけど、本人に直接批判するのは本当に難しい。自分にもすごく跳ね返ってくるし。それに批判してはいけないっていう風潮って今、時代的にすごいでしょ。で、結局何が一番無難かっていうと、岩橋さんの悪口を言う（笑）。

たこの木の場合、温度差の基準はなによりも「管理、指導的な支援になっていないか？」ということだと思うんですよ。私がたこの木クラブに入った時からそのことは岩橋さんにずっと言われ続けていると思うけど、はじめは私も感覚的には全然わかっていなかったと思う。

だって社会そのものが管理と指導にみちあふれてるわけだから。頭では当事者に管理・指導してはいけないってわかってても、実際にはどうすればいいかわからない。だから、私はたこの木クラブに入ってからずっと管理しない、指導しない支援のありようを模索しているのかもしれない。

三井：そうですね、管理的・指導的な支援に対してはたこの木はかなり敏感ですよね。

横田：私もそうだったけど、新人の介助者はまず管理、指導的になりますよね。一生懸命やる有能な新人であればあるほど、より管理、指導的なところが目立つのが私にはツライですね。そこは本当に難しいと思う。

で、結局みんなどうしていいかわからず、とりあえず岩橋さんとか、寺本さんとか他の事業所のトップの悪口を他のヘルパーたちと常に言ってるわけなんだけど、言いあっているうちにだんだん逆に、岩橋いらねー、寺本いらねー、みたいになっちゃうのね（笑）。

三井：本末転倒みたいな。ちょっと恐い展開ですね。

横田：そうそう、岩橋さんいなかったら、すぐに施設行きとか、自立生活崩壊するっていうのどれだけわかって言ってるのかなって、だから、管理、指導的でない支援のありよう、あと温度差っていうのは永遠のテーマですね。本末転倒っていうことであれば、「岩橋さんが一番管理、指導してるじゃねーか（ヘルパーに）」なんていう悪口をみんなで言い合いながら、模索していく（笑）。

三井：他にはどんな「温度差」が？

横田：「とにかく頑張ってこい！」みたいな感じの人とか。それはそれでわかるんだけど、でも状況によってはさ、もう家を追い出される一歩手前だったりするわけよ。そこで「とにかく頑張ってこい！」とか言われてもさ、どうするの、どうなるのって、思うよね。

とにかく「やるしかない」って言われたとき私はいつも特攻隊をイメージしてしまう。リーダーってやっぱり部下を特攻隊にどうしてもしてしまうのかなって。それはたこの木に入る以前からずっと感じてるツライ思いです。

三井：なるほど……。

横田：あとは、何か起きたときのやり方とかもね、ほんとそれぞれでね。いろいろ暴れる人がいたときにさ、迷惑かけちゃった相手には、まず「申し訳ない、すんません」とかってまあやっぱり言うんだけども、「でも本当は彼は暴れたいわけじゃないんだよね」とかね、本人にそういうことを言う人もいるわけよね。そりゃそうだよ、そうなんだけどさ（笑）。でも迷惑かけちゃってるってのも事実だしね。かといって「それじゃダメだ！」とか言っても仕方がないんだけどさ。

いまいろいろ暴力とかあって大変になってきている人がいるんだけど、そのまわりでは、岩橋さんも、余裕ぶっこいている一人だね。「頑張れー」とかって言ってたりね。

三井：そうなんだ（笑）。

横田：そんでオレが、他の介助者たちのことで、「あいつはなんとかならないのか」「あいつわかってないよな」とか言うとさ、「まあな、そういうやつとも一緒にやっていくしかないのよ」って言うの。まあ、それ、ほんとそうなんだけど。

三井：まあ、確かにね。

横田：その辺は、「一緒にすりあわせ」っていう感じじゃないよね。すりあわせられないことが前提、みたいな。まあ、それも含めてすりあわせなんだけども。

5　横田さんの立ち位置

三井：脇から見ていると、横田さんってやっぱり不思議な、独特な立ち位置を持っているところがあるなあと思うんですけど。自分ではどれぐらいその自覚ありますか？　たとえば、変に、あるタイプのヘルパーに好かれるでしょう。横田さんに会いに来ている、岩橋さんと話をしたくないっていうタイプのヘルパーさんってすいいちでもよく見るような気がするんだけど。そういうのって、感じていますか？　自分で。

横田：ああ、まあある程度は……僕はあしたやとかでも、いろんな所で「横田がいるから成立するんだ」とはよく言われる。「横田がいるから、たこの木とか、岩橋さんとか、やっていけるんだ」って言われる。

大概のヘルパーってやっぱり自分の世界を持っているじゃないですか、バンドとかね、映像とかね、演劇とかね。ある意味やっぱり……そういうやつじゃないとなかなか続かないところもある。

三井：そういうところはありますね。

横田：あれって、逃げ場があるってことなのよね。完全に逃げ場がないのにやれている人もいるけど（岩橋さんとかね）、それはなんか本当にすごいよね。けど、多くの人は何らかの形で逃げ場を持っている。それは僕の好きな文学だったり、音楽だったり。

で、僕はそういう僕の世界を完全に割り切らない。やっぱり相当ガチでやる。

たこの木で、Nさんとかとガチで「俺は音楽が好きなんだけども、その音楽に対してお前はなんか感じてくれるだろうか」とか、そういう思いはやっぱり強かった。「俺は音楽好きだけども、別にお前には聞いてほしくない」っていうんじゃなかったっていうか。その辺はすごい苦労したかな。たとえば、俺の好きな落語が通用しないのが悲しかったり。

三井：（笑）

横田：普通だったら悲しまないよね。そうでなきゃ、落語を嫌いになったり、やっても意味ないんだとか、そっち行くよね。でも、そういうことも思えなくてね。
　今週の餅つき大会で三井さんが、「横田さんといると、なんで子どもってときどきニヤッとして仕掛けていく感じになるのかね」って言ってたでしょ[7]。あの時、ああそうだよなって思ったのね。子どもでもなんでも、相手がひゅーって寄って、登ってきてさ、たとえば「僕ね、今日、本買ったの」とかって言われたりするとね、俺はやっぱりそういう瞬間って無性に嬉しいのよ。
　やっぱり、どっかしらなんか、そういうのを期待しているんでしょうね。そういう瞬間っていうの。それは本当に老若男女問わず、その瞬間が僕は人一倍好きなのかもね。
三井：ふーん。なるほど。ちょっと確かにそれは岩橋さんと違うアプローチですよね。なんか違うアプローチで、横田さんは人と関わるのかな。
横田：そうそう。たぶんね。ああいう関係をやっぱり一人ひとりに、心のどこかで待ち望んでいるというか、期待しちゃうっていうか。
三井：ヘルパーであれ、当事者であれ、関係のない人であれ同じく？
横田：そうそうそう。だから俺、職人肌の介助者じゃないんだよね。
　たとえばさ、俺とHさんがいる時と、岩橋さんとHさんの時では、Hさんが全然雰囲気が違うとかさ。そういうのを目の当たりにするのが、やっぱり面白いですよね。

三井：なるほど。そういうの、なんか大事な気がしますね。どう言葉にしていいか、わかんないけど。

横田：うん。僕はほんというと物語より論文とかの方が読みやすいタイプなんです。でも、さっきの話なんかは、物語じゃないと表せないじゃないですか。

三井：うんうん。言っていることわかります。

横田：そうそう。なんかね、ますます最近そういうところになんか確信を持てたっていうか。結論を導いていくんじゃなくて、なんか知らんけど「あの瞬間はとっても良かった」とか、そういうのも大切にしたいし、私はそういうのが好きなんだな。それで、これは今後も残るなっていうのは最近確信を持っていて。

文学ってさ、なんか何の得にもならないじゃない。俺、カポーティとかサリンジャーとか好きだったけど、どっちもパッとしない人生だよね、カポーティなんてアル中で亡くなったし。村上春樹とか、みんな『ノルウェイの森』を読んで、すごい人気だったのに、「こんなのダメだ」とか評論家に言われたりしてさ。

でもさ、私、最近やっと、ますますそういう物語っていうかな、そういうことは残ってたなって感じてるのね[8]。いっぱいつらくても、それは残ったなって実感がある。そんで、そういうのは結構私にとって幸せなことなんだろうなって。その確信が持ててきたから、ほんとにもう「ほんとにそのまま受け入れるしかないな」みたいなところがあって。だから、あんまり「たこの木をこうしよう」とかって、もう全然思ってなくて。

三井：ああ、それだと、たこの木から出ようかどうしようかとも思わないし、逆に言うとどうこうしようとも思わないってことになるんですね。

横田：うんうん。でも、やっぱりなかなか小説で、ここらへんで出会う当事者みたいなやつは出てこないわけじゃないですか。出たとしてもやっぱり変な扱いでね。俺だって、どう扱っていいかわかんないし。それを本気で扱ったらもっともっとシュールになっちゃうというか……それはそれでしんどいし。だから、小説ならいいとか、そういう話じゃないんだけどね。

でも、その辺の自分の折り合いっていうのが、最近一番ついたのかな。だからまあ、その辺も楽になったのかな。

6　岩橋さんはどう見えるか

三井：横田さんは私が書いた歴史編を読んで、「ほんとはたこの木ってもっと孤立してるよ」って言ってましたが、あれってどういう意味だったんでしょう。「岩橋さんっていう存在が、多摩ではどういう立ち位置にいるって見えているか」という質問に言い換えてもいいかもしれませんが。

横田：なんか、よく「あの人、ぶれない」って言うじゃないですか。ほんとに、彼自身にも当たり前過ぎるような、強烈なすごい信念がある。

たとえば、最近、ある精神科の病院と仲良くなったんですよね。去年またある看護師さんたちから寄付金をカンパで貰ったらしいんだけども。飲み会なんかもあってね、飲み会の時に岩橋さんが「じゃあね、こっちもいろんな人がいるしね、その人が暴れてどうしようもない時は緊急入院とか、今後もよろしくお願いしますね」とか言って、向こうも「あ、いいですよ」とかってなった記憶が僕にはあるんですよね。

で、最近ある人がほんと大変な状態になってるの。でも、岩橋さんが「もう、これで社協とか市が『入院』とかって言ったら俺はもうキレるからな」とかって言ってるから、「あれっ、どういうことなのかな」とかって。「例の病院とか話がわかってるところで、ちょっとしばらく入院とかどうですか」って言ったら「えーっ?!」って、「お前がそれ言うか」みたいな顔をされたんですよね。だから、そういうなんかぶれないというか、もうちょっと次元の違うものが……。

やっぱり岩橋さんって、ほんと社会運動の一番先頭に立っている盾と剣を持っている人ってイメージがある。周りはそれについていくって感じかな。

三井：あしたやの人とかでも？　あしたやの人も盾と剣を持ってるって感じがしますよね。

横田：それはそうね。でも、岩橋さんはやっぱり、一番先頭だよね。だから、普段の平和な時は本当に孤立しているっていうか、あんまり触れたくないみたいな。

三井：(笑) めんどくさいし。

横田：いや、ほんとそうよね。

三井：その意味では「最終ライン」[9]っていうのは、やっぱりあるのかな。

横田：ああ、それは良かれ悪しかれね。やっぱり、僕の方が全然妥協しますからね。しょっちゅう「まあ、いいじゃん」とかって思っちゃう。

ただ、健康面に対しては、彼は結構「別にいいじゃん」って思うみたいね。たとえば糖尿病になりかけてる人もいるけど、そういうときも「もうしょうがないんじゃないの？」みたいな。大概の人はもう「糖尿になったら大変なのよ」とか、「なったらなったで、なった後の介護ってまた余計大変よ」「それだったら何とかならないようにしなければ」とかって言うんだけども。

三井：確かにそうかも。

横田：でも、逆にその辺はその辺で、見習えたからこっちも楽だから。

たとえば、糖尿の人がいるんだけどね。五年前くらいから知ってるんだけど、結構当時はパニクるごとに髪をかきむしって、もうほとんど髪の毛が無くて。椅子をブワーと投げたりしてた。最近はすごくかなり落ち着いているのね。でも、職場で賄いが出るんだけども、賄いは食べずにいつも自分のカップラーメンとかを食べる。それで、つい最近倒れたわけ。もう私は復帰しないいんじゃないかなと思ったんだけども、まあ復帰してきたわけ。

そしたら彼、今食事どうなってるのと思ったら、賄いを食べるようになったんだって。「えーっ」と思って。一生懸命にまわりが頑張っても、なんともならなくて、むしろどんどん悪くなる人やケースもあるけどね。こういうケースもあるんだね。

まあでも、先週もまた聞いたら、賄いになったけども、それとは余分にカップラーメンもまた買いにいくようになったんだって。だから、やっぱりちょっと難しい。

三井：健康ってそういうものなんですかねえ。やっぱり岩橋さんが一番ピキッと来るのは、入所／入院なのかな。

横田：それは言われたことがあるのよね。「自分の目の前からいなくなることが許せない」みたいな。

通信を読んだら、最初の頃に、岩橋さんが「すごく信頼してた親が、その子どもを施設に連れて行っちゃった」というようなこと書いてるのね。もう、あれがほんとにすごい大きかったみたいね。

でも、その割には、終わったら結構けろっとしているでしょ。

三井：あ、確かにそういうところはあるかも。

横田：すごく言うわりにね。だったらもっとやれることあるだろと思っても、実際にはあんまりやらなかったりする。

三井：そういう、なんか妙なアンバランスさみたいなのはあるかもしれませんね。まあ、思いがあっても、全部ができるわけじゃないからなあ。

横田：まあ、そうね。だから、思いはそうなんだけど、もう手が届かないっていうことなんだろうけどね。

三井：でも、横田さんや私のようにある程度近くで見ていると「そんなもんなのかな」って思うけど……あのアンバランスさっていうのは、見る人が見ると「不誠実」に見えちゃうときもあるのかもしれませんね。

横田：それはあるかもね。

三井：「目の前の人に向き合う」ってよくおっしゃってて、それはそれで言いたいことはわかるし、岩橋さんらしいとは思うんだけど、あんまりその言葉そのまんまのイメージじゃないというか。まさにそのまんまを実践するおばちゃんとかいそうだけど、それとはやっぱりちょっと違う。理念というかなんというかがすごいんですよね。

横田：それが強烈だから、ほんとに盾っていう感じがすごいする。ほんとにぶれないからね。皆の中でその盾が無かったら、ほんとに全然ここまでいかなかったと思いますよね。しかも、岩橋さんはそういう盾をちゃんと言語化できるじゃないですか。だから、定款とかそういうのも、ちゃんと盛り込むようにきっちりなっているし。

三井：まあ、結構身近にいる人はある意味では「振り回される」……って言うと語弊があるかな。振り回されるかどうかはその人たちが決めることだから、やりようがいろいろあるとは思うけど。まあ、横田さんとかが、どっかで間に入ったりする場面とか、謝ったりする場面ってのは、やっぱりどうしても出てきますよね。

横田：ああ、そうだね。折り合いをつけるみたいな。そういうことはあるんだと思いますよね。オレ、こないだも謝ったもんね。向こうもビビっちゃっててさ。わけわかんないなあと思いながら。

三井：でも、自立生活って、崩しちゃうと、ほんとにいつでもどこまでも崩れちゃえるものでもありますものね。例えば「じゃあ、ちょっと入院させてみるか」って言うのは、一人が一回だけ言うのならいいけれど、みんなが何回も言い出したら、すぐ入院になっちゃって、もうそれで出てこられなくなるものね。

横田：だから岩橋さんはハードルが高いのかな。なんかわけがわからないところでハードルが高いんだよな。まあ、だから申し訳ないけど、一生懸命に崩しているっていう感じがある。

三井：横田さんが一生懸命？

横田：いや、まあ皆がね。

三井：皆が一生懸命崩しているって（笑）。

横田：自立支援会議とか、ほんとそういう過程よ。自立生活している当事者にしてもさ、親と関係がいい人なら、やっぱり落ち着いてくると、親としてはいっぱい一緒にいたいわけよ。帰省したときとか、一週間ぐらい一緒とか、二週間一緒にいたいとか。仲良かったら、一週間なんか普通じゃん。だけど岩橋さんは、「一週間もどうすんだよ、親元に一週間もいるなんて、つらくて大変だろう」みたいな、もう一人で大事のように言っているわけよ（笑）。

三井：（笑）

横田：正月なんかさ、皆はヘルパーなんか行きたくないわけよ。本人も「おまえらお呼びじゃない」って感じの顔しているしさ。それで、親は「来てほしい」って言っているわけじゃん。誰も困らないわけ（笑）。でも、岩橋さんはひとりで「もう、大変だ！」ってモードなのね。

三井：そうね。

横田：で、皆は何気なく、もうそれは言わずに帳尻を合わせるわけね。「何とか一週間が五日になりました」みたいな（笑）。

三井：（笑）

横田：皆がお互いに妥協しているみたいな（笑）。いや、でもほんとそれがなかったらね、「一週間、二週間いればいい」「いやもうそんなんだったら、ずっと実家に帰っていればいいんじゃないの」って、ほんとにそうなるからね。ほんとになるよ。それは「温度差」ですよね。

三井：事業所によっては、あるいは人によっては、ほんとに一週間、いや一ヵ月でも戻ればいいんじゃないのってなるんだな。

横田：そうそうそう。やっぱり、そういうところ全然わかってなくて、「本人だって親元にいたいですよね」って言っちゃうヘルパーもいるわけです。そういうヘルパーって、親と仲良くなってたりするからね、「もう家に戻ってきてもいいと思うんですよ」って親が言うと、「まあ、そうですよね」って言っちゃう。そんなようなとこまでいくこともあるからね。だからね、盾と剣は大事なんですよ、やっぱりね。

7　デタッチメント

横田：三井さんがたこの木に来始めた最初の頃、よく三井さんと「コミットする／しない」とかっていう話をしていたじゃないですか[10]。それで、その反対は「デタッチメント」じゃないですか。

三井：うんうん。

横田：やっぱり、今の人ってなんか基本的なスタンスがデタッチメントじゃないですか。なんかデタッチメントの中からコミットしていくみたいな、そういうスタイルっていうか。そういうの、あると思うのね。時代の影響だったりするんだろうけど、僕にもそういう姿勢がすごいあるんだと思う。それで、試行錯誤してきたのかな、みたいな。

「共に生きる」っていうのは、デタッチメントでなくて、コミットメントっていう部分もあるんだけども。そのデタッチメントっていうのも「共に生きる」の中で必要な要素でね。いまの若いやつらっていうのは、無意識にそれを、いいようにちゃんと回していっているのかな、と思うのね。それが、最近の僕の結論というか、腑に落ちる部分っていうか。

三井：なるほど、ちょっと話が飛んじゃうしれないけど、最近すごく思ってることがあって。

人と付き合うとさ、ムカつく人っているじゃないですか。ずっと私はムカつくものからは逃げるのが、人間として探すべき生き方というか、どうやってムカつかないようにするかということばっかり考えてきたような気がするんだけど。でも最近すごく思ってるのは、「ムカつく」っていうのは、生活をしている上での基本なのかなってことなんです。ムカつくものから逃げるために、人生を生きてきた気がしてたけど、ムカつくのが当たり前の状態なのかなって。逃げることも含めて、なんかもうそれが人生なんだよねっていうか。

横田：だから、それをわかっていて、それでもそういうことと付き合っていかなきゃなんない。そういうときに、デタッチメントっていうスタイルもあるんじゃないかっていう。

たとえばさ、すいいちみたいな場所でもさ、「一所懸命かかわってかなきゃ」ってのとは違うかかわり方もあるんだと思うんだよね。ほっとんどお互いに無視しててさ、全然話もしないようなな。勝手に好きやってるだけで、接点ゼロみたいな。でもそれはそれでかかわってるんだと思うんだよ。そうやってお互いに「離れる」ってことをやってるんだよね。

三井：私は、多摩の人たちが言う「共に生きる」という話を、「ムカつくものにあえてコミットメントしていく」ぐらいの感覚で受け止めていました。でも、私はたぶんそれはし切れないよなあ、と思って。なんか、そういうふうには行けない自分がいる。

横田：そう。それとは違うやり方もあるんだと思うんだよね、それも「共に生きる」のひとつなんだと思うの。

で、自分自身もそうじゃないですか。自分自身のこともデタッチメントするっていうかね。「ムカついちゃうとか、そういう俺も、しょうがないよね」みたいな。それは、本当にこの一〇年間で彼らを見ていてそう思う。

まあ、半分くらい、「もうしょうがないんじゃない」って思ってる方がね、普通なんだろうね。「なんとかできる」「なんとかしよう」とか、そういうふうに思ってばっかりでいる必要ってないんだと思うよ。コミットメントするばかりが能じゃないっていうかね。

たこの木近辺って、いろんなことする人、いるじゃない。モノを壊したり、捨てたりさ。そういうのを何とかしようとか、コントロールしようとすると、こっちもとことんまで行っちゃう。相手を管理しようとして、それでいっぱいいっぱいになって、そればっかり考えちゃう。でも、そういうんじゃないんだよね、たぶん。なんつーか、こっちの世界観で治そうとしても治んないっつーのかな。

三井：ああ……ダイエットとかもそうかもしれませんね。摂食障害なんか典型的にそうかもしれないよなあ。「食べないように」って思うから食べ物のことばっか考えるだもんね。

横田：ああ。だから、僕はまあ一〇年間本当に、結構「ありのまま」を受け入れるしかないのかなみたいな（笑）。

三井：諦める一〇年間ですね（笑）。

横田：そうね。っていうか、ほんとに「諦める」ってことも、諦めるようになったよね。

三井：「諦める」って言っただけじゃダメなんだ。

横田：以前からさ、俺が時々「ああ、俺もう諦めた、諦めたんだよ」とかって晴れ晴れしく言うと、フリースペースやってる人とかさ、喜ぶわけよ。「それでいいんだよ」とかさ。そういうの見てるとさ、「諦めるってそんなにいいことなのかよ」とかって思ってね。「それじゃあもう、俺は絶対諦めてやんない」とか思ってきた。

例えば、俺はピアノはこれ以上うまくならないって、やっぱりどっか諦めているわけよ。でも、諦めていると「でも、弾くこと自体やっぱり好きなんだな」って思う。そうするとさ、弾けるんだよね。それでも弾きたいって思う俺のこと、諦めきれてない俺のことも、そのまんまにして、弾けるのよ。だから「『諦める』ことも諦める」っていうのはすごく「ありのまま」というかね。

諦めきれない自分のことも諦めれば、楽しいと思うんだよ。

■注

1　多摩ニュータウンでも最初に住民が入居した区域。各区域に商店街があるが、諏訪商店街にはあしたや共働企画の独自店舗であるあしたやがある。

2　横田さんは、その後あしたやでも働き始め、いまもたこの木クラブやヘルパー業と兼業で働き続けている。

3　この数年、すいいち企画では横田さんがピアノ（キーボードだが）を弾いている姿がよく見受けられる。

4　たこの木クラブがまくら木と株分けした後に、水曜日は「すいいち企画」の日とされ、当事者が自発的に何かをする場と位置付けられた。実際には、もうちょっと違う意味合いの場になっている。第4章を参照してほしい。

5　「ガイドヘルパー情報交換会」は、都内の移動支援を担う事業所たちが、各市区町村ごとに仕組みの異なる移動支援事業について、お互いに情報を交換するための場だった。二〇〇二年に第四回が開催されたことがたこの木通信に載っている。ただ、この会はどうしても、市区町村との交渉の材料となる情報を集めることに特化する傾向にあった。そのため、二〇〇八年から、移動支援という個人支援の仕組みを使って何ができるのかを楽しく追いかけたい、ということで始まったのが、「おもしろガイヘル情報交換会」だった。参加者は少なかったが、たこの木の発想に共鳴する人が三々五々集まっていた。

6　横田さんは二〇〇九年頃からしばらく、ドラムサークルと称して、いろいろな人たちが集まって好きに太鼓やドラムを叩いていい、という場を開いていた。これ以上ないくらいグダグダ感あふれる場だったが（失礼！）、他でいつもイライラした顔をしていた人が、ものすごくいい笑顔で太鼓をたたくこともあって、その笑顔はいまでも強く印象に残っている。

7　餅つき大会が開催されたのだが、そこに私が自分の三歳の子どもを連れて行ったのに加え、偶然通りかかった同じく三歳の男の子と母親も参加して、みなで一緒に餅を食べることになった。この二人の三歳児は、たくさんの「変なおじさん」や「変なおばさん」に囲まれたわけだが、そこでの一場面である。横田さんは独特な距離感をいつも子どもとの間で見せてくれる。岩橋さんのようにはっきりけしかけていくわけではなく、むしろ受け身の姿勢なのだが、それでもちょこちょことちょっかいを出していくのである。そのうち、子どもたちはいつのまにか、横田さんに自分からちょっかいを出していくようになる。それも、これまた独特の得意そうな顔でかましていくのである。

8 横田さんはいまも文芸サークルに通っている。

9 ある飲み会のときに、岩橋さんと、グッドライフの末永弘さんが使っていた表現。サッカーのディフェンス用語を借りての表現である。日常生活をまわしていったり、本人の世界を広げていったりというのは、個々のヘルパーたちが担っていくのだが、それがミッドフィルダーやフォワードだとすると、そのような華やかさはなくとも、強固に「最終ライン」を守るフィールドプレイヤーが必要だ、というニュアンスで話されていた。まあ、一見華やかさに欠けるように見えても、実際のサッカーだと、最終ラインはゲームメイカーでもあるのだが。

10 二〇〇八年、私はサバティカルを取っていたため、週に二回たこの木クラブに通い、それ以外の日もときどき通うことが可能だった。いまほどたこの木クラブが忙しくなかったこともあり、それらの時間の半分近くは議論や話し合いに費やされていたような気がする。そのときに横田さんと私の間でよく、「どこまでコミットできるのか」「コミットするかしないかはとても大きい」「でもコミットすればそれでいいのか」といった話をよくしていたような気がする。

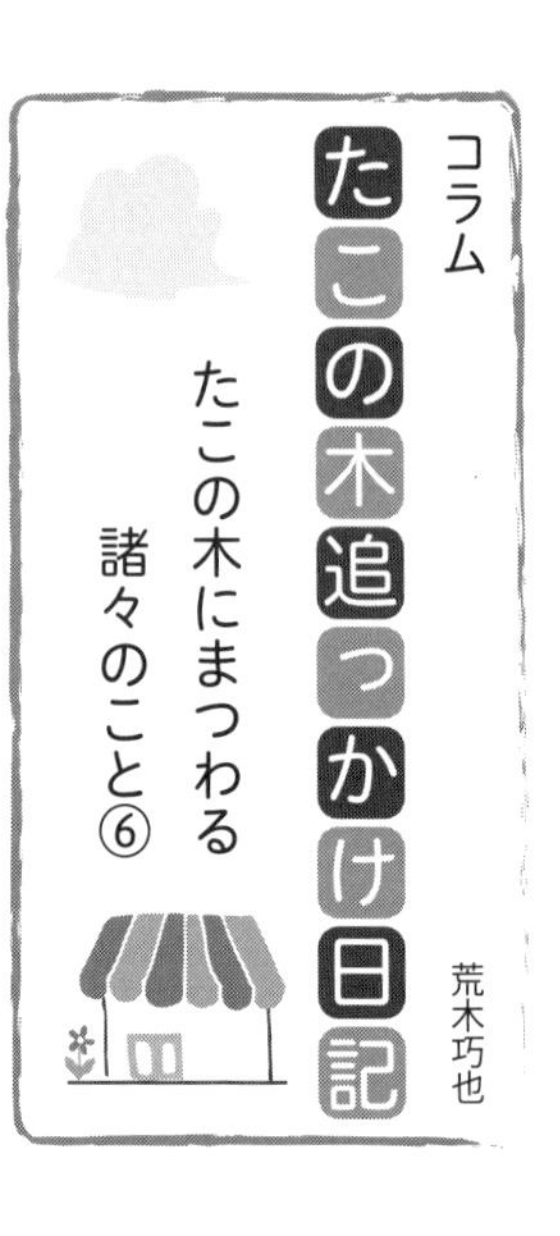

コラム

たこの木追っかけ日記

たこの木にまつわる諸々のこと⑥

荒木巧也

◆共に生きる

「共に」というキーワードがどう使われてきたか。約二〇年の期間の中で見てみます。たくさんありますが、私の好みです。たこの木のこだわっているものが見えてきませんか。

私達はよく「共に生きる」という言葉を使う。その言葉を初めて耳にしたのは〈引用者略〉止揚学園の福井達雨氏が使っていた。彼の使う「共に」という言葉は、それまでの、今でいう「健常者」が「障害者」より常に優位な位置に立っている関係を切り崩す言葉として〈引用者略〉使っていたように記憶している。しかし、多くの人が使う「共に」という言葉は、止揚するということぬきに語れないし、ぬきに語る人々の言葉のまやかしを、見すごす事はできない。「ハンディ」を持つ側が、持たない側に追いつく事、追いつける様に導く事（いわゆる「発達」）からは、「共に生きる」という事は、成り立たないのである。 1

発足当初「たこの木六〇年サイクル」という、気の遠くなることを勝手にほざいていました。六〇年という歳月は人が生まれ老いるという年月です。そして、人生すべての場面で「ともに生きられない」現実があり、その一つ一つの課題と向き合うことで、次の六〇年は何か違うものが生まれてくるのではないかと考えていました。 2

「ともに」というのは「同じ」という意味ではなく、「違う」から「ともに」というのだと思います。各々の「違い」を明らかにしないままに「ともに」を語れば、自ずと強者が弱者をのみ込む・強者に合

> わせる結果を生み、それは決して「ともに」ではないと思いますね。[3]

続いて、たこの木周辺の印象に残る言葉です。ここは、私にとって「先進的なこと」をしている所ではなく、「言葉の居心地がいい」場所です。それは、通信や話し合いの場で、制限や「忖度」のない言葉があふれていること。また、自分のつたない言葉にも居場所がある。受け止められる場所であるということです。

> たこの木クラブの活動をやっていて面白いなーと思うのは、「できない」ことを「できる」ようにしようとしない所だ。当事者にたいしても、ある意味、支援者に対してもそうじゃないかと思う。ではどうしているのかというと、「できる」ようにすることよりも、できないことは、できないこととして受けいれて、その「できない」とされていることが、思いもよらないような展開をみせたり、新たな何かを生み出したりするのをみる、その視点を養うことを大切にしているのだと思う。[4]

たこの木のいい所、とにかく、すべての人にひらかれているということです。これがたこの木の要であり、今後も発展のキーワードだと思うのです。私も細く末永く関わっていくつもりです。[5]

■注

1 岩橋さん『未体験ゾーンへ』たこの木通信一九九二年四月号
2 岩橋さん『いつのまにやら二〇周年』たこの木通信二〇〇七年九月号
3 岩橋さん ツイッター @iwatyan1963 二〇一〇年一二月一四日
4 横田さん『たこの木通信を一号から読み直す』たこの木通信二〇〇九年三月
5 子ども会家族Sさん『たこの木通信一〇〇号によせて』たこの木通信一九九六年三月号

第6章　介助を続けていく

寺本晃久

たこの木クラブを取り巻く人たちを知ったのは、一九九〇年代後半だった。当時、すでに知的障害のある人の当事者運動の傍らにいて、仕事なのかそうでないのか定かではないような立場で、入所施設から出て自立生活を始める場にも立ち会ったりしていた。

最初期に自立生活を始めた人は強い願いのもとに施設を出たけれど、毎日どう過ごしてよいかわからず、いくらか混乱しながらもいろんな場所に顔を出したりしていた。そんな日々のひとこまの中で、たこの木クラブでもちつきをすると聞きつけて、一緒に訪問した記憶がある。会場である永山橋公園の場所がわからず迷って、だいぶ遅れて行った。携帯電話もあまり普及しておらず、なかなか連絡がつかなかった、そんな時代。肝心なもちつき自体の記憶がないので、公園についたらもうほとんど終わっていたのかもしれない。

その頃、たこの木クラブの周辺では子ども会活動から、障害のある人の自立生活や働くといった青年期の取り組みに移っていく時期にさしかかっていたのだと思う。その後二〇〇〇年前後の頃から、東久留米周辺と多摩で自立生活を始める人が増え、また同時期に制度としても東京都で移動支援事業が始まり、そして支援費制度ができたことにより、民間の団体で介助派遣ができる環境が整い、組織的に介助者を確保していく取り組みが始まる。たこの木でも介助派遣事業所「まくら木」を設立し、介助派遣を始めたことは三井さんの章でも触れられている通りだ。

私もちょうどその頃から個人的に頼まれる形で時々介助に入ることから始まり、「ＩＬ＆Ｐアシスト」と名乗って介助派遣事業を始め、以来、多摩で自立生活をする人の介助に入り続けている。ＩＬ＆Ｐアシストは知的障害のある人の自立生活の介助と、共同生活の場であるグループホーム、そして子どもの通う場として放課後等デイサービスを行っている。事務所は日野市にあり、日野市と多摩市を中心に活動している。最近は介助者が増えたり制度が複雑化したり、介助だけで収まらない役割の必要が出てきたりで、事務的な仕事をすることも増えている。

1　オーダーメイドで暮らしをつくる

自立生活は、たとえば住む家が見つかったからといってすぐに始められるわけではなく、やることがたくさんある。収入面の手立て、各種の手続き。介助量がどのくらい必要かを計算して、行政に申請し、それが認められるかどうか。介助の時間数が一定認められたとして、さらにそこから介助者集めをするが、その介助体制をつくるのはそう容易くはない。介助者がいたとして、さらにそのスケジュールを組むこと。介助ではどのようなことをするか、本人との間に立って伝えたり調整をしたりする。そうしたさまざまなことを同時並行で進める。

グループホームであれば、建物に支援がセットでついているわけで、引っ越してくればその日から暮らしが始められる。（もちろん手続きその他は必要であるとして、だけれども）そこでは、まずは部屋の「空きがあるかどうか」が大事である。一方、自立生活は決まった手順があるわけでもなく、本人と周りの状況に応じて、臨機応変に、その都度オーダーメイドで作りあげていく。

グループホームの場合、同居する人とのバランスを考えてしまうし、支援側や事業所の都合や運営方針が先に立つところが大きくなると思う。建物の条件などで、制度的な枠組みでも規定される。その点、自立生活は自由だ。施設や制度に人を当てはめていくのではないので大変で手間のかかる仕事ではあるが、私はそこに面白さを感じているというか、まさにそれをしたいから続けている。

まだまだまったく不十分ではあるけれど、二〇〇〇年代やその前に比べれば介助その他の支援制度は整ってきてはいる。でも、それに比して実際に介助を使って自立生活をする人の数はそう多くはない。自立生活を選択肢として勧め、その支援をする人や団体との偶然の出会いがあるかないかで、自立生活に結びつくかどうかが左右されるところが大きいのが現状だろう。
けれども多摩の場合も、必ずしも条件が整っているから始められたのではなく、ある種の無謀かつ強固な意思がまずあって——たとえばそのひとりが岩橋さんだったのだが——、見切り発車でとにかく生活を始めてしまうところから走り出し、走り出す中で現実を追いつかせていくといった、ある種の力技でもってやってきた。「介助体制が整ってから」「支給決定がしっかり出てから」などと、「〜ができたら」とか「〜がないから」と言っていては、なかなか自立生活は始められなかった。

自立生活を始めるひとりひとりの暮らしに合わせて、介助者を増やしていった。なるべく介助者は専属で曜日ごとに固定し、介助者Aさんは B さんの介助に月曜日に入る、という体制を作る。複数の事業所から派遣を受ける形を取るとしても、なるべく事業所を横断して連絡を取り合う。暮らしの中身の組み方も、◎◎さんのお宅ではこのやり方、別の××さんのお宅ではまた違うこのやり方と、それぞれの本人と介助者に合わせて（任せて）いる。本人のことは本人と介助者の個性と主体性に委ねられ（本人の言うことをただ聞くだけでもなく、介助者の意思がすべてを覆うのでもなく）、本人と介助者の間で多くのことを決めていきたい。事業所という枠組みは、個々の介助者の活動を調整しバックアップするためにある。

そこでは、それぞれの介助者が主体性を持つことを推奨しているし、また持たざるを得ない。介助者のひとりから「なんて個人主義なのだろう」と驚かれたりもした。しかし自由である一方、責任を持たなければならなかったり、多くのことを判断しなければならなかったりする場面もあった。

たとえば大げさに言えば、四六時中、各方面からさまざまな連絡や相談が飛び交う。そんな中で、仕事（支援）とプライベートを分けようとすると、それはおそらくたいへん苦痛だと思う。支援と個人の時間を分けたい人もいるし、うまくバランスをとる人もいるだろうし、プライベートも何も関係ないという人もいる。みんながみんな、常に対応できるわけではない。それぞれ、できる人がその時々でできることを出し合えばよく、少しずつ手を貸せる人の層をなるべくもっておくことができればいい。けれど、人の生活が毎日止まらず続く以上は、最終的に誰かが対応したり解決したりすることがある。そんなタフな世界で成り立っている部分はある。

2　一緒にいることとその難しさ

二〇〇三年の支援費制度以降、民間の事業所が介助派遣をする現在のしくみができた。

それ以前は、自治体がその職員を直接派遣する形か、または利用者側が個人的に推薦した人を自治体に登録する形で、その介助者と直接のやりとりにおいて介助を受ける形（有償の場合）だった。介助料がとても少ないため、ボランティアの介助者も一定の割合で必要だった。

支援費以降も、自立生活を支援するだけの介助料はなかなか出なかったため、専従で介助者を確保することが難しかった。それでも、障害のある人の人をどこか引きつける魅力や力量、自立生活という他ではできない新しい取り組みといった部分でなんとかつながっていた。メインストリームとはあえて距離をとったり、乗れなかった人々がたどり着く先のひとつとして知的障害の自立生活や当事者運動のコミュニティがあった。それは今でも、ある程度の割合で続いていると思う。

二〇一四年に行動障害を有する人にも重度訪問介護が使えるようになってからは、行政から支給される介助時間数が増え、ようやく安定的に介助者が続けられる体制がとれた。また、介助料が限られていると、足りない時間数の持ち出し分を回収するためにひとつの事業所で抱え込まなくては採算がとれなかったが、時間数と単価が増えたことでいくつかの事業所も支援に関われるようになった。まだ十分とは言えないが、十数年前に比べれば支援費の単価も上った。

自立生活の介助者は、比較的長い時間を、障害のある本人のプライベートな空間で、共に過ごす。それを毎週や毎月の定期的に数年の単位で続ける。ぼくも、長くは二〇年近くつきあっている人もいる。そこでは近く深い関係、距離感ができる。

「サービス」として支援しているわけではない感覚がある。一概には「介助者」と「利用者」という位置に置かない。もちろん制度上は介助者であり利用者だし、制度に乗っている介助者は多かれ少なかれ金銭が支払われるわけで、そこでは介助者は仕事として関わっていることにはなる。仕事としての責任はなにがしかは発生する（少なくとも毎週決められた時間には訪問する、など）。介助をする－されるというのでもなく、決めるのは本人であって介助者は指示に従うだけというのでもない、互いが「生活」という車に一緒に乗り込みどうにかして運転していく協力者の関係だと思っている。

でも、その距離の近さは、一方で、自他の境界があいまいなところによる甘さや困難を生んでしまうことがある。お互いの強烈な個性に、お互いがひきずられ、巻き込まれ、惑わされる。感情的になる場面もある。さまざまな勘違いや行き違い、判断のミスや遅れは否応なく沸き起こり、結果、失敗し続ける。少なくとも常に失敗する可能性はある。今の今はうまくいったとしても、次の瞬間がどうなるかは誰にもわからない。障害者だとか介助だとかに限らず、人の暮らしとはそんなものだという前提（諦め）が必要になる。

ともに過ごす時間と空間は「利用者」の日常であると同時に「介助者」の日常でもあり、介助者のありようは隠しようもなく漏れ出てしまう。時間に正確でないとならない人、ルーズな人。言葉遣い。外に出かけたい人、そうでない人。家事の段取りが気になる人、そうでない人。それぞれの「日常」をすりあわせつつ、一緒に過ごすことは、意外に簡単ではない。そのための技術がいる。まずは「そこに一緒にいられるかどうか」が大事であって、それ以外のことはプラスアルファの部分でしかない。

もちろん、家事や排泄の介助など、何らかやる必要のあることはある。私も、部屋が散らかっていれば片付けなければならない気持ちにはなるし、機嫌を損ねているとなんとかして笑ってもらおうとしてしまう。それができていないとだめな介助者と思われたりサボっていると見られたりするような気がする。「サービス」をしたくなってしまう。

仕事である以上、できることが求められる。制度としては、障害があるために「足りないこと」「できないこと」があり、それを埋めるために何か「サービス」をするから、「障害福祉サービス費」が出るということになっている。そして「サービス」をするにはどのくらいの時間がかかるかで介助の時間が細かく計算される。家事をしたから暮らしが回るのではなく、まずはそこに一緒にいるから暮らしが回るという順番であることは強調しなければならない。

でも、とはいえ。

たとえば、自分と他の介助者とを比べてしまうときがある。「自分は家事が下手だけどAさんは上手」「自分ののときは笑顔が多くおとなしいけど、Aさんのときは落ち着きがない」、そして「○○さんがだめだから自分の担当の時間で片付ける仕事が増えるのが不満」「○○さんと比べて自分はうまくできなくていつも申しわけないと思っている」といった具合に。表に出して言われることもあれば、自分の中で比較し落ち込んだりすることもある。介助の相手や家族や、事業所の上司みたいな人からも比較されると、ますます加速する。

不都合や失敗は暮らしや介助の中に組み込まれており、その介助者個人ではどうにもならないことも多くあるわけで、突き詰めて比べてもどうにもならず辛くなるだけで、いいことはない。いいことはないが、自分を証明したくて、比べてしまう。介助者としては、今日の失敗を今日どうにかしようとせず（そもそも失敗はもう取り返せない）、次回、その次、一年の間、と継続して関わり続けることで責任をとっていくしかない。

また、責任の大小、役割の違いや大小、関わる時間の長さ短さにおいて、介助者それぞれなにがしかの違いはある。そこで支払う介助料が同じでは、かえって不平等だとも思う。しかし、いくら〝有能〟な人がいたとしても、その特定の人の力量だけでは成り立たずチームで補い合ってできていることも多々ある。そのことと、一方で人がどこかで求めてしまう存在証明や評価・対価をどうフォローしていけばよいのかとの往復を、いつも考えている。

介助者の出自や背景はさまざまである。私ひとりのことなら仕事量であれ中身であれ収入面であれ、自分が納得していればなんでもよいけれど、他の介助者の感じ方はいろいろで、私の価値観を押しつけるわけにはいかない。ある価値観や運営の仕方に乗れないために支援の場から離れるとすれば残念なことだ。制度と実情との間で迷いながら、できたことも多いけれど、やりきれなかった課題もまだたくさんある。

特別付録

講演録
「重度の知的障がいのある人の一人暮らしを支える」

岩橋誠治（編集＝ヒビノクラシ舎）

本講演は居宅サービス事業者ネットワーク主催のコーディネイター研修として、二〇一八年一月一二日に多摩市立関戸公民館で開催されました。講演録をヒビノクラシ舎（練馬・大泉）が「エコロジカル・シフト・ライブラリーvol.1」にまとめ、それに修正を加えたものをここに再掲します。

まとめるに際しては、編集者の解釈が多分に影響することは言わずもがなで、結果岩橋さんが普段使う話し言葉にはない表現があったり、岩橋さんが意図した内容と若干のズレが生じた箇所もあろうことを最初にお断りしておきます。

1 「知的当事者の一人暮らし」と「私たちの一人暮らし」

多摩市で「たこの木クラブ」をはじめて三〇年になりますが、それ以前から様々な障害児者の支援の会に関わってきましたので、四〇年以上おつき合いしている当事者の方もいます。たこの木クラブはそもそも「子どもたちどうしの関係作り」をテーマにはじめました。はじめた当初は「子どもたちは大人になる」という当たり前のことを考えていませんでしたが、彼らは成長しその過程でそれぞれが人生の岐路に立たされます。その時、障害故に様々な可能性が閉ざされてしまう状況に見舞われてしまうのです。私たちはそのひとつひとつに向き合ってきました。

いわゆる「自立生活」の話をすれば、たこの木クラブを介して自立生活をはじめた知的当事者はこれまでに十数人います。多摩市以外でも自立生活をしている人たちの暮らしを見る機会があるのですが、その度に思うことは、「私たちと何ら変わらない」ということです。整理整頓された家もあれば、モノが散乱して、おまけに壁には大きな穴が開いているような家もあります。灯りを消して寝る人もいれば、灯りをつけたまま寝る人もいる。それぞれがそれぞれの「暮らし」のスタイルを持っているわけです。私たちと同じです。

もうひとつ、「一人暮らし」は「独り暮らし」とは違います。独力ではなく、様々な人たちとの関わりの中で一人の人間として暮らしていく。そういう意味での「一人暮らし」になるわけです。だから「障害者の暮らしを支える」のではなくて、「その人の暮らしを支える」ということなのです。私たちだって決して独力で暮らしているわけではありません。色々な人たちの支えがあってはじめて暮らしていけるわけです。そういった意味でも、障害者の暮らしと私たちの暮らしに変わりはないのです。

ではなぜ、「重度の知的障がいのある人の一人暮らしを支える」というテーマで研修が成立して、且つ、こんなにも多くの方々が興味を持ち参加してくれたのでしょうか。きっとあまりにも事例が少な過ぎるため、それが特別なことになってしまっているからだと思うのです。支援を受けながら一人暮らしをしている知的当事者は、全国で一〇〇人もいないと思います。私たちは「自立生活は素晴らしい」「一人暮らしをすべきだ」みたいなことを主張したいわけではありません。そうではなく、「それが当たり前だよね」って。私たちだって普段、やれ給料が少ないとか、もっとご馳走を食べたいとか、住宅ローンの心配をしたりとか、彼らと内容は異なるかもしれませんが、それぞれに悩みや困難さを抱えて、何とか暮らしを作っているわけです。なのに、なぜ障害のある人だけが施設に入れられてしまい、自立生活ではどうのこうのとか、一人暮らしだとどうのこうのとか、そんな話になってしまうのか。

2 重度の知的障害者が自らの暮らしをはじめられない理由

重度の知的障害者が自らの暮らしをはじめられない理由として、よく挙がるのが次の二つです。ひとつは行動障害があってそれが激しい人。もうひとつは逆に行動障害がない人。前者の「行動障害が激しい人」は本当に支援が大変です。家族で一生懸命支えようとするわけですが、どうしていいのか分からず専門機関を渡り歩きます。専門家の言葉に従って懸命に支えようとしますが、思春期に入ると往々にして手がつけられない状態になってしまいます。でも、それはいわゆる反抗期に過ぎないのですが、「障害の故」と判断してしまい、更なる専門性を求めてしまいます。そうやって何人もの専門家と出会って、言われる通りにやるのですが、もう家族では抱えきれないところまで追い詰められてしまい、最終的には入所施設へ入れてしまうケースです。次に後者「行動障害がない人」の場合です。何のトラブルもないので、家族だけで支え続けることができてしまうのです。ですが、親は必ず歳をとります。「親亡き後の問題」は避けられません。今まで家族だけでやってきた支援を、自分たち亡き後を誰に託すのか。その時には当事者も大人になっていて、周りには親以外の支援者はいません。親の体力の限界と同時に入所施設へ入れるしかなくなってしまうというケースです。

　これらが重度の知的障害者の自立生活を阻害している代表的な要因だと思います。つまり、施設への入所は本人の意思ではなく親の意思だと言えるのではないでしょうか。だからといって、知的当事者が自らの意思と無関係に入所施設へ送り込まれてしまうことに対する責任を、親だけに問えるのでしょうか。私はそうは思いません。主たる責任は、「親がそうせざるを得なかった社会状況」にあると思っています。今日お集りくださった人たちの中には事業所の方も多いと思いますが、事業所は支援サービスの事業をやっていて、親はそのサービスを利用する側になるわけです。今は「利用者として関わる事業所」と「事業所が提供するサービスを使う親」しかいない、そんな状況です。利用者としてではなく、「その人自身と長年関わってきた人」「その人自身とこれから長く関わっていこうと思う人」そんな支援者が乏しい現状において、支援の限界を迎えて子どもを入所施設へ入れてしまったその責任を、親だけに押しつけるのは間違いだと思うのです。多摩市で自立生活する知的当事者が多いのは、本人だけの問題ではなく親の問題でもない、「地域みんなの問題だよね」という認識のもと、当事者本人が子どものころからみんなで問題と向き合ってきたからです。だから、親離れの機会に、「今までこれだけ頑張ってきたのだから施設入所ではなく自立生活をしようよ」と、家族をはじめ周囲の人たちに言うことができたのです。

ただ、私から親御さんへ進言したいこともあります。「子育ての期限を区切りませんか」ということです。親子の縁は切れるものではありませんが、子育ての期限は区切れると思うのです。私たちいわゆる健常者と呼ばれる人たちは、親が子育ての期限を区切らなくても、子ども自ら距離を取っていくものです。大学進学だったり、就職だったり、結婚だったり。ただ、障害を持っていると、特に知的の障害だと、自分から距離を取ることができないわけです。だから、親の方が期限を設けるべきだと思います。そうでないと、いつまでも親との生活が続いてしまい、やがて「親亡き後問題」が生じてしまうのです。その一方で、「子育ての期限を迎えたらどうすればいいのか」という問題が当然生じます。私たち支援者は、その期限に向かって準備をしていけばいいのです。

3 重度知的当事者の自立生活支援の系譜と多摩市のたこの木クラブ

重度知的当事者の自立生活支援を積極的に行っているグループに、東久留米市で活動するグッドライフがあります。重度身体障害者の自立生活運動の流れを汲んだグループで、身体障害の当事者が代表を務めるＣＩＬ（障害者自立支援センター）の組織です。彼らはこれまでに、重度の知的障害者、自閉の人、強度行動障害のある人、二〇人以上の一人暮らしを支援してきました。多くの重度身体障害者の自立生活を支援していく中で蓄えた資金を原資に、知的障害者の自立生活支援を促進してきたわけです。東久留米市周辺は全国的に見ても断トツに知的障害者の自立生活が多い地域です。グッドライフに相談すれば、様々なニーズに応えてくれるので、本当に頼もしいグループです。

もうひとつは就学運動の流れです。今でいうインクルーシブ教育というものですが、障害のあるなしに関わらず、地域の普通学級で共に学ぼうという運動です。地域で小さなころから一緒に過ごしてきた人が、ある日を境に入所施設に入れられてしまうのは本当に忍びないことです。だから、地域のみんなで暮らしを支えようと、グループホームを作ったり、作業所を作ったり、一人暮らしを支えるために居宅介護の事業所を作ったりする人たちです。

たこの木クラブは、「就学運動の流れ」と「重度身体障害者の自立生活運動の流れ」とを併せ持っていました。発足当時は、多摩市の中で統合保育や就学問題に取り組んできたのですが、お隣の国立市や府中市で盛んだった重度身体障害者の自立生活運動を垣間見てもいました。そんな中、三〇年以上前、恐らく日本で初めてだったと思うのですが、入所施設を出て一人暮らしをはじめた重度の知的当事者と出会いました。重度身体障害者の自立生活に倣ってのことでしょう。私たちはその彼をボランティアで支えた経験を持ったのです。それによりみんなが、「たこの木の子どもたちもいずれは一人暮らしをするんだ」と漠然と考えるようになり、「そのためには今から何を準備すればいいのか」という問題意識を持って、日々子どもたちと関わっていくようになったと思います。

もうひとつ、たこの木クラブ周辺で一人暮らしの知的当事者が多い理由として考えられるのは、ニュータウンという街の特性があると思います。市民運動が多種多様で活発なのです。障害児運動に関わりながら、同時に環境問題だったり、自治条例の問題だったり、女性問題やマイノリティの問題だったり、他の運動にも関わる人たちが多くいました。知的当事者たちが、多種多様な社会問題に関心を持つ人たちに囲まれて暮らしているという、ある種特異な状況だったのです。ですが、そのような人のつながりの中で彼らを支えてこられたのは、とても大きかったと思います。

4 「専門性」と「支援のレシピ」

「自閉症」とか「発達障害」という言葉が日本に紹介されたのは一九八八年ということらしいのです。たこの木クラブはその一年前の一九八七年にはじまっていますから、「そんな言葉なんて知らないけれど地域で一緒に暮らしてきた」という自負が私たちにはありました。また、自閉症や発達障害という言葉に代表される当時の専門性は、「人を分けること」に特化していたので、私たちは「そんな専門性なら必要ない」「専門性よりも関係性だ」と息巻きながら、ずっと彼らとやり取りを続けてきました。「専門性に頼ることなく自分たちで何とかする」ということで、やっていけた時代でもあったのです。ですが、発達障害の専門性もこの三〇年間でだいぶ様変わりしました。「社会的相互作用」とか「対人的相互反応」などの話の中で、「いかに関係を作っていくか」ということが焦点となり、「人を分ける」よりも「一緒がいい」と主張する専門家も増えてきています。実は、私たちも半ば意固地になって専門性を排してきたために、「自分たちが気づかないところで当事者との関係が大きくズレてしまっていた」ということを思い知らされる、ある重大な事態に直面することにもなりました。それから、「専門家が言っていることって何だ」「専門性って何だ」と勉強するようにもなったのです。すると、自分たちがこれまでにやってきたことが言語化されているような、そんな論考も多く目にしました。

そこで私たちは、専門知識を「支援のレシピ」として活用していくことを考えるようになりました。マニュアルではありません。よく「どうすればたこの木クラブのような支援ができますか」というハウツーを聞いてこられる人がいます。そんな時に私たちは、「マニュアルではなくレシピなら提供しますよ」とお答えします。どういうことかと言えば、料理ではレシピ通りに作ってもレシピとまったく同じものは作れません。同じものを作っているはずなのに違うものができ上がってしまう。でも、違うものが不味いのかと言えば、必ずしもそんなことはないわけです。むしろ、レシピに自分なりの一工夫を加えたら、もっと効率よくもっと美味しいものができることだってあるわけです。逆に、レシピ通りに作ったのに全然美味しくないものができてしまったりもする。マニュアルはそれを基準に正しいか間違っているかという一面的な話に集約されてしまうものですが、レシピはもっと自由で広がりを持つものです。私たちは支援のレシピをできるだけ多く集めることを考えています。専門性も、それぞれの事業所が支援の現場で得た経験もレシピです。大切なことはそのレシピを事業所の枠を超えて共有することだと考えます。レシピは集めるだけでは意味がなく、活用してこそのレシピです。「今度そのレシピをちょっと試してみるよ」とか、「あなたのレシピでやってみたらこんなものができたから、あなたの方ではこんな形でやってみてよ」とレシピ返しをしたりとか。このようなことが事業所間でやれたら素晴らしいと思うのです。そして、その輪の中に専門家の人たちも入ってくれたら嬉しいですね。

5　地域移行支援事業に関わって

最近は地域移行支援事業、それは精神の当事者を精神病院から地域へ帰すという事業ですが、それに関わる機会が増えています。私は精神の専門知識を持っていませんが、なぜか私に声がかかります。でもよくよく考えてみると、今は発達障害で精神病院に入れられてしまうケースが非常に多いのです。発達障害故の困難さを抱えて社会生活を送る人が、時に統合失調症のように見える困難さを表出してしまうことがあるのですが、それをもって精神障害の問題行動として捉えられてしまうのです。病院ではそんな人たちに対し、精神科領域のやり方でアプローチします。けれどどうにもならない。精神病ではないから当たり前なのですが、治療することもないわけです。それで、退院させようという人たちが、どういう流れかたこの木クラブへ相談に来る。あれこれやりとりしてみると、なぜか当事者はたこの木クラブにフィットするのです。それで、私たちが気に入られてしまうということがあって、これまでに三人とやりとりさせてもらっています。

その支援の中で集まってくる関係者たちを見ていると、当事者とのつき合い方が私たちと全然違っていることに気がつきます。私たちの場合は、まず本人との関わりの歴史があって、その先に自立生活があるわけですが、彼らのやり方は、まずアセスメントシートがあって、個人情報があって、色々な書面を渡されて、それらを見てから初めて本人と会って、その時には既に次の支援計画案があって……みたいな。その支援計画は恐らく病院での暮らしから見立てられたものだと思いますが、病院の暮らしと地域での暮らしは全然違うものになります。まして発達障害の困難さを抱えている人の暮らしは、場面が変わればまた一から組み立てなければならないものです。なのに、「病院の中で大丈夫だったからこの支援計画で大丈夫です」みたいなことを言われてしまう。案の定、それで引き継ぐとまったく大丈夫じゃない。また別のケースでは、当事者を連れて相談しに来た人が、たこの木クラブでリラックスして過ごす当事者の様子から、「もうこの人は問題ない、大丈夫だ」と判断し、自信満々で引き取って自立生活をはじめました。けれど、その後にとんでもないことになると、「やっぱりもう自立生活させられません」みたいな方向へ後もどりしてしまう。つまり、本人との関わりが乏しい中で暮らしのあれこれが決められてしまうから、問題が起きてしまうわけです。では本人不在で、なぜに、どうやって、暮らしのあれこれが決められてしまうのかと言えば、やはりそこに専門性というものが幅を利かせているのです。ですが、地域で暮らすための支援を経験している専門家なんてほとんどいません。専門家の多くは、本人不在のまま支援計画ありきでことを運ぼうとするから、計画書には記されない実際の生活の細々としたところに支障が出ても気づきもせず、手を打たぬままに支援を進めてしまう。それではうまくいくはずがないのです。

6　連続する暮らしの中で支援を連続させていく

地域移行支援では新しい支援の担い手を見つけなければなりません。当事者本人を知らない人が初めて支援する場合、同じく本人を知らない事業所から事前情報を得ることになります。つまりそれは、当事者本人をまったく理解しないままに支援をはじめなければならないということです。となると当然、支援を受ける当事者はもちろん、支援する介助者もしんどいし、介助者を派遣する事業所もチャレンジになります。加えて「支援の分断」も起こります。日中活動は日中活動として、居宅介護は居宅介護として、それぞれ懸命に支援をするわけですが、そのつながりがないのです。

失敗した例ですが、九事業所から一六人の支援関係者が集まりケア会議を開き、「今月から一人暮らしをはじめます」となりましたが、わずか一か月で崩壊し病院にもどってしまいました。そこで役所が言ったことは、「時期尚早だった」と。ですが、それは時期尚早ということではなくて、各事業所が本人を知らないままにリスク回避ばかりを考えて、自分たちの専門性だけを持ち出した結果です。本人がその専門性をどう認識して、どう活用して、どう折り合いをつけていくのか、それらを一切抜きにして計画が立てられ支援がなされてしまう。各事業所は確かに真面目に取り組んでいました。ですが、なされたことは「専門性による支援の分断」でしかなかったのです。暮らしという時間の連続の中で支援の連続がないままに支援計画が立てられると、計画書面上は専門性に裏付けられた完璧なものであったとしても、現実として支援は崩壊してしまうものなのです。

次は成功した例です。実はその彼が地域移行する以前から、彼の妹が「お兄ちゃんを病院から出したい」と言って、たこの木クラブに相談しに来ていたのです。私たちも「出したいよね」と言いながら、忙しくて手が回っていませんでした。だから、せめて面会するところからはじめようということで、三、四年前から閉鎖病棟で面会を重ねてきました。ご両親は病院から出すことに反対していたのですが、そうこうしている内に、ひょんなことから彼が地域移行支援の対象になり、ケア会議にお声がかかったのです。そしたら、「おう、久しぶり！」みたいな感じの再会となり、会議の場で私が自己紹介しようと思ったら、当事者本人が「こちらは岩橋さんです」と私をみんなに紹介してくれました。彼は通過型のグループホームに入所することが予定されていましたが、そのグループホームとたこの木クラブは旧知の中でした。そして、入院する前から通っていた就労Bにまた通いたいということになったのですが、そこもたこの木クラブとつながりのあるところでした。彼の退院が決まってからも、もともと支援者間のつながりがあったため、わざわざケア会議を開かなくても普段のやり取りの延長で情報交換ができ、退院後の生活はスムーズに回り出しました。

以上から得られる教訓は、「利用者」としてではなく「その人自身」と向き合っていくということの大切さです。そして、事業所制度により、当事者本人の連続する暮らしの中で支援が断続的になってしまうことの弊害を、強く意識する必要があるということです。身体の当事者たちは、「身体介護」「家事援助」「移動支援」と暮らしを分断する使い勝手の悪い制度であっても、「あの制度は使える」「この制度は使えない」と自分自身で采配することもできますが、重度の知的当事者の場合はそれができません。すると、「事業所や介助者の意図によって生活を回されてしまう」ということが起きてしまうのです。例えば、昨日はAさんという介助者に合わせ、今日はBさんという介助者に合わせ、明日はCさんという介助者に合わせなくてはならない。それがDさんEさんFさんと増えれば、重度の知的当事者、とりわけ自閉傾向の強い人は、もう訳がわからなくてパニック寸前になってしまうわけです。そこで、AさんとBさんが、そしてBさんとCさんが、事業所の枠を超えてきちんと連携することが大切になってくるのです。それができれば、「先週はああなっていたけれども今週はこうだった」「それは先週のあの時点であんなことが起きたから今週こんなことになったんだ」「なら今日からはこれでやろう」みたいに、支援を連続させていくことができるのです。それは支援の仕方を統一するということではありません。あくまでも「連続させていく」ということです。私たちは当事者本人と小さいころからのつき合いの中でそれを自然にやってこれましたが、これからは互いに知らない複数の事業所間で支援を連続させていく必要があるわけです。だから、自分の前に入る介助者を意識して、同時に自分の次に入る介助者も意識しながら支援をする。「当事者本人の暮らしという時間の連続の中で、支援を連続させていく」ということが本当に大切になります。

7　地域で暮らすということ

既に述べた通り、一人暮らしは特別なことではありません。一人暮らしは目標でも目的でもなく、その人の当たり前の暮らしです。けれども知的当事者の場合、なぜか目標とか目的になってしまう。まずはその点をしっかり理解していただきたいと思います。次に「地域で暮らす」「一人暮らしをする」その意味というものは、本来、親とか制度とか費用とかは関係ありません。「何々だからできない」「何々だったらできる」そういった話ではないということです。もし制度が整っているからとか、十分な給付があるからとか、それだけを前提に支援をするならば、「地域の施設化」ということになるでしょう。私たちはいつも、「ことが起こってから支援を考える」みたいなところがあったりもします。それは、現在主流の支援の計画主義に照らせば批判されてしかるべきことかもしれません。ですが、ことが起こる前から色々やってしまったら、それは予防拘禁みたいなもので、施設の中の管理と同じだと思うのです。「地域で暮らす」の「地域」というものは、「本人に開かれた空間」であり、「様々な関係の中で生きていくための場」を指すものと考えます。つまり、「地域」には予測不可能なことが必ずつきまとうのです。それらを含め「どうやっていくのか」ということが支援の課題になると思っています。

8　事業所によるヘルパー派遣制度について

たこの木クラブは知的障害の当事者団体ピープルファーストの活動も支援しています。「ピープルファースト」とは「私たちは障害者の前に人間だ」という意味で、私たち健常者へ強く訴えかけてきます。それに対し私たちは、「そうだよね、同じ人間だよね」だけで終わらせてはいけないと思っています。事業所は、彼らが「利用者の前にひとりの人間であること」「制度の対象者の前にひとりの生活者であること」を今一度認識しなくてはいけないのです。ところが今、事業所によるヘルパー派遣の制度化に伴い、事業所が介護給付費を代理受領することになったため、当事者本人を見ようとせずに行政の顔色ばかりを見て、行政の下請けのように振舞う事業所が増えてしまいました。加えて守秘義務というものが、あたかも当事者の権利を守っているかのように見せかけますが、実際はその逆の事態を招いてしまっていることも認識する必要があります。各事業所が「自分たちが持つ情報は外へは出さない」となり、事業所間を分断してしまいます。それにより虐待の温床になってしまうことさえあるのです。「守秘義務がありますから」と、外部の人が誰もチェックできないまま、蓋を開けてみたら虐待が起きていた。大きな問題になってから初めて分かるのです。そういったことが実際に起きています。

このように、事業所によるヘルパー派遣の制度になってから生じた重大な問題もありますが、これから重度知的当事者の自立生活支援を担いたいと考えている人たちの多くは、「制度上の利用者の一人暮らしを事業として支えたい」と思っているのでしょう。それは、「既にある本人との関係を維持していくために制度を持ち込む」たこの木クラブのスタンスとは大きく異なりますが、私はそれを批判するつもりはありません。事業者の視点で考えれば、むしろたこの木クラブの支援の方がダメなんだろうということも分かっています。でも、それでも、私はたこの木クラブみたいな支援をみなさんにやってもらいたいと思っています。今から三〇年後を目指してやってもらいたいのです。もし今子どもたちとつき合っている人がいるならば、その子どもたちの一〇年後二〇年後を見据えてやってほしいのです。私たちが三〇年前に多摩で自立生活をしている重度知的当事者と出会って、彼に続いたのと同じように。ですから、私たちはこれから、「私たちと直接関係のない知的当事者の自立生活をどう実現するのか」ということについても考えていきたいと思っています。

9　キーパーソンを育てる

知的当事者の一人暮らしをはじめる上で最も重要なことは、キーパーソン探しになると思います。誰がその人の生活支援のキーパーソンになるのか。親が担っていることのうち「子育て」を除けば、下の世話やご飯の準備、掃除や洗濯、それはヘルパーを入れたり日中活動に通わせればこと足ります。ですが、親がどうしても譲れないこと、それはその子の暮らしのキーパーソンとしての役割です。たこの木クラブの場合は、長年本人たちとつき合ってきたので、岩橋がキーパーソンになったり、あるいは他の人がキーパーソンになって岩橋が後方支援に回る形でタッグを組むことで、親がキーパーソンとしての役割を譲り渡してくれることがあります。制度利用に関する行政交渉の時にも、キーパーソンがいて「こういう制度が必要だ」と行政に訴えるのと、親が単独で訴えるのでは全然違ってくるものです。行政は基本「親が面倒を見るべきだ」というスタンスで、「親が面倒を見れなくなったら入所施設へ」という話に持っていきがちです。でも、家族ではない第三者としての支援のキーパーソンがいれば、あなたも第三者、私も第三者、目の前には当事者がいる。「さぁ、どうしてくれるの」という話に持っていけるのです。

私たちはこれまでに支援のキーパーソンを意識してきました。支援のキーパーソンさえいれば、重度知的当事者の一人暮らしも回っていくものだという実感を持っています。支援のキーパーソンは役割分担できるものではなく、当事者本人にとって一番信頼のおける人にしかできないものですから、事業所の皆さんも「支援のキーパーソンを育成する」という発想が必要だと思います。例えば作業所、移動支援と、事業所それぞれの日々の支援の中で、「その当事者に対して強い思いを持つ人を支援のキーパーソンとして育てる」ということです。そして、一人暮らしをはじめる時には、各事業所の支援のキーパーソンが一緒になって支援のあれこれを考えればいいわけです。そうすれば、一人暮らしをはじめた後に発生する責任問題についても、複数のキーパーソンの共同責任とすることで、キーパーソン一人ひとりの負担を軽減することができます。かつて、私は一人で責任を負うにはどうしようもなく大変な人を一人で見ていたので、毎日気が抜けない状態の中とてもしんどい思いをしたことがあります。その当時は、かけ蕎麦一杯も食べられないぐらいに疲労困憊し、もう支援体制が崩壊する寸前でしたが、少しずつ色々な人たちに支援を引き継ぎ責任を分担することで、何とか崩壊を免れました。その人は今も自立生活を継続しています。

たこの木クラブへ相談に来る親御さんにも私は言います。「親が中心になって関わっていると自立生活は無理ですから、あなたが任せられる支援のキーパーソンを見つけてきてください」と。

10 おしまいに

たこの木クラブは目の前の現実と向き合い、次の現実へとつなげていくことを三〇年間続けてきました。私は自分たちの経験をあちこちで語ってきましたが、振り返ると誰もついてきていない。よく言われることは、「たこの木クラブだからできるんだよ」とか「岩橋さんみたいな人がいるからできるんだよ」とか。その度に、「私は何も伝えることができていない」と忸怩たる思いに駆られるのです。

私は重度知的当事者の一人暮らしの支援というのは、住宅ローンを組むようなものだと思っています。「これこれができるようになれば貯金ができるから、キャッシュで家を買おう」そんな人はそうそういないわけです。みんな借金をして、ローンを組んで、その家に住みながらちょっとずつ返済していく。はじめは利息分を返すだけです。とにかく回しているだけ。やがて利息を返し終え、元金を返済できるようになる。それはそのまま重度知的当事者の一人暮らしの支援だと思うのです。「支援の不十分さ」は「借金」と同じです。借金をしてでも、とにかくやるしかない。できるかできないかではなく、やるかやらないか。つまりやるしかないのです。生活を回す中で生じる課題は利息です。知恵を絞りながら少しずつ課題を解決していく。

はじめは大変かもしれませんが、利息を払い終えたら、元金の返済へ進みます。ちょっとずつ生活が安定してくるはずです。

たこの木クラブは障害者の暮らしを支えているというよりも、ただ彼らと一緒にいたいからやってきただけなんじゃないのか。三〇年経った今、そう振り返ります。支援というものは暗いトンネルの中を走っているようなものですが、トンネルを抜けた時の爽快感はたまりません。トンネルが長ければ長いほど、それを抜けた時の爽快感は格別です。けれど、山のトンネルみたいなもので、トンネルを抜けたと思ったらまた直ぐにトンネルです。だから大変ですが、一度でもトンネルを抜けた爽快さを味わうと、「またいいところがあるかもしれない」と思って頑張れるのです。私はその魅力に憑りつかれてしまった一人です。是非、みなさんにも体験してもらいたいと思っています。

おわりに

「たこの木の三〇周年記念本を作りましょうよ！」。飲み会の席で、もう一人の編者である児玉さんに声をかけられたのは、たこの木クラブが設立されてから三〇年と少しが経った、二〇一八年初めだったと思う。

多摩とたこの木クラブの歴史を書きたいとは以前から思っていて、人の話も聞いてまわっていた。だが、どうも学術研究の書き方に馴染むような気がしないのと、あまりにも膨大な量になりそうで、どうにも手がつけられず、頓挫していた。児玉さんが背中を押してくれなかったら、手を出さずじまいだったかもしれない。

どうやら児玉さんが本気らしいとわかって、それならと編集会議を開くことにして『たこの木通信』で広く声をかけた。荒木さんが来てくれて、あとは内部の人として岩橋さん、和田さん、横田さん、そしてほとんど内部に近いが一応は外部の人として寺本さんにも声をかけ、写真家の矢部さんが写真を提供してもよいと手を挙げてくれ、生活書院の髙橋さんが出すと言ってくれて、ここまでなんとかこぎつけた。

いま、無事に出たとして、三三年目。「三〇周年記念本」というにはいささか遅すぎる。というか、内容もあんまり三〇周年を記念していない気がする。だが、こういうところもたこの木っぽいかなと思う。

「はじめに」でも書いたように、この本はたこの木クラブや多摩の側から発信している本ではない。内部の人たちも書いてはいるのだが、基本的に作ったのは児玉さんと私や荒木さんという、外部の、それもここ一〇年くらいしかかかわっていない人たちである。私たちが主にテーマを設定しており、私たちが見た面白さやすごさを中心に据えている。そのため、私や和田さんのように歴史を書いている箇所であっても、単に過ぎた事実をまとめているというよりは、あくまでもいまの課題、いまの想いに基づいてまとめている。その意味で、「いま、多摩とたこの木クラブを面白いと思った人たち」が作った本だと思ってもらった方が正確だろう。

そんなことをわざわざ書くのは、私が書いた歴史パートが、かなり主観に基づいたものだからである。本当はもっと学術的に書くこともできたはずだと思うし、その方が（学問的な）「業績」になってよかったのだと思うのだが、そのやり方では、私はどうしても書くことができなかった。そうではなく、雑誌『支援』（生活書院）の「支援の現場から」を書くように、主観を丸出しにして、あくまでも私が見たもの／私が面白かったものとして書くようにしたら、嘘のように書くのが楽しくなった。もとになる原稿は、楽しい楽しいと言いながら、実質的に一週間程度で書き上げている。こんなに文章を書くのが楽しかったのは久しぶりだった（その分、書き直しは大変だったが）。

書き終わってから、ああ私はどうしても、ここで出会った人たちを、たとえばある社会現象の一部に、あるいはある社会的な層の一つに、還元してしまうような書き方をしたくなかったのだなと思った。私の頭に浮かぶのは、あくまでも一人ひとりの人の顔である。一緒にご飯を食べたり、笑ったりした人もいるし、一緒に悩んだり、嘆いたりした人もいる。この人たちの顔を、のっぺらぼうにするのはどうしてもイヤだった。だから、この書き方しかできなかったのだと思う。

そしてそれゆえ、歴史パートについては、書かれていないことも多くある。私が知っていながら書かなかったこともたくさんあるが、そもそも知らないこと／知るべきでないと判断したことも含まれている。書き終わってから、インタビューした人全員に送って確認してもらっているのだが、その際に何度か言われたのは、「実際にはもっといろんなことがあったんだけどね」という言葉だった。しばしば、万感の思いを込めた様子で言われた。そうだろう、四〇年の歴史の中では、さまざまなことがあったのだろうし、語られないことも少なくないだろう。ここに書かれたのは本当にごく一部を切り取っただけのものなのだ。

私には、こういう書き方しかできなかった。もっと違う側面から見たい人には、ぜひその人の受け取ったものをその人なりに書いてほしい。

そして、ここでいくつかのことを付け加えておきたい。まずひとつには、インタビューした人たちに確認してもらった際に、複数の人から「私はこんなに貢献していない」「もっと私について書く量を減らしてほしい」という要望が寄せられたことである。「私については全部削除していただきたい」とまで言われたこともある。このときはさすがに焦って連絡し、「あくまでも三井の想いとして書いているので、『三井の想いはそうなのか』ということで受けとめてもらえませんか」と必死でお願いした（これが主観に基づいた記述であることを強調しているのはそのせいもある）。

このように書くと、多摩の人たちはなんと控えめで慎ましやかなのか、と思われるかもしれない。実は私も最初はそう受け取った。だが、それは間違ってはいないが、あまり正確でもない。ここには、それなりの背景と事情とがある。

本書で多くの知的障害の人たちが登場するが、その人たちにはそれぞれ親がいた。そして、知的障害の子を持つ親は、本当にずっと、子どものことについてすべての責任を負わされ、求められ、期待され、そして執拗なまでに非難され続けてきた。それは往々にして、子どもたちが成人してそれぞれの暮らしを成り立たせているいまでもなお、続いている。多くの親たちが、こうした社会からの圧力や偏見によって、長らく苦しめられ続けてきたし、いまも苦しんでいる。

それに対して、「血縁はないが知的障害の人を支援している」という人に社会が向けるのは、実にしばしば、過剰なまでの聖人視であり、専門家としてありがたがるような姿勢である。まして、金ももらわずに支援しているなどと聞けば、「なんて立派な人なのか」と言われることすらある。

このギャップは、両者の間のコミュニケーションを困難にすることがある。あくまでも社会が向けてくる一方的な偏見や圧力でしかないのだが、親も支援者もその地場から完全に自由になるのは難しい。

支援ネットワークの人たちは、親たちの苦悩も知るがゆえに、こうしたギャップの再生産を鋭く警戒する。それが、先述した言葉の背景にある。私も徐々に、なぜそうしたことを言うのかを聴いていくうちに、このことに気づかされた。先述した言葉を、控えめで慎ましやかな、いかにも人格的に優れている証拠として捉えるのは、おそらくあまりにも表面的な理解なのである。私はまだまだ、これまで知的障害の人や親、そして支援者に向けられてきた、社会からのアンバランスな偏見と視線の厳しさをわかっていないし、先述した言葉を表面的に理解すること自体がこのような偏見の再生産になることも、わかっていなかったのだと気づかされた。実際のところ、これらの言葉は、もっと現実的で、かつそこにかかわる多くの人たちの想いを同時に考慮した、ひとつの生活戦略であり、自分と他者の関係を冷静に見据えた態度の表れでもあるのだ。

そこまで踏み込んで受けとめてこそ、多摩とたこの木クラブの支援ネットワークが何をしてきたのかが見えてくるのだろう。私もまた、まだ探索中である。

もうひとつは、この本をまとめるにあたって執筆者の間でもかなり議論になった、実名表記についてである。

個人のプライバシーのことを思えば実名表記は避けるのがセオリーなのだろうが、私も含め、執筆者の多くがそれでは書ききれないと感じていた。そもそも登場人物が多すぎるし、それにその人の生きてきた歴史でもあるのだ。イニシャル・トークにはしたくなかった。

ただ、その選択について、名前を挙げる人たちにどう了解してもらえばいいのだろうか。

本や文章をすらすらと読める人には、原稿を渡して確認してもらえば、許可をもらえたということになるだろう。それに対して、本や文章を読めない人（本書に出てくる知的障害の人たちの多くはふりがなをつけても本や文章が読めない）に対しては、どう考えたらいいのか。「知的障害者」をイニシャルにして、「健常者」を実名表記にする、というのは、いかにも多摩の実践にそぐわない。かといって、知的障害の人たちに確認してくれといって原稿をただ渡すのも、書く側の自己満足でしかない。

議論になった末、どうしても多摩の歴史を書く上で外せないと感じた人については、実名表記にした。本人にも口頭で話をし、関係する人たちの一部にあらかじめ文章を渡して、了解していただけるか確認している。だがそれでも、ある種の話題に関連しての言及になってしまうため、このままではその人の立場や現実の暮らしに悪影響が出る可能性があると感じられるケースがあった。その場合は、イニシャルにするか、その記述そのものを削除している。

このやり方がベストとは、執筆者一同も思ってはいない。ただ、現状としてはもっともベターと思える道を、自分たちなりに選んだつもりではある。今後、こうしたことについて、もっと議論が深まることを願う（なお、この点については、三井さよ 2011「調査研究における公表の了解について」『社会と調査』6で、当時の視点からまとめている）。

本というのは、原稿を書いてから出るまでに多少時間がかかる。その間に、多摩の状況は刻々と変化している。たこの木クラブも、あしたや共働企画も、それ以外の多くの団体も、どんどん状況が変わり、ここで書かれたことはおそらく出版された頃に読むと「古いな」と思うだろうと思う。

ここにあるのはあくまでも書いた当時の視点であり、書いた当時の想いである。昔を懐かしむ本ではないと先述したが、「いま」をそのまま切り取った本でもない。本当に、支援の現場というのはものすごい勢いで物事が変化していく現場でもあり（まあ、それを「変化」として読み取れるのは、私が本文で強調したような、暮らしに根差した視点を採用してこそのことなのだが）、一度発せられた言葉はあっという間に過去になるようなところがある。毎日、更新。それが現場の実情である。

でも、だからこそそこの記録を残したい。毎日更新され続ける中で、多摩の人たちが何をしようとしてきたのか、本を書いた時点で私たちに見えていたものをまとめて残しておきたい。それは、忙しい日々の中で、自分たちを振り返る材料になるだろう。

そして、できることなら、ここではないどこかで、同じようなことに取り組んでいる人たちにも、同じように自分たちを振り返る材料になってくれたらと思う。多摩は多摩であり、他のところは他のところである。同じである必要はないし、違うのはあたりまえである。その意味では、この本は教科書にもなりえないし、指針にもならない。ただ、暮らしに根付きながら、まずはその人とかかわるということを大切にする人たちにとっては、自分たちを振り返る材料にはなるだろうと思うのだ。それぞれの重なりと異なりの中で、人と自分を捉えかえす契機にしてもらえたら、とても嬉しい。

また、できれば現場にいない人たちには、暮らしや支援について考える材料にしてもらえたらと思う。冒頭でも書いたように、制度を設計しようとするとき、あるいは理論を構築しようとするとき、なぜか私たちはすぐに暮らしのありようを忘れてしまう。そして、〇〇障害と名前を付けたとき、なぜか私たちは個々の人たちを見なくなることがある。そうではなく、暮らしに根差しながら、まずはかかわるところから始めるとはどのようなことか。繰り返しこの点に立ち返ることは、地域での包括的ケア提供こそが求められる現代において、必須のことである。これは、私自身にも言えることなのだが、こうした観点を踏まえた制度設計と理論構築を目指していきたいものである。

最後になるが、本書をまとめるにあたって、実に多くの方々のお手をお借りした。インタビューをはじめ、古い写真の提供、内容の確認など、多くのご協力くださった方々に、心から御礼を申し上げたい。本当にどうもありがとうございました。

そして、多摩とたこの木クラブにかかわってきた人たちの中には、すでに鬼籍に入った方も多くいる。その人たちすべてに、本書をささげたい。

三井さよ

執筆者紹介

岩橋誠治（いわはし　せいじ）

1963年生まれ。1987年9月、市民団体「たこの木クラブ」設立、同代表。2006年1月、居宅介護事業所「はてなのたね」設立。2008年7月、NPO法人『ねじり草』設立、同理事長。「障がいのあるなしに関わらず、誰もが地域で共に生きる」ことを願い、「子どもたちどうしの関係づくり」をめざすたこの木クラブを設立。子どもたちを切り分ける社会の課題を担う中で、今日では、成人した障がい当事者の生活全般に渡る支援を行っている。

共著書に『良い支援？——知的障害／自閉の人たちの自立生活と支援』（生活書院、2008年）、『ズレてる支援！——知的障害／自閉の人たちの自立生活と重度訪問介護の対象拡大』（生活書院、2015年）など。

和田幸子（わだ　ゆきこ）

1949年生まれ。日本社会事業大学在学中に日本脳性マヒ者協会「青い芝の会」のメンバーと出会う。卒業後、保育士、たこの木クラブ専従などを経て、現在、NPO法人あしたや共働企画理事、パート職員。2019年より、知的障害のある女性二人の自立生活の支援を始める。

横田彰敏（よこた　あきとし）

1967年生まれ。専修大学文学部国文学科卒業後、旅行添乗員、高校入試教材の訪問販売員、建築作業員、ホームヘルパーなどを転々とし、現在、たこの木クラブ職員。

寺本晃久（てらもと　あきひさ）

1973年生まれ。東京都立大学大学院社会科学研究科（社会学）博士課程単位取得退学。介助者。学生時代に知的障害のある人の当事者活動を知る。2001年から自立生活者の介助を始め、現在は多摩地区で障害のある人が自立生活・地域生活を送るための介助やそのコーディネートをしている。

共著書に『良い支援？——知的障害／自閉の人たちの自立生活と支援』（生活書院、2008年）、『ズレてる支援！——知的障害／自閉の人たちの自立生活と重度訪問介護の対象拡大』（生活書院、2015年）など。

荒木巧也（あらき　たかや）

1978年生まれ。中京大学情報科学部卒。障害者入所施設で働いているときに、ピープルファーストや自立生活運動を知り、自立生活の介助者になる。たこの木クラブの派遣事業「はてなのたね」などに所属している。

編著者紹介

三井さよ（みつい　さよ）

1973年生まれ。東京大学大学院人文社会系研究科博士課程修了（博士（社会学））。法政大学社会学部教員。

著書に『ケアの社会学——臨床現場との対話』（勁草書房、2004年）、『看護とケア——心揺り動かされる仕事とは』（角川学芸出版、2010年）、『はじめてのケア論』（有斐閣、2018年）など。編著書に『ケアとサポートの社会学』（鈴木智之と共編、法政大学出版局、2007年）、『〈支援〉の社会学』（崎山治男・伊藤智樹・佐藤恵と共編、青弓社、2008年）、『ケアのリアリティ——境界を問いなおす』（鈴木智之と共編、法政大学出版局、2012年）など。雑誌『支援』の編集委員。

児玉雄大（こだま　たけひろ）

1970年生まれ。2015年から障害者の自立生活支援にたずさわる。現在は支援のかたわら、フリースペース「ヒビノクラシ舎」を運営。また、ケータリングユニット「カオスフーズ」のメンバーとしても活動。

編著書に『SHALL WE DANCE ? 3.11以降の暮らしを考える』（メディア総合研究所、2012年）、共著書に『つながった世界——ぼくのじゃがたら物語』（Pヴァイン、2015年）、『別冊ele-king じゃがたら——おまえはおまえの踊りをおどれ』（Pヴァイン、2020年）など。

※本文写真　撮影：矢部朱希子（ページ13、17、24、41、51、59、101、161、187、189、192、203、213、225、228、233、243、247、256、275、278、289、315、326）

◉本書のテクストデータを提供いたします

本書をご購入いただいた方のうち、視覚障害、肢体不自由などの理由で書字へのアクセスが困難な方に本書のテクストデータを提供いたします。希望される方は、以下の方法にしたがってお申し込みください。

◎データの提供形式：CD-R、フロッピーディスク、メールによるファイル添付（メールアドレスをお知らせください）
◎データの提供形式・お名前・ご住所を明記した用紙、返信用封筒、下の引換券（コピー不可）および200円切手（メールによるファイル添付をご希望の場合不要）を同封のうえ弊社までお送りください。

◉本書内容の複製は点訳・音訳データなど視覚障害の方のための利用に限り認めます。内容の改変や流用、転載、その他営利を目的とした利用はお断りします。

◎あて先：
〒160-0008
東京都新宿区四谷三栄町6-5 木原ビル303
生活書院編集部　テクストデータ係

【引換券】

支援のてまえで

支援のてまえで
——たこの木クラブと多摩の四〇年

発　行———二〇二〇年二月二五日　初版第一刷発行
編著者———三井さよ・児玉雄大
発行者———髙橋　淳
発行所———株式会社　生活書院
〒一六〇—〇〇〇八
東京都新宿区四谷三栄町六—五　木原ビル三〇三
TEL　〇三—三二二六—一二〇三
FAX　〇三—三二二六—一二〇四
振替　〇〇一七〇—〇—六四九七六六
http://www.seikatsushoin.com

印刷・製本———株式会社シナノ

Printed in Japan

ISBN 978-4-86500-108-2

定価はカバーに表示してあります。
乱丁・落丁本はお取り替えいたします。